权威·前沿·原创

皮书系列为
"十二五""十三五""十四五"时期国家重点出版物出版专项规划项目

BLUE BOOK

智 库 成 果 出 版 与 传 播 平 台

儿童蓝皮书
BLUE BOOK OF CHILDREN

中国儿童发展报告（2023）

ANNUAL REPORT ON CHINESE CHILDREN'S DEVELOPMENT (2023)

研　创 / 中国儿童中心
主　编 / 苑立新

社会科学文献出版社
SOCIAL SCIENCES ACADEMIC PRESS (CHINA)

图书在版编目（CIP）数据

中国儿童发展报告. 2023 / 苑立新主编；中国儿童
中心研创 . --北京：社会科学文献出版社，2023.6
（儿童蓝皮书）
ISBN 978-7-5228-1775-0

Ⅰ.①中… Ⅱ.①苑… ②中… Ⅲ.①少年儿童-研
究报告-中国-2023 Ⅳ.①D432.5

中国国家版本馆 CIP 数据核字（2023）第 076252 号

儿童蓝皮书
中国儿童发展报告（2023）

研　　创 / 中国儿童中心
主　　编 / 苑立新

出 版 人 / 王利民
责任编辑 / 桂　芳
责任印制 / 王京美

出　　版 / 社会科学文献出版社·皮书出版分社 （010）59367127
　　　　　 地址：北京市北三环中路甲 29 号院华龙大厦　邮编：100029
　　　　　 网址：www.ssap.com.cn
发　　行 / 社会科学文献出版社 （010）59367028
印　　装 / 三河市东方印刷有限公司

规　　格 / 开本：787mm×1092mm　1/16
　　　　　 印　张：20.5　字　数：306 千字
版　　次 / 2023 年 6 月第 1 版　2023 年 6 月第 1 次印刷
书　　号 / ISBN 978-7-5228-1775-0
定　　价 / 158.00 元

读者服务电话：4008918866

儿童蓝皮书编委会

《中国儿童发展报告（2023）》编委会

主要编撰者简介

苑立新 中国儿童中心党委副书记、主任。兼任教育部全国校外教育培训监管专家委员会委员、国务院妇女儿童工作委员会办公室儿童工作智库专家、中国健康管理协会副会长。长期从事校外教育及儿童发展研究与实践。主编《儿童蓝皮书：中国儿童发展报告》（2017、2019、2020、2021、2022），为国内儿童发展领域的学术及政策研究提供智力支持和基础参考。近年来，负责或指导的儿童研究和实践项目包括"全国少年儿童音乐心理健康教育计划""儿童科学素养教育计划""儿童媒体素养教育计划""全国少年儿童生态道德教育计划""中国儿童中心社会主义核心价值观教育项目"等，产生了广泛的社会影响。

朱晓宇 中国儿童中心科研部部长、研究员。国务院妇女儿童工作委员会办公室儿童工作智库专家。《中国校外教育》副主编。主要研究方向为儿童保护、儿童参与和校外教育。主要成果包括《儿童权利参与式多步培训手册》成人版与儿童版、《社区儿童服务工作指南》、《儿童友好家园工作指南》、《儿童早期发展社区家庭支持服务指导丛书》、《正向教育参与式培训手册》、《儿童早期发展科学资源包》、《妇联系统儿童之家工作指南》等；策划并完成我国首例儿童参与《中国儿童发展纲要》的中期评估和起草建议项目，参与《中国儿童发展纲要（2011-2020年）》《中国儿童发展纲要（2021-2030年）》编制工作。

摘　要

2022年中国共产党第二十次全国代表大会擘画了以中国式现代化全面推进中华民族伟大复兴的宏伟蓝图，为推动新时代儿童事业发展提供了根本遵循和行动指南。

为了全面反映2022年中国儿童发展状况，为儿童事业发展提供智力支持，中国儿童中心组织高校和科研院所专家学者编撰出版了本报告。报告认为，2022年儿童事业发展各相关部门加强顶层设计，密集出台法律法规政策，在各个领域全面推进儿童事业高质量发展。健康政策体系不断完善，儿童健康水平稳步提升；构建素质教育新格局，儿童教育高质量发展；完善困境儿童分类保障政策，儿童福利工作扎实推进；贯彻落实《中华人民共和国家庭教育促进法》，家庭政策体系逐步完善；儿童文化产品和服务供给不断丰富，积极探索儿童友好城市建设模式；加强儿童保护体系建设，儿童保护法治化日益深入。与此同时，儿童发展领域还存在一些亟待解决的问题。今后应从以下方面着手促进儿童事业发展。加强儿童健康服务，强化儿童健康促进工作协同；落实立德树人根本任务，办好人民满意的教育；以高质量发展为主题，建设高素质儿童福利工作专业队伍；统筹构建生育支持政策体系，逐步完善家庭教育工作机制；提高儿童文化产品质量，构建儿童友好成长环境；建立更加健全的法律体系和实施体系，以法治化全面推进儿童保护现代化。

本报告分为四个部分，从儿童的健康、安全、教育、福利、家庭、环境、法律保护等方面展现2022年中国儿童发展状况。第一部分是总报告，总结了 2022 年儿童发展的现状与成就，分析了存在的问题，并对未来发展进行了展望。第二部分是调查篇，是关于儿童发展具体方面的调查报告，主要有儿童青少年近视、学校性教育、家长教育素养、中小学生心理健康、科学素养等方面的调查报告。第三部分是专题篇，是对儿童发展重点、热点问题的专门分析，主要有儿童用品伤害监测体系及安全、儿童消费安全和权益保护、国产婴幼儿配方乳粉行业发展、"双减"背景下素质教育发展、中国特色儿童福利服务体系建设、儿童保护法律制度研究、儿童发展状况网络洞察分析等专题报告。第四部分是案例篇，主要展现儿童工作各方面的先进经验和典型案例，有浙江省近视防控经验、社会组织开展困境儿童救助工作、儿童友好城市建设和儿童友好社区建设的先进经验。附录主要是与儿童发展相关的重要数据统计。这些报告以政府有关部门统计数据和相关权威机构的调查数据为基础，对问题进行深入分析，并提出了具有针对性的对策建议。

关键词： 儿童健康　儿童教育　儿童福利　家庭教育　法律保护

目 录 ↖↘

Ⅰ 总报告

Ⅱ 调查篇

Ⅲ 专题篇

Ⅳ 案例篇

皮书数据库阅读**使用指南**

总 报 告

General Report

B.1

在中国式现代化新征程上促进儿童
健康成长、全面发展

——2022 年中国儿童发展现状、问题与展望

中国儿童中心课题组*

摘　要： 2022 年党的二十大为新时代儿童事业发展描绘了光明前景，为进一步做好儿童工作指明了前进方向。在党中央的坚强领导下，2022 年儿童发展和儿童事业取得新成就。儿童健康水平稳步提升，儿童教育高质量发展，儿童福利工作扎实推进，家庭政策体

---

* 中国儿童中心课题组组长：苑立新，中国儿童中心党委副书记、主任，研究方向为校外教育、儿童发展。主要执笔人：王萍、朱晓宇、王建、宋逸、苑宁宁、邱天敏。课题组成员：朱晓宇，中国儿童中心科研部部长，研究员，研究方向为儿童保护、儿童参与和校外教育；王萍，中国儿童中心科研部副研究员，研究方向为儿童发展、社会政策；邱天敏，中国儿童中心科研部研究实习员，研究方向为儿童发展；王润洁，中国儿童中心科研部副研究员，研究方向为儿童权利保护、儿童参与；肖凤秋，中国儿童中心科研部副研究员，研究方向为校外教育与儿童发展；霍亮，中国儿童中心科研部助理研究员，研究方向为社会工作理论、儿童社会工作；张欣蕾，中国儿童中心科研部研究实习员，研究方向为校外教育；魏一，中国儿童中心科研部研究实习员，研究方向为儿童青少年心理健康评价与促进。

系逐步完善，儿童文化产品和服务供给不断丰富，儿童保护法治化日益深入。与此同时，儿童发展领域还存在一些亟待解决的问题。2023年是全面贯彻落实党的二十大精神的开局之年，要牢牢把握中国式现代化的本质要求，统筹规划，协同推进儿童事业高质量发展。

关键词： 儿童健康 儿童教育 儿童福利 家庭教育 法律保护

党的二十大擘画了以中国式现代化全面推进中华民族伟大复兴的宏伟蓝图，把发展儿童事业放在全面建设社会主义现代化国家、全面推进中华民族伟大复兴的战略全局中进行谋划部署，提出一系列新任务新要求，为我们在新征程上做好儿童工作指明了前进方向。

2022年5月31日，在中国儿童中心成立40周年之际，习近平总书记向中国儿童中心发来贺信，并对广大儿童工作者提出了殷切希望：做儿童成长的引路人、儿童权益的守护人、儿童未来的筑梦人，用心用情促进儿童健康成长、全面发展。习近平总书记的贺信为推动新时代儿童事业发展提供了根本遵循。

本报告参考《中国儿童发展纲要（2021—2030年）》（简称《新儿纲》）对儿童发展领域的划分，全面总结2022年儿童事业发展的现状和成就，分析面临的挑战，以党的二十大对新时代儿童工作提出的新任务新要求为遵循，展望儿童事业发展的方向。

一 现状与成就

2022年，在党中央的坚强领导下，相关部门积极出台促进儿童事业各领域高质量发展的政策法规，解决儿童发展面临的"急难愁盼"问题，推动儿童事业发展取得新成就。

（一）健康政策体系不断完善，儿童健康水平稳步提升

随着全社会对儿童健康的日益重视，2022 年儿童健康政策体系持续完善，健康促进工作力度持续加大，儿童健康水平稳步提升。

一是不断完善儿童健康政策体系。高度重视近视防控工作。2022 年 1 月，国家卫生健康委发布《关于印发"十四五"全国眼健康规划（2021–2025 年）的通知》，将儿童青少年作为重点人群进行关注，强调提升近视防控和矫治水平。2022 年 5 月，教育部办公厅印发《关于做好 2022 年全国儿童青少年近视防控试点县（市、区）和改革试验区遴选工作的通知》，通过基地建设和改革试点，总结成功经验和模式，探索创新体制机制，将儿童青少年近视防控工作不断推向深入。在儿童健康领域贯彻落实"将健康融入所有政策"的理念。[①] 2022 年 5 月，国家市场监管总局（标准委）批准发布一批儿童相关领域国家标准，覆盖校园防护、数字教材、儿童用品等方面，以标准呵护儿童健康成长。[②] 此外，对于学校食品安全、预防溺水、学校疫情防控等均有相关政策出台，多方位保障，多部门联动，儿童健康领域政策体系愈加完善。

二是儿童健康促进工作积极开展。疫情防控工作科学精准开展。2022 年 4 月、8 月和 2023 年 2 月，教育部联合国家卫生健康委、疾病预防控制局相继印发《高等学校、中小学校和托幼机构新冠肺炎疫情防控技术方案》第五版、第六版和第七版，指导学校疫情防控工作，新冠疫情防控成果不断被转化为传染病防控经验，健康治理政策进一步优化。建设健康学校工作被提上日程。2022 年 4 月，教育部办公厅印发《关于实施全国健康学校建设计划的通知》，计划经各地遴选推荐，教育部确认、公布一批全国健康学校

---

① 《中共中央关于制定国民经济和社会发展第十四个五年规划和二〇三五年远景目标的建议》，http://www.gov.cn/zhengce/2020-11/03/content_ 5556991.htm，2020 年 11 月 3 日。

② 国家市场监督管理总局：《市场监管总局（标准委）批准发布一批儿童相关领域国家标准》，https://www.samr.gov.cn/xw/zj/202205/t20220530 _ 347422.html，2022 年 5 月 31 日。

建设名单，经两年建设验收合格后认定为全国健康学校。其中遴选申报与条件审核工作已在 2022 年完成。

三是儿童健康水平稳步提升。《国务院关于儿童健康促进工作情况的报告》显示，2021 年全国婴儿死亡率、5 岁以下儿童死亡率分别为 5.0‰和 7.1‰，较 2012 年下降 51.5%和 46.2%，总体优于中高收入国家平均水平。[①]《农村义务教育学生营养改善计划营养健康状况监测评估工作方案（试行）》实施十年来，试点监测地区学生营养状况得到大幅改善。根据 2021 年监测数据，各年龄段男女生的平均身高和体重水平逐年升高，6~15 岁学生生长迟缓率降至 2.3%，贫血率降至 12.0%；同时，试点监测地区学生的膳食种类摄入更加丰富，供餐模式更为合理，健康教育更加普及。[②]

（二）构建素质教育新格局，儿童教育高质量发展

2022 年，儿童教育迈入高质量发展新阶段，各学段重要文件和政策密集出台，完善全面育人培养体系，扎实推进"双减"工作，努力构建素质教育新格局。

一是完善"五育"并举的全面培养体系。教育评价改革引领素质教育。2022 年 1 月，教育部印发《普通高中学校办学质量评价指南》，2 月印发《幼儿园保育教育质量评估指南》，11 月印发《特殊教育办学质量评价指南》，与 2021 年印发的《义务教育质量评价指南》一起构成基础教育"三段一类"质量评价体系，教育评价改革新框架基本确立。实施义务教育新课程。2022 年 4 月，教育部印发《义务教育课程方案和课程标准（2022 年版）》，重在培养学生核心素养，促进学生全面发展，这是新时代深化教育教学改革、促进义务教育高质量发展的有力举措。强化中小学思政课关键地

---

① 马晓伟：《国务院关于儿童健康促进工作情况的报告——2022 年 6 月 21 日在第十三届全国人民代表大会常务委员会第三十五次会议上》，http：//www.npc.gov.cn/npc/c30834/202206/3442472183a94b29a3edd6a1cf978aa1.shtml，2022 年 06 月 22 日。

② 教育部：《十年健康监测　见证营养改善——农村义务教育学生营养改善计划营养健康状况变迁（2012—2022）》，http：//www.moe.gov.cn/jyb_xwfb/gzdt_gzdt/s5987/202210/t20221014_669469.html，2022 年 10 月 14 日。

位。2022 年 11 月，教育部印发《关于进一步加强新时代中小学思政课建设的意见》，完善"大思政课"体系，推进学校"小课堂"、社会"大课堂"和网络"云课堂"协同育人，发挥思政课沟通心灵、启智润心、激扬斗志的重要育人作用。① 校外活动场所积极作为，发挥校外教育实践育人和活动育人的优势，推进素质教育，促进儿童全面发展。

二是扎实推进"双减"工作见实效。校外培训机构治理工作成效明显。学科类校外培训机构数量大大压减，线下机构压减比例达到 95.6%，线上机构压减比例达到 87.1%；校外培训价格平均下降 4 成以上。② 持续出台校外培训治理政策。2022 年 11 月，教育部办公厅等十二部门印发《关于进一步加强学科类隐形变异培训防范治理工作的意见》，要健全预防、发现工作机制，整治学科类隐形变异培训。③ 2022 年 12 月，教育部等十三部门印发《关于规范面向中小学生的非学科类校外培训的意见》，推动非学科类培训为学生发展兴趣特长、拓展综合素质发挥积极作用，成为学校教育的有益补充。2023 年 3 月，教育部等五部门联合印发了《校外培训机构财务管理暂行办法》，明确上市公司不得举办或参与举办面向义务教育阶段学生的学科类培训机构，中小学校不得举办或参与举办校外培训机构。

三是打造高素质教师队伍。加强党对教育工作的全面领导，2022 年 1 月，中共中央办公厅印发《关于建立中小学校党组织领导的校长负责制的意见（试行）》，要求健全发挥中小学校党组织领导作用的体制机制，基层党组织必须成为学校教书育人的坚强战斗堡垒。强教必先强师。2022 年 4 月，教育部等八部门印发《新时代基础教育强师计划》，提出实施高素质教师人才培育计划，加强高水平教师教育体系建设，深化中小学教师队伍建设综合改革，培养造就高素质专业化创新型中小学教师队伍。2022 年 8 月，

---

① 教育部：《关于进一步加强新时代中小学思政课建设的意见》，http：//www.gov.cn/zhengce/zhengceku/2022-11/11/content_ 5726114. htm，2022 年 11 月 4 日。

② 中共中央宣传部：《教育改革发展成效新闻发布会》，http：//www.scio.gov.cn/xwfbh/xwbfbh/wqfbh/47673/49089/wz49091/Document/1730130/1730130. htm，2022 年 9 月 9 日。

③ 教育部等：《关于进一步加强学科类隐形变异培训防范治理工作的意见》，http：//www.moe.gov.cn/srcsite/A29/202212/t20221212_ 1032088. html，2022 年 11 月 24 日。

教育部办公厅印发《关于实施新时代中小学名师名校长培养计划（2022—2025）的通知》，提出培养造就一批具有鲜明教育理念和成熟教学模式、能够引领基础教育改革发展的名师名校长。

四是教育数字化转型为基础教育赋能。2022年初，教育部启动"教育数字化战略行动"，3月国家智慧教育平台正式上线，设立德育、课程教学、体育、美育、劳动教育等10个板块，不到一年有2.7亿人次访问该平台，浏览次数超过130亿。[①] 7月，实施国家智慧教育平台"暑期教师研修"专题学习活动，[②] 开启基于数字平台的大规模教师研修。截至2022年8月31日，共有1300余万名教师进行注册学习，专题页面累计访问次数近13亿次。[③] 11月，教育部发布《教师数字素养》教育行业标准，规范教师数字素养的培训与评价，打造一支能适应教育数字化转型战略需求的师资队伍。

（三）完善困境儿童分类保障政策，儿童福利工作扎实推进

儿童福利是民生保障的重要组成部分，体现着一个国家的社会发展和文明进步程度。2022年，相关部门积极推进儿童福利工作，探索中国特色的儿童福利之路。

一是完善困境儿童分类保障政策。进一步落实孤儿、事实无人抚养儿童基本生活保障制度，截至2022年9月底，全国共有15.9万名孤儿、35.1万名事实无人抚养儿童被纳入国家基本生活保障范围。[④] 2022年10月，民政部、财政部、中国残联联合发布《关于加强残疾人两项补贴精准管理的意见》，落实国务院意见精神，明确享受孤儿基本生活保障政策的残疾儿童，不享受困难残疾人生活补贴，可享受重度残疾人护理补贴。同时，将制定机

---

① 林焕新：《强基提质启新程——2022年基础教育改革发展回眸》，《中国教育报》2023年1月3日。

② 康丽：《努力推动更多教师成为数字化学习的实践者》，《中国教师报》2022年9月7日。

③ 黄浩：《吹响"强师"的号角——2022年度教师教育热点回顾》，《中国教师报》2022年12月28日。

④ 民政部：《民政部举行2022年第四季度例行新闻发布会》，http://www.scio.gov.cn/xwfbh/gbwxwfbh/xwfbh/mzb/Document/1732433/1732433.htm，2022年10月26日。

构集中养育孤儿的护理补贴发放形式和使用办法权限下放到省级民政部门及相关部门。①

二是儿童福利机构优化提质和创新转型高质量发展。儿童福利机构布局不断优化，推进县级儿童福利机构养育儿童转移至地市级儿童福利机构集中养育，"孤儿养育模式实现新中国成立以来的历史性跨越"。② 截至 2022 年 9 月底，全国儿童福利机构由 2020 年底的 1217 家优化为目前的 916 家，机构养育、医疗、康复、教育、社会工作一体化发展水平稳步提高。③ 筑牢儿童福利机构疫情防控安全防线。民政部不断完善儿童福利机构疫情防控政策，并联合教育部印发《关于加强儿童福利机构内走读就学儿童疫情防控和教育教学工作的紧急通知》。

（四）贯彻落实《中华人民共和国家庭教育促进法》，家庭政策体系逐步完善

党的二十大报告提出"优化人口发展战略，建立生育支持政策体系，降低生育、养育、教育成本""加强家庭家教家风建设""健全学校家庭社会育人机制"等一系列要求，④ 为新时代家庭建设工作指明了方向。各部委相继出台政策，积极推动家庭家教家风工作。

一是不断完善积极生育支持政策体系。近年来，我国生育水平持续走低，总和生育率已经降到 1.3 以下，⑤ 低生育率问题受到社会各界高度关注。完善生育支持政策体系，尽可能减少人口快速下降对经济社会发展带来

---

① 民政部：《让补贴资金更公平更有效地惠及困难和重度残疾人——民政部社会事务司负责人就〈关于加强残疾人两项补贴精准管理的意见〉答记者问》，https://www.mca.gov.cn/article/xw/mtbd/202211/20221100044957.shtml，2022 年 11 月 17 日。

② 郭玉强：《高质量推进儿童福利和国家未成年人保护工作》，《社会福利》2022 年第 4 期。

③ 民政部：《民政部举行 2022 年第四季度例行新闻发布会》，http://www.scio.gov.cn/xwfbh/gbwxwfbh/xwfbh/mzb/Document/1732433/1732433.htm，2022 年 10 月 26 日。

④ 习近平：《高举中国特色社会主义伟大旗帜　为全面建设社会主义现代化国家而团结奋斗——在中国共产党第二十次全国代表大会上的报告》，http://www.gov.cn/xinwen/2022-10/25/content_5721685.htm，2022 年 10 月 16 日。

⑤ 中共国家卫生健康委党组：《谱写新时代人口工作新篇章》，《求是》2022 年第 15 期。

的不良影响，事关中华民族的伟大复兴。为了促进人口均衡发展，相关部门出台了一系列生育支持政策。2022年3月，国务院印发《国务院关于设立3岁以下婴幼儿照护个人所得税专项附加扣除的通知》，减轻纳税人生育养育教育负担，体现了国家对家庭生育养育教育的支持。2022年8月，国家卫生健康委、国家发展改革委等17部门联合印发《关于进一步完善和落实积极生育支持措施的指导意见》，将婚嫁、生育、养育、教育统筹一体化进行考虑，帮助家庭解决在生育养育各个环节面临的突出问题，为促进人口长期均衡发展提供了有力支撑，同时建立由国务院领导同志牵头负责的国务院优化生育政策工作部际联席会议制度。

二是贯彻落实《中华人民共和国家庭教育促进法》（以下简称《家促法》），制定新一轮家庭教育工作五年规划。各相关部门积极落实《家促法》，全国妇联、教育部开展了首个全国家庭教育宣传周活动，创设全社会重视支持家庭教育的良好氛围。2022年4月，全国妇联、教育部等11个部门联合印发《关于指导推进家庭教育的五年规划（2021—2025年）》（以下简称《规划》），这是对"十四五"期间落实《家促法》的整体谋划，为家庭教育工作开展指出了明确的方向和重点，根本目标是构建覆盖城乡的家庭教育指导服务体系、健全学校家庭社会协同育人机制、促进儿童健康成长。[1] 2023年1月，教育部等十三部门联合印发了《关于健全学校家庭社会协同育人机制的意见》，进一步完善学校积极主导、家庭主动尽责、社会有效支持的协同育人机制。

三是大力推进家庭教育指导服务体系建设。家庭教育指导服务体系涉及多个层次多个方面。机构建设方面，构建了以41万个城乡社区家长学校为主渠道、4万多个网络新媒体平台为矩阵的服务阵地体系。[2] 队伍建设方面，

---

① 教育部：《全国妇联教育部等11部门印发〈关于指导推进家庭教育的五年规划（2021—2025年）〉》，http://www.moe.gov.cn/jyb_xwfb/s5147/202204/t20220413_616321.html，2022年4月13日。

② 高越：《全国妇联召开新闻发布会介绍新时代妇联工作成果 十年来妇联组织各项工作取得重要进展》，http://www.cnwomen.com.cn/2022/09/30/99259797.html，2022年9月30日。

人社部将家庭教育指导师纳入《中华人民共和国职业分类大典（2022 年版）》，① 推动家庭教育指导服务事业规范发展。人才培养方面，教育部支持高校设置家庭教育相关专业。北京师范大学、南京师范大学、华东师范大学等高校在研究生教育一级学科下设置了与家庭教育相关的学科或研究方向，培养家庭教育专门人才。

（五）儿童文化产品和服务供给不断丰富，积极探索儿童友好城市建设模式

随着"双减"政策实施，儿童对文化产品和服务的需求增多，文化产品和服务供给日益多元化，儿童友好城市的建设使广大儿童享有更加美好的生活。

一是儿童文化产品和服务供给增多。实施"双减"政策以来，儿童有了更多可以自由支配的时间，对儿童文化产品和服务的需求增多。从 2022 年各类图书的码洋构成看，少儿类是码洋比重最大的类别，且码洋比重进一步上升。② 文化产品和服务是进行儿童文化涵育的重要手段，图书馆、博物馆、美术馆等公共文化服务机构开展了丰富多彩的公益文化活动，使儿童感受到中华优秀传统文化的魅力。③ 中国儿童中心和中国电影学会共同主办了 2022 中国国际儿童电影展，汇聚国内外优秀儿童电影作品，以影视教育为有效手段，为儿童提供更多的艺术滋养，引领儿童成长。

二是积极推动儿童友好城市建设。儿童友好的程度，体现城市发展的水平。2022 年 9 月，国家发展改革委、住房和城乡建设部、国务院妇女儿童

---

① 人力资源和社会保障部：《关于对〈中华人民共和国职业分类大典（2022 年版）〉（公示稿）进行公示的公告》，http://www.mohrss.gov.cn/xxgk2020/fdzdgknr/jcgk/zqyj/202207/t20220712_457477.html，2022 年 7 月 12 日。

② 新华社：《2022 年图书零售市场总规模为 871 亿元》，https://m.gmw.cn/baijia/2023-01/07/1303246839.html，2023 年 1 月 7 日。

③ 中国传媒大学调研组：《以文化浇灌助"双减"扎根——青少年儿童文化产品供给调研》，《光明日报》2022 年 9 月 22 日。

工作委员会办公室联合印发《城市儿童友好空间建设导则（试行）》，这是首份全国性儿童友好空间建设导则，明确了儿童友好空间的规划、设计、建设以及各类空间的适儿化改造等要求，[①] 为各地和有关部门推进儿童友好空间建设提供了重要参考和指导。各地根据发展情况，积极申报国家儿童友好城市建设试点，探索儿童友好城市建设路径模式，充分发挥地方政府的主体作用，注重儿童友好城市建设的个性化探索，同时，提炼总结共性成果，为全国提供可借鉴的经验。深圳、长沙、杭州、温州等地都在积极探索儿童友好城市建设的路径。

（六）加强儿童保护体系建设，儿童保护法治化日益深入

儿童保护工作法治化取得一系列新成就，为更好地开展儿童保护工作提供了制度依据。

一是健全法治副校长制度。《中小学法治副校长聘任与管理办法》正式施行，围绕中小学法治副校长"是什么""干什么""谁来管""怎么聘""如何干好"等问题，系统设计了中小学法治副校长聘任与管理制度，要求每所中小学校至少配备1名法治副校长。[②]

二是加强未成年人文身治理。2022年6月6日，国务院未成年人保护工作领导小组办公室印发《未成年人文身治理工作办法》，对加强未成年人文身治理提出系列工作举措，明确任何企业、组织和个人不得向未成年人提供文身服务，保护未成年人身心健康，填补政策空白，赢得社会普遍好评。

三是加强未成年人网络保护。为了应对数字时代发展带来的挑战、保障未成年人在网络空间的合法权益，《未成年人网络保护条例（征求意见稿）》再次公开征求意见，制定进程进一步加快。2022年5月，中央文明

---

① 住房和城乡建设部：《国家发展改革委、住房和城乡建设部、国务院妇儿工委办公室印发〈城市儿童友好空间建设导则（试行）〉》，https://www.mohurd.gov.cn/xinwen/gzdt/202211/20221130_769184.html，2022年12月2日。

② 教育部：《教育部举行教育新春系列新闻发布会（第二场）》，http://www.scio.gov.cn/xwfbh/gbwxwfbh/xwfbh/jyb/Document/1720382/1720382.htm，2022年2月17日。

办等 4 部门联合印发《关于规范网络直播打赏加强未成年人保护的意见》，营造有利于未成年人健康成长的网络环境。

四是提供有力的司法保护。2022 年 5 月，最高人民法院、最高人民检察院、公安部、司法部会签下发《关于未成年人犯罪记录封存的实施办法》，切实解决实践中未成年人犯罪记录和相关记录管理不当导致信息泄露，影响失足未成年人重新回归社会等问题。2022 年 11 月，最高人民法院会同最高人民检察院、教育部发布《关于落实从业禁止制度的意见》，明确了司法机关在办理教职员工犯罪案件中适用从业禁止、禁止令规定的具体规则。

二　问题与挑战

受经济社会发展水平的制约，我国儿童事业发展仍然存在不平衡不充分的问题，需要对以下几个方面的问题加以重点关注和应对。

（一）儿童身心健康突出问题急需关注

儿童视屏时间过长亟须得到重视。《中国儿童青少年身体活动指南》建议儿童青少年的视屏时间限制在每天 2 小时内。由于新冠疫情期间授课方式的改变，学生的视屏时间显著增加。2020 年监测显示，全国仍有 6 成学生每天户外运动时间不足 2 小时，4 成学生每天看视频时间超过 2 小时。① 研究表明，视屏时间过长与儿童近视、超重肥胖、睡眠问题、心理问题等有关，而目前对于儿童视屏时间的控制尚未形成相关政策，对于儿童视屏时间过长的不良生活方式须加以重视。

心理健康问题仍需各方持续努力。近年来，我国儿童心理问题逐渐引起社会关注，心理健康问题检出率和精神疾病、情绪障碍发病率持续上升，中小学生抑郁、焦虑等心理问题频发，成为影响儿童青少年健康成长和全面推

---

① 国家卫生健康委疾控局：《全国仍有 4 成学生每天看视频时间超过 2 小时》，http：// edu. people. com. cn/n1/2021/1026/c1006-32264614. html，2021 年 10 月 26 日。

进健康中国建设的重要问题。中国科学院心理研究所研究显示，在参与调查的 3 万多名青少年中，有 14.8%存在不同程度的抑郁风险。[①] 保障儿童心理健康需多方合作、长期努力，尤其要提高社会及家庭对儿童心理问题的认识，做到早期识别、尽早治疗、全面综合干预。

（二）儿童教育的"急难愁盼"问题亟待解决

义务教育优质均衡发展面临挑战。2016 年我国全面实施"二孩"政策，首批"二孩潮"下的儿童于 2022 年陆续入学，全国基础教育学位总体供求平衡，2016 年全国出生人口 1786 万人，当年全国小学毕业生约 1744 万人。[②] 但区域之间不均衡，尤其是人口流入集中的特大或超大型城市的义务教育公办学校学位供给长期不足，根据国家统计局的监测数据，2021 年全国进城农民工随迁儿童中，分别有 84.4%和 88.2%的儿童在小学和初中阶段就读于公办学校。[③] 适龄儿童入学高峰和地方财政收入放缓，对地方新建、改扩建学校增加公办学校学位，推进义务教育优质均衡发展带来显著压力。

儿童个性化教育需求应引起重视。"双减"政策实施后，学校普遍严格压减作业总量，校内减负执行较好。不少地方将学科类校外培训机构"清零"，面对升学压力，家长担心减少校内作业负担、不上校外补习班会影响孩子学习成绩，部分家长仍然存在对高质量教育服务的需求，同时，一些学习比较困难的学生需要额外辅导才能"跟得上"，如何发展素质教育，满足儿童多样化、个性化的教育需求应引起重视。

---

① 傅小兰、张侃主编《心理健康蓝皮书：中国国民心理健康发展报告（2021~2022）》，社会科学文献出版社，2023 年。

② 教育部：《小学教育分类型学生数》，http://www.moe.gov.cn/jyb_ sjzl/moe_ 560/2021/quanguo/202301/t20230103_ 1037876.html，2022 年 12 月 30 日。

③ 国家统计局：《2021 年农民工监测调查报告》，http://www.gov.cn/xinwen/2022-04/29/content_ 5688043.htm，2022 年 4 月 29 日。

（三）基层儿童福利工作需转型提质

儿童福利机构需要转型提质。按照《关于进一步推进儿童福利机构优化提质和创新转型高质量发展的意见》，"十四五"期间，省、市两级儿童福利机构要优化提质，县级儿童福利机构转型为未成年人救助保护机构。在转型过程中，部分儿童福利机构缺少心理咨询、康复治疗、社区服务等相关方面的人才储备和资源设备，需要尽快转型提质，迎接新挑战，为不同类型的困难儿童提供服务。

未成年人保护基层工作力量薄弱。基层数量庞大的儿童督导员和儿童主任大部分为兼职，行政性事务负担重，缺乏经费保障，队伍不稳定。且普遍学历层次较低、专业性不强，加上缺乏可操作性考核和评价体系，难以充分满足儿童关爱服务、资源链接等需求，职责履行不充分。

（四）支持家庭发展的政策和工作机制有待完善

生育支持政策面临多重困境。生育意愿受到多重因素的影响，养育子女的负担、职场的激烈竞争、高昂的房价、婚育观念的变迁、人口流动等都会影响人们的生育意愿。目前政策之间没有形成联动效应，一些政策落地较难，缺乏必要的监督执行，没有形成完整的政策体系。

家庭教育工作机制有待进一步完善。家庭教育工作的相关部门围绕各自工作领域开展服务，缺乏有效的领导协调工作机制。机构建设上，各级各类家庭教育指导服务机构的构成比较复杂，水平参差不齐，指导服务内容在规划设计和具体操作上还有很大的提升空间。队伍建设上，由于门槛低，专业化的服务力量不足，家庭教育指导者的专业性有待加强。家校社协同育人机制不够健全，各方职责定位不够清晰。

（五）儿童友好环境建设有待加强

缺乏适合儿童的本土原创文化产品。2022 年仅有 3 本国产图书入选"当当"十大畅销童书。主题鲜明的儿童文化产品供给较少，尤其缺少传

承中华优秀传统文化的儿童文化产品。短视频、动漫和网络游戏中一些恐怖、暴力、庸俗的内容对儿童成长不利，相关部门需加强审查。一些经典的优秀作品由于传播效果不好，反而知晓率低，难以惠及更多的儿童和家庭。

儿童友好理念需进一步融入城市发展过程。我国城市专门针对儿童活动特点量身打造的公共活动空间和服务设施不多，大多数是儿童与成人共享空间，存在儿童安全风险。在城市建设过程中，较少考虑儿童关于城市功能区域、空间分配以及特定场所装饰的意见。① 在儿童友好城市建设中，大多关注反映儿童友好城市建设工作成效的硬件设施改造，面向儿童的公共服务能力和水平有待提高。

（六）法律规定细化与落实有待持续发力

强制报告制度的配套措施不健全。新修订的《中华人民共和国未成年人保护法》首次在法律层面规定了儿童保护强制报告制度。由于该制度涉及的范围特别广，相关人员的报告意识尚未普遍树立，落实层面依然面临着一系列难题，集中体现在两个方面：一是对具体的报告情形、报告机制等内容缺乏细致的配套规定，二是对有关人员未履行报告义务的法律责任尚未全面明确。

新兴业态的儿童保护问题日益凸显。电竞酒店、盲盒销售、剧本娱乐活动越来越受到青少年的青睐，但与此同时也产生了一系列新问题。电竞酒店提供网络游戏服务设施，容易成为儿童不受任何限制上网和玩网络游戏的场所。网络平台卖盲盒容易助长非理性消费，诱发攀比、投机、赌博等不良心理，养成不良消费观念和消费习惯，不利于未成年人的身心健康成长。不少剧本娱乐活动中的素材存在血腥、暴力、恐怖等内容，并不适合儿童接触。从法律规定上看，对这些新兴业态的监管与未成年人保护问题有待进一步明确。

---

① 李寅、叶林等：《儿童友好城市建设研究（笔谈）》，《城市观察》2022年第2期。

未成年人违法犯罪分级干预有待进一步落实。对未成年人违法犯罪实行分级干预，其中最关键的措施之一是专门教育。虽然新修订的《中华人民共和国预防未成年人犯罪法》已经对专门教育作出一系列规定，但在入学评估、具体执行等方面缺乏操作性规定，导致实践中存在入学不畅等问题。目前全国仅有百余所专门学校，远不能满足需求，影响罪错未成年人接受有效教育矫治。① 此外，专门矫治教育适用于低龄未成年人严重暴力行为，其与专门教育的关系以及如何执行等均有待进一步明确。

预防性侵害儿童的措施还没有完全落地。新修订的《中华人民共和国未成年人保护法》规定了密切接触未成年人行业查询和从业限制制度，但具体配套措施尚未出台，一定程度上影响了该制度的落地。比如，查询的违法犯罪记录具体包括多大范围、具体的查询机制如何构建、如何确定查询主体等，都有待相关部门制定实施细则。同时，需要加快学校性教育政策制定和落地实施，完善相关政策细节。

三　对策与展望

2023 年是全面贯彻落实党的二十大精神的开局之年，是实施"十四五"规划承前启后的关键一年，要牢牢把握中国式现代化的本质要求，进一步落实儿童优先原则，统筹规划、协同推进儿童事业高质量发展。

（一）加强儿童健康服务，强化儿童健康促进工作协同

加强儿童健康监测。对常见病及健康影响因素的监测是了解儿童健康状况的基础，也是推出针对性政策的根据。进一步完善现有健康监测体系，尤其是对于重点关注的儿童近视、超重肥胖、心理健康等问题的监测，明确监测频率、完善采集标准、监督报送流程、准确进行分析，保证监测工作有效

---

① 张军：《最高人民检察院关于人民检察院开展未成年人检察工作情况的报告》，http://www.npc.gov.cn/npc/c30834/202210/a08878f244b94dc89f8e24e2e200126b.shtml，2022 年 10 月 29 日。

开展，为政策制定提供坚实依据。加强儿童用品伤害监测体系建设，为消费者购买和使用产品提供风险预警，同时为缺陷调查与产品召回的实施提供依据。

关注重点问题与重点人群。准确识别不同年龄、性别、地域等儿童的不同健康问题，实施专门措施进行控制。对儿童的超重肥胖问题，学龄儿童心理健康问题，视屏时间过长引起的近视、身体活动减少问题，应给予重点关注，部署针对性工作。

开展儿童健康教育。学校是儿童学习生活的主要场所，2022年，健康学校的建设已提上日程。以健康学校为中心，家庭、医疗机构、政府部门共同努力，提高学生综合素质、健康素养和健康水平。充分发挥媒体作用，向公众及儿童进行健康教育，举办有益于儿童身心健康的各类活动，为儿童营造健康成长的社会环境。

（二）落实立德树人根本任务，办好人民满意的教育

落实立德树人根本任务。全面贯彻党的教育方针，发展素质教育，突出重点，补齐短板，加快建立健全促进学生身心健康、全面发展的长效机制。围绕发展学生核心素养，落实义务教育和普通高中课程方案和课程标准，实施好新课程新教材，推动育人方式深度变革。加强新时代中小学思政课建设，促进学生思想道德素质、科学文化素质和身心健康素质协调发展。校外教育是培养学生全面发展的重要途径，要充分发挥各级各类校外活动场所的功能，培养儿童兴趣，组织丰富多彩的主题活动，引导广大儿童树立远大志向，听党话、跟党走。

优化基础教育资源配置。深入推进"十四五"国家基础教育重大项目计划，把握"三段一类"教育的不同阶段性发展需求，推动基础教育整体高质量发展。加强城镇新增人口、流动人口集中地区和乡村幼儿园建设，构建覆盖城乡、布局合理的学前教育服务网络。加快义务教育优质均衡发展和城乡一体化，以学校建设标准化、师资配置均衡化、学生关爱制度化为重点，推进县域义务教育优质均衡发展。促进县域高中整体提升，以实施县中

标准化建设工程和县中托管帮扶工程为抓手,推进普通高中多样化、有特色发展。促进特殊教育拓展融合发展,以拓展学段服务和改善办学条件为重点,促进残疾儿童青少年实现最大限度的发展。

深化教育领域综合改革。以评价改革牵引教育领域综合改革,落实各阶段办学质量评价指南,完善综合素质评价体系,深化高考和中考改革。健全学校家庭社会育人机制,推动学校、家庭、社会切实履行相应职责,协同推进"双减"工作。着力在学校教育提质增效上下功夫,确保学生在校内学足学好。丰富课后服务资源,引入各种校外活动场所的优秀师资,切实减轻校内教师负担,不断提升学校课后服务的质量和水平。

(三)以高质量发展为主题,建设高素质儿童福利工作专业队伍

推动制度建设,健全国家未成年人保护工作体系。积极推进儿童福利立法进程,夯实儿童福利发展的法治基础。以高质量发展为主题,发展适度普惠型儿童福利,不断提高困境儿童的保障水平,健全未成年人保护工作体系。充分发挥各级未成年人保护工作领导小组(委员会)作用,构建未成年人社会保护工作格局,形成未成年人社会保护工作合力。

加强基层工作队伍建设,织密织牢儿童"保护网"。未成年人保护工作具有很强的专业性,要加快建设高素质专业队伍,确保各项制度与措施的贯彻落实。在乡镇配齐配强专门人员,村民委员会、居民委员会配备专人专岗,提高儿童督导员和儿童主任的业务能力,筑牢未成年人保护基层工作基础。同时注重培育、发展多种类型的未成年人保护社会组织,促进相关行业规范发展。

(四)统筹构建生育支持政策体系,逐步完善家庭教育工作机制

尽快构建整体性生育支持政策体系。提高生育率是复杂的系统工程,涉及文化、就业、住房、税收等方面,要逐步构建起支持生育的政策体系,完善家庭友好的制度环境,为家庭提供全方位支持。由主管部门牵头,统筹考虑阻碍生育的各种因素,整体谋划和施策,建立覆盖家庭发展全周期的生育

支持政策体系。加快发展普惠托育服务体系，积极实施公办托育服务能力建设项目和普惠托育服务专项行动，为家庭解决后顾之忧。

建立完善有效的家庭教育工作机制。各级政府要发挥主导作用，推动将家庭教育指导服务内容纳入城乡公共服务体系，科学设计家庭教育指导内容，加强专业队伍建设，确保家庭教育指导取得实效。进行资源整合，发挥各相关部门作用，权责明确，并注重发挥社会组织的作用。进一步落实《关于指导推进家庭教育的五年规划（2021—2025 年）》，建立层级化的家庭教育指导服务体系，推进家庭教育工作科学化、规范化、法治化发展。

（五）提高儿童文化产品质量，构建儿童友好成长环境

满足儿童文化产品多样化需求。以儿童需求为中心，细分儿童市场，为儿童提供更多有益于全面发展的高质量精神文化产品。为儿童创作的精神食粮不仅要求数量，更要保证质量。在中华优秀传统文化的保护、传承和创新中，讲好中国故事，在润物细无声中将中华文化基因根植于儿童内心。相关监管部门要进一步加强对儿童文化产品的管理和审查。

构建儿童友好城市建设工作机制。统筹协调相关部门，把儿童友好理念与城市发展有机结合，提升儿童幸福感。坚持"1 米高度"视角，提升城市空间品质和服务效能。在城市规划建设中根据儿童的发展特点配备安全的环境设施，体现趣味性和教育性，在适儿化改造过程中为儿童营造良好的成长环境。推进儿童友好城市建设试点工作，通过各地实践探索儿童友好城市建设的路径模式，为儿童提供更加友好的成长环境。

（六）建立更加健全的法律体系和实施体系，以法治化全面推进儿童保护现代化

完善未成年人保护规范体系。以体系化思路进一步完善以《宪法》有关规定为根本依据、以新修订的《中华人民共和国未成年人保护法》为统领的未成年人保护规范体系。加强对《宪法》中儿童有关条款的研究，充分贯彻《宪法》有关精神。研究法律规范之间的不协调问题，针对性启动

一揽子修法。研究和推进儿童福利立法，填补法律体系存在的空白。尽快出台未成年人网络保护条例、专门教育实施办法等配套性规范。

推动形成法治实施体系。在实施体系内，政府全面履行未成年人保护职责，司法机关开展全面综合司法保护，全社会自觉遵守儿童保护法律法规。儿童法律保护工作需要政府、学校、家庭、社会等多个主体的密切配合，统筹规划，整体推进。积极推进有关部门未成年人保护工作的制度化，向社会公开权责清单，努力实现司法活动中未成年人保护的全阶段、全覆盖、全过程。

调 查 篇
Surveys

B.2
中国儿童青少年近视
及影响因素分析

马军　宋逸　董彦会　刘婕妤*

摘　要： 近年来，我国儿童青少年近视率居高不下，且近视低龄化、重度化的趋势日益明显，已成为一项严重的公共卫生问题。儿童青少年近视防控也已上升为国家战略。本报告总结了2021年全国儿童青少年近视特点：不同学段女生近视率普遍高于男生，性别差异在初中阶段最大；近视率随年龄的增长而增加，在中国表现为东高西低、北高南低；不同地区近视人群中均以低度近视占比最高。与2020年相比，2021年我国儿童青少年近视人群中基本呈低度近视和中度近视比例增高、高度近视比例降低的趋势。此

---

* 马军，北京大学儿童青少年卫生研究所教授，主要研究方向为儿童青少年生长发育及其影响因素；宋逸，北京大学儿童青少年卫生研究所所长、副教授，主要研究方向为儿童青少年健康与发展；董彦会，北京大学儿童青少年卫生研究所副研究员，主要研究方向为儿童青少年慢性病；刘婕妤，北京大学儿童青少年卫生研究所博士研究生，主要研究方向为儿童青少年生长发育及其影响因素。

外，户外活动时间、近距离工作学习时间以及作息时间均与近视发病有关，但目前，近视的病因尚未明确，仍需深入探讨遗传和环境因素对近视的影响。各级卫生健康、教育以及网信等部门需要积极协作，共同开展广泛的宣传和教育活动。综合考虑和应用现有的近视防控措施，制定科学有效的干预策略，加强我国儿童青少年近视的科学预防与控制。

关键词：　近视　儿童青少年　儿童健康　近视防控

2018 年，教育部、卫健委等八个部门联合印发了《综合防控儿童青少年近视实施方案》，该方案旨在指导各地开展中小学生近视防控工作，并提出了 2030 年的目标：6 岁儿童近视率控制在 3% 左右，小学生近视率下降到 38% 以下，初中生近视率下降到 60% 以下，高中阶段学生近视率下降到 70% 以下。此外，国家卫健委在 2019 年印发《儿童青少年近视防控适宜技术指南》，并于 2021 年更新，为各地开展相关工作提供技术支持和依据。

一　2021年全国儿童青少年近视水平和特点

基于全国学生常见病和健康影响因素监测数据，2021 年全国儿童青少年近视调查结果显示，2021 年我国儿童青少年总体近视率为 52.6%。其中，男生和女生分别为 49.2% 和 56.2%；幼儿园、小学、初中、高中儿童青少年近视率分别为 13.5%、35.5%、71.1%、81.1%，其中中小学阶段学生近视率为 55.3%；城市和乡村近视率分别为 56.1% 和 49.3%；东部、中部、西部、东北部地区近视率分别为 55.0%、52.7%、49.0% 和 54.5%。在近视人群中，低度、中度、高度近视的比例分别为 54.3%、36.3% 和 9.5%。其中，幼儿园儿童低度、中度、高度近视的比例分别为 91.9%、6.7% 和 1.5%；小学生低度、中度、高度近视的比例分别为 74.3%、23.0% 和 2.7%；初中生低度、中度、

高度近视的比例分别为 50.4%、40.6% 和 9.0%；高中生低度、中度、高度近视的比例分别为 36.5%、46.6% 和 16.9%；中小学生低度、中度、高度近视的比例分别为 53.6%、36.8% 和 9.6%。

具体而言，我国儿童青少年近视水平呈现以下特点。

（一）女生近视率普遍高于男生

基于 2021 年全国学生常见病和健康影响因素监测数据，不同学段女生近视率均高于男生；性别差异在初中阶段最大（女生 76.2%，男生 66.4%）。例如一项研究表明，2021 年安阳市儿童青少年总体近视患病率为 56.37%，其中，女生近视患病率远高于男生（59.33% *vs.* 53.70%）[①]。男女生近视率均随学段升高而上升，近视环比增长率呈下降趋势。男、女生在不同学段近视率变化趋势一致，女生近视率（56.2%）均高于男生（49.2%），如图 1 所示。

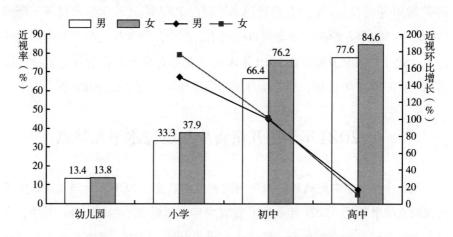

图1　2021 年全国儿童青少年分性别、学段近视状况

使用 2021 年各省份所有参加调查的地市近视检测数据和基线（2018年）近视检测数据进行比较发现，与 2018 年相比，2021 年男、女生近视率

---

① 王向东、闫昱、王佳欣：《2021 年安阳市儿童青少年视力现状分析》，《中国校医》2022 年第 10 期。

分别下降 0.7、1.3 个百分点，下降幅度女生大于男生。与 2020 年相比，2021 年儿童青少年近视率总体下降 0.1 个百分点。其中，男生基本持平，而女生下降 0.2 个百分点。幼儿园近视率下降幅度较大，男、女生均下降 0.7 个百分点，其余学段近视率均小幅下降或不同程度增长，如图 2 所示。

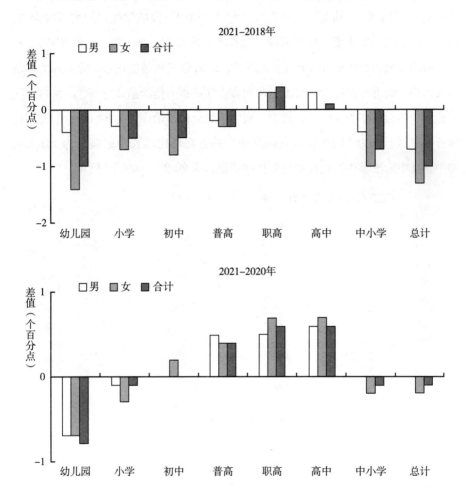

图 2 2018~2021 年全国儿童青少年分性别、学段近视变化状况比较

（二）近视率随年龄增长而增加

如图 3 所示，2021 年城市地区儿童青少年近视率为 56.1%。其中，高中学生近视率最高，为85.1%；幼儿园儿童近视率最低，为13.3%；来自河南安阳市的一项研究同样发现此趋势①。小学阶段是近视发生发展和预防矫治的关键时期，研究表明小学高年级学生的近视率是幼儿园大班儿童的5.11倍②。幼儿园到小学的近视环比增长率最高，为178.9%；初中到高中的近视环比增长率最低，为16.8%。幼儿园大班儿童、小学和初中阶段的学生以轻度近视为主，但高中阶段的学生中度、高度近视占比高于轻度近视（69.97% *vs.* 30.03%），在广州市的一项研究中同样发现了此结论③，随着学生年龄的增长，学业压力逐渐加大，户外锻炼时间减少，高度近视对青少年的视力健康造成危害④。乡村地区儿童青少年近视率为49.3%。其中，高中学生近视率最高，为84.0%；幼儿园儿童近视率最低，为13.5%；幼儿园到小学的近视环比增长率最高，为153.1%；初中到高中阶段学生的近视环比增长率最低，为20.2%，如图3所示。

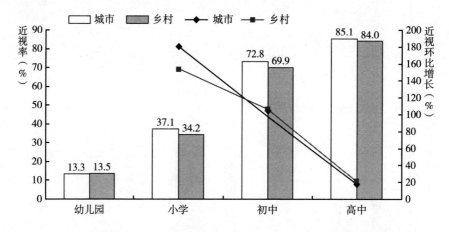

图3　2021年全国儿童青少年分城乡、学段近视状况

① 王向东、闫昱、王佳欣：《2021年安阳市儿童青少年视力现状分析》，《中国校医》2022年第10期。
② 王向东、闫昱、王佳欣：《2021年安阳市儿童青少年视力现状分析》，《中国校医》2022年第10期；马翠侠、付玲玲、汪丽娟、范国保：《合肥市小学生近视现状及相关危险因素的调查分析》，《临床眼科杂志》2018年第3期。
③ 曾筱婷、唐敏、岳丽菁、张阳、任静：《2021年广州市越秀区某小学学生视力不良现况分析》，《职业卫生与病伤》2021年第6期。
④ 李凤娟、王丽茹、王旭、何健、杨汴生、张书芳：《2018年河南省中小学生视力状况和屈光状态分析》，《现代预防医学》2021年第17期。

如图 4 所示，与 2018 年相比，2021 年大部分年级学生近视率呈下降趋势。男生和女生近视率均在小学一年级下降最多。与 2020 年相比，2021 年男女生除了在幼儿园、小学一至三年级和初中二年级阶段近视率下降外，其余年级均呈现增长趋势。男生近视率在普通高中三年级增长最多，增长 0.9 个百分点；女生近视率在职业高中一年级增幅最大，为 1.0 个百分点。

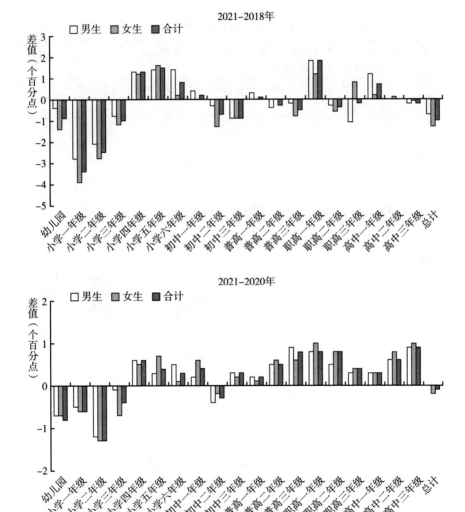

图 4　2018~2021 年全国儿童青少年分性别、年级近视变化状况比较

（三）近视率总体表现为东高西低、北高南低

东西中部和东北地区划分方法：为科学反映我国不同区域的社会经济发展状况，根据《中共中央、国务院关于促进中部地区崛起的若干意见》《国务院发布关于西部大开发若干政策措施的实施意见》以及党的十六大报告的精神，将我国的经济区域划分为东部、中部、西部和东北四大地区（见表1）。

表1　四大地区划分方法

东部	北京、天津、河北、上海、江苏、浙江、福建、山东、广东和海南
中部	山西、安徽、江西、河南、湖北和湖南
西部	内蒙古、广西、重庆、四川、贵州、云南、西藏、陕西、甘肃、青海、宁夏和新疆
东北	辽宁、吉林和黑龙江

2021年我国东部、中部、西部和东北部地区学生的近视增长速度趋势相似，近视增长速度从小学开始逐步降低。其中东部地区高中阶段学生的近视率最高，中部地区幼儿园儿童近视率最低，如图5所示。

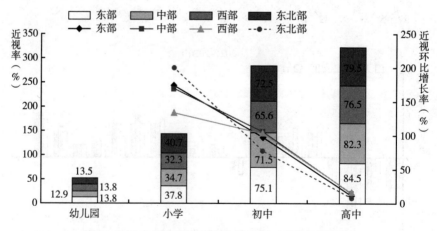

图5　2021年全国儿童青少年分地区、学段近视状况

2021年我国儿童青少年近视率检出较高的省份包括上海市（60.9%）、江苏省（60.2%）和山西省（59.4%）；较低的省份包括西藏自治区

(31.9%)、新疆维吾尔自治区（32.1%）和海南省（39.2%）①。

与 2020 年相比，2021 年东部和中部地区近视率分别降低 0.3 和 0.1 个百分点，且在东部和中部地区男生近视率下降幅度（东部 0.1 个百分点，中部-0.1 个百分点）均低于女生（东部和中部均为 0.3 个百分点），如图 6 所示。

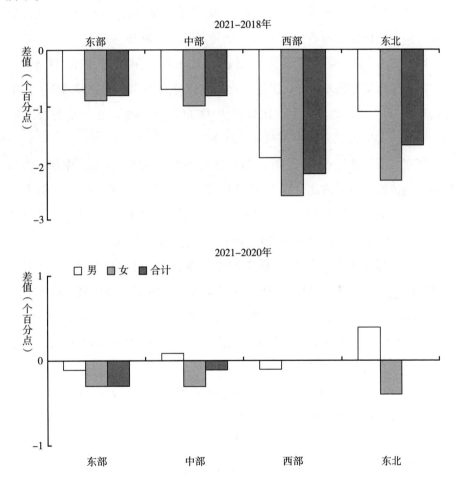

图 6　2018~2021 年全国儿童青少年分地区、性别近视变化状况比较

①　数据来源：2021 年全国学生常见病和健康影响因素监测。

（四）应重点关注高度近视的学生

其一，2021年我国儿童青少年近视人群中，低度、中度、高度近视的比例分别为54.3%、36.3%和9.5%。其中，幼儿园、小学和初中均为低度近视占比较高；高中生则以中度近视为主。在低度近视的儿童青少年中，小学阶段学生所占比例最高，为44.7%；在中度近视和高度近视的儿童青少年中，高中阶段学生所占比例最高，分别为42.7%和59.4%。

其二，不同性别中均以低度近视占比最高，男女分别为54.8%和53.8%。在低度近视人群中，男生、女生占比分别为48.7%、51.3%。在中度近视人群中，男生、女生占比分别为47.6%、52.4%。在高度近视人群中，男生、女生占比分别为48.2%、51.8%。

其三，不同地区近视人群中均以低度近视占比最高。东部、中部、西部和东北地区低度近视占比分别为51.3%、55.3%、55.7%和54.0%。低度近视人群中西部地区占比最高，为39.3%；中度近视人群中西部地区占比最高，为37.2%；高度近视人群中西部地区占比最高，为36.8%。

其四，城市和乡村近视人群中均以低度近视占比最高，城乡分别为52.1%和56.2%。低度近视和中度近视人群中乡村地区占比较高，高度近视人群中城市地区占比较高。低度近视人群中城乡占比分别为46.1%和53.9%；中度近视人群中城乡占比分别为49.6%和50.4%；高度近视人群中城乡占比分别为52.4%和47.6%。

其五，与2018年相比，2021年我国儿童青少年近视人群中基本呈低度近视与中度近视比例增加、高度近视比例降低的趋势。在男生中，低度近视的比例增加了1.4个百分点，中度近视比例降低0.3个百分点，高度近视的比例降低1.1个百分点；在女生中，低度近视的比例增加了0.7个百分点，中度近视的比例增加了0.4个百分点，高度近视的比例降低了1.1个百分点。与2020年相比，2021年我国儿童青少年近视人群中基本呈低度近视和中度近视比例增高、高度近视比例降低的趋势。男生的低度近视比例增加了0.3个百分点，中度近视比例持平，高度近视的比例降低了0.4个百分点；

女生的低度近视比例增加了 0.5 个百分点，中度近视的比例持平，高度近视的比例降低了 0.5 个百分点。

二　2021年全国儿童青少年近视影响因素

户外时间少和教育程度高是近视主要因素，而电子设备使用与近视的关系并不明确。多项其他先天因素、个人因素、家庭特征、环境特征，以及部分常见观念如在昏暗环境下阅读、读写姿势、字体大小等，对近视影响的证据等级则普遍不高[1]。

生态学研究表明，目前近视发生率较高的国家往往有一种教育压力早期出现的模式，例如从学龄前开始做家庭作业以及上课外辅导班[2]。两个高等级证据的风险因素，教育和户外活动都是可以干预的，是近视防控需要重点关注的要素。此外，儿童父母均为近视，年龄越小，其近视率越高[3]；在一项研究中，6 岁儿童的近视率似乎是其他年龄儿童的 3 倍。年龄较大的儿童（3~6 年级）与年龄较小的儿童（1~2 年级，每天 1 小时）相比，他们每天接受更密集的在线学习课程（2.5 小时），近视率出现较大的增长[4]；基于全国学生常见病和健康影响因素监测数据，与 2018 年相比，2021 年小学一二年级、初中二三年级和普通高中一年级的近视率在四个地区均呈下降趋势；小学三至六年级的近视率在东部、中部和东北地区均呈现增长趋势。男、女生近视率均呈现从东部和东北部向西部降低的趋势。其中，东部地区女生近视率最高，为 58.5%；西部地区男生近视率最

① Morgan I., Wu P., Ostrin L., *et al*. IMI Risk Factors for Myopia. *Invest Ophthalmol Vis Sci.* 2021; 62 (5): 3.

② Morgan I., Rose K., Myopia and International Educational Performance. *Ophthalmic Physiol Opt.* 2013; 33 (3): 329-338.

③ Pärssinen O., Kauppinen M. Risk Factors for High Myopia: A 22-year Follow-up Study from Childhood to Adulthood. *Acta Ophthalmol.* 2019; 97 (5): 510-518.

④ Wang J., Li Y., Musch D., *et al*. Progression of Myopia in School-Aged Children after COVID-19 Home Confinement. *JAMA Ophthalmol.* 2021; 139 (3): 293-300.

低，这可能与中国经济水平发展的地区差异性有关。此外，在近视儿童青少年中，除初中和普通高中阶段的低度近视构成比分别增加 1.3 和 0.8 个百分点外，其余各学段的低度近视构成比均下降；各学段的中度近视构成比均增加；除职业高中阶段的高度近视构成比增加 0.1 个百分点外，其余各阶段的高度近视构成比均降低。

此外，近视后第一年的进展与高度近视相关[①]，然而，对于户外活动时间的增加是否会减缓近视的进展存在争议。较早的流行病学并不支持这种可能性[②]，一项荟萃分析得出了同样的结论[③]。但是，强有力的证据表明近视发病的进展速度是可以调节的，例如近视进展的季节性差异，夏季进展比冬季慢[④]。这表明，进展可能受环境因素的调节[⑤]，户外时间的增加会减缓近视进展[⑥]。在室外视觉环境中，物体通常距离更远，视觉场景中的屈光变化较小。因此，室外视觉环境由更均匀的屈光模式组成，与室内观看条件相比，视网膜图像在周边具有更均匀的视网膜散焦模式，这可能会防止近视[⑦]。

除了保持规律的户外活动外，许多研究发现较短的睡眠时间和较差的睡

① Pärssinen O., Kauppinen M., Risk Factors for High Myopia: A 22-year Follow-up Study from Childhood to Adulthood. *Acta Ophthalmol*. 2019; 97 (5): 510-518.

② Jones-Jordan L., Sinnott L., Cotter S., *et al*. Time Outdoors, Visual Activity, and Myopia Progression in Juvenile-onset Myopes. *Invest Ophthalmol Vis Sci*. 2012; 53 (11): 7169-7175.

③ Xiong S., Sankaridurg P., Naduvilath T., *et al*. Time Spent in Outdoor Activities in Relation to Myopia Prevention and Control: A Meta-analysis and Systematic Review. *Acta Ophthalmol*. 2017; 95 (6): 551-566.

④ Gwiazda J., Deng L., Manny R., Norton T., Seasonal Variations in the Progression of Myopia in Children Enrolled in the Correction of Myopia Evaluation Trial. *Invest Ophthalmol Vis Sci*. 2014; 55 (2): 752-758.

⑤ Gwiazda J., Deng L., Manny R., Norton T., Seasonal Variations in the Progression of Myopia in Children Enrolled in the Correction of Myopia Evaluation Trial. *Invest Ophthalmol Vis Sci*. 2014; 55 (2): 752-758.

⑥ Sánchez-Tocino H., Villanueva Gómez A., Gordon Bolaños C, *et al*. The Effect of Light and Outdoor Activity in Natural Lighting on the Progression of Myopia in Children. *J Fr Ophtalmol*. 2019; 42 (1): 2-10.

⑦ Flitcroft D. The Complex Interactions of Retinal, Optical and Environmental Factors in Myopia Aetiology. *Prog Retin Eye Res*. 2012; 31 (6): 622-660.

眠质量也与近视屈光不正相关①。每晚睡眠不足 7 小时的儿童患近视的风险比睡眠超过 9 小时的儿童高。睡眠不足对近视的影响是昼夜节律被打乱导致的。不正常的昼夜节律会促进眼球异常生长和屈光不正，降低睡眠质量，缩短睡眠的有效时间。非近视儿童表现出来的昼夜节律，不管是工作日，还是周末，夏天或者冬天都维持得非常稳定，睡眠时长一致性非常高。而近视的儿童在冬天和夏天工作日的睡眠时间比周末明显更短，一到周末近视的儿童昼夜节律就表现得很混乱（见图 7）。因此，保证儿童青少年睡眠是防控近视的关键，建议小学生每日睡眠时间不少于 10 小时，初中生不少于 9 小时，高中生不少于 8 小时。要避免熬夜和睡眠不足，形成规律的生活作息。

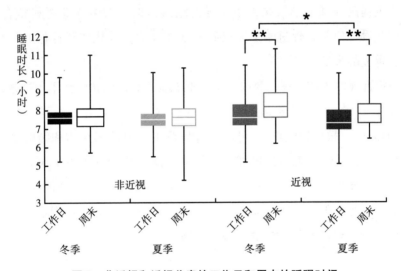

图 7　非近视和近视儿童的工作日和周末的睡眠时间

注：* $p<0.01$，** $p<0.001$。

资料来源：Ostrin L.，Read S.，Vincent S.，Collins M. Sleep in Myopic and Non-Myopic Children. *Transl Vis Sci Technol.* 2020；9（9）：22.

良好的学习、生活环境是保护视力、预防近视的先决条件，学校更要加大经费投入、改善办学条件，按规定标准优化师生工作、学习、生活环境。

---

① Jee D.，Morgan I.，Kim E. Inverse Relationship between Sleep Duration and Myopia. *Acta Ophthalmol.* 2016；94（3）：e204-210.

基于学校的预防策略，有研究表明光照的微小光谱变化可以有效地预防近视①。因此，学校要改善采光设备和照明设备，使教室采光符合国家卫生标准，自然采光不足时应及时辅助以人工照明。此外，按照国家规定的标准，配备适度的课桌椅，科学摆布教室课桌椅，使每一位学生保持科学合适的用眼距离。建议根据学生的座位视角、教室采光和照明以及学生视力变化情况，每月调整学生的座位，每学期对学生的课桌椅高度进行个性化调整，以适应学生的生长发育变化。小学一、二年级不布置书面家庭作业，三至六年级书面家庭作业完成时间不得超过60分钟，初中不得超过90分钟，高中也要合理安排作业时间。教学要按照"零起点"的标准进行，注重提高课堂教学效果，不得随意增减课时。布置作业要科学合理，提高作业设计质量，促进学生完成好基础性作业，强化实践性作业，减少机械、重复的训练。

确定近视发生和发展的风险因素，形成真正有效的预防性干预措施，对预防近视发生、减缓其进展具有重大现实意义。针对近视的强关联因素（户外时间少、教育程度高），可以通过规范生活习惯来预防和缓解近视的发生及发展，具体措施包括增加户外活动时间，减少近距离工作和学习时间，以及调整作息时间等，从而降低生活因素导致的近视发病风险。另外，光学干预措施（眼镜、软性镜片和角膜塑形镜)② 和药物干预措施（低剂量阿托品)③ 已被证明可有效减缓近视的进展。

三　全国儿童青少年近视防控措施建议

儿童青少年正处于成长发育的关键阶段，需要家庭、学校和社会的共

① Torii H., Kurihara T., Seko Y., et al. Violet Light Exposure Can be a Preventive Strategy Against Myopia Progression. *EBioMedicine*. 2017；15（210-219）.

② Walline J., Lindsley K., Vedula S., Cotter S., Mutti D., Twelker J., Interventions to Slow Progression of Myopia in Children. *Cochrane Database Syst Rev*. 2011；（12）：CD004916.

③ Gong Q., Janowski M., Luo M., et al. Efficacy and Adverse Effects of Atropine in Childhood Myopia：A Meta-analysis. *JAMA Ophthalmol*. 2017；135（6）：624-630.

同呵护来维护他们的身心健康，积极预防近视。2019 年 12 月新冠疫情暴发并在全世界广泛传播。居家隔离是早期采取的主要防控措施之一，这也在短期内改变了儿童青少年的行为模式。居家隔离措施已被证明是控制新冠疫情的有效途径①。在居家隔离期间，学生户外活动减少，使用电子屏幕等近距离学习时间增加②，而且这样的趋势具有普遍性③。总体来说，疫情以后，适时监控儿童青少年近视状况、发现疫情下近视发病的特点尤为关键，有益于在此基础上制定针对性的近视防控策略。

（一）完善近视防控相关措施

为贯彻落实《综合防控儿童青少年近视实施方案》和《儿童青少年近视防控适宜技术指南》，切实加强全国儿童青少年近视防控工作，政府应通过优化顶层设计，对组织领导进行强化，整体统筹，部门联动。卫生、教育等多部门共同参与的儿童青少年近视防控工作领导小组应当明确分工，将儿童青少年近视防控工作纳入重要议事日程，并制定相应的工作规划；每年有近视防控专项经费，联合相应部门组建集卫生、教育相关专业技术人员、校领导、班主任、校医（保健教师）于一体的视力健康管理队伍，明确和细化职责，为儿童青少年近视防控提供物质和人员保障。

（二）建立视力健康监测平台

当下，以互联网、大数据、人工智能（AI）等为代表的新兴数字化、

① Pellegrini M., Bernabei F., Scorcia V., Giannaccare G., May Home Confinement during the COVID-19 Outbreak Worsen the Global Burden of Myopia? *Graefes Arch Clin Exp Ophthalmol.* 2020；258（9）：2069-2070.

② Moore S., Faulkner G., Rhodes R., *et al.* Impact of the COVID-19 Virus Outbreak on Movement and Play Behaviours of Canadian Children and Youth：A National Survey. *Int J Behav Nutr Phys Act.* 2020；17（1）：85.

③ Ma D., Wei S., Li S., *et al.* The Impact of Study-at-Home during the COVID-19 Pandemic on Myopia Progression in Chinese Children. *Front Public Health.* 2021；9（720514）.

智能化信息技术与应用，更加快速地深入医疗健康领域的各个场景，应当充分利用互联网+现代信息化等技术手段，根据儿童视力档案平台的开发方案及要求，设计、制作信息平台系统，并通过开发 App 等方式建立视力健康监测平台，以眼底检查为"窗口"，推广便捷式的眼底疾病筛查技术，如"眼底通"、智能 OCT 筛查系统；设置"百万人眼底病筛查率"的工作目标，加大眼底疾病筛查力度。政府每年至少对学生视力健康监测平台运行情况进行一次监督考核。

（三）改善学生视觉环境和健康行为

卫生监督部门应定期对学校黑板、课桌椅等硬件设施，教室内部用眼距离，学校采光照明进行调查，学校应保证教室内所有学生的用眼距离合理，学校和家庭应使用利于视力健康的照明设备。按照《体育发展"十三五"规划》的要求，应全面强化体育锻炼，当地政府应加大对体育锻炼的经费投入，加强体育设施特别是体育场地建设。学校应该引导学生科学、规范地使用电子产品，并养成在良好的信息化环境下学习的习惯和用眼卫生习惯。通过开展专题讲座、班会、学生近视防控知识竞赛、征文活动等，向学生传授科学用眼、预防近视的知识和技能，督促学生养成良好的用眼卫生习惯，如非学习目的的电子产品使用单次不宜超过 15 分钟，在使用电子产品学习30~40 分钟后，应该让孩子休息、远眺放松 10 分钟。中小学校应该严格组织全体学生每天上午和下午各做 1 次眼保健操，以有效缓解学生长时间用眼所带来的眼部疲劳和不适，同时增强学生对眼保健知识的了解和认知，提高学生的视觉健康水平。此外，应定期与媒体合作、开设近视防控专题等，同时可邀请媒体进行跟踪报道。每年定期对教师、家长、学生、医疗卫生人员等不同人群发放近视防控宣传教育指导手册，定期考查学生近视防控相关知识。教师应当教会学生正确的握笔姿势和坐姿，监督学生读写时保持正确的姿势，并及时纠正不良的姿势习惯。当教师发现学生出现看不清黑板、经常揉眼等迹象时，应该及时关注学生的视力状况，了解情况并向家长反映，以便及时采取措施。同时，教师还应该定期开展有关眼保健知识的教育宣传，提高学生和家长的视力健康意识。

此外，卫生健康、教育和网信等相关部门应加强协作和配合，告知非法或不恰当的近视矫正行为可能造成的危害，并引导儿童青少年和家长科学认知近视矫正，切实增强其辨别能力和自我保护意识，自觉抵制近视矫正虚假违法广告，提高儿童青少年近视防控能力。

（四）规范近视诊断矫治

完成定点医疗机构的资质认证和医师培养，政府和卫生部门应对现有医疗机构屈光门诊的诊疗水平和接诊能力进行资质认证，确定定点医疗机构的名单，指导辖区内近视筛查工作中发现的屈光不正的儿童青少年到正规医疗机构进一步诊疗。县级及以上的综合医院应普遍提供眼科医疗服务，依据《近视防治指南》等诊疗规范，根据儿童青少年的视觉症状进行科学验光和相关检查，进行明确的诊断，并按照诊疗规范进行矫治。医疗卫生机构根据病历登记系统实行复诊提醒，并联合学校保健医师共同提醒、叮嘱儿童青少年近视患者进行随诊和复查。

各级卫生健康行政部门应当加大对无证行医的打击力度，依法惩治无《医疗机构执业许可证》的机构和无医师执业证书的人员擅自从事眼科医疗服务行为。同时，应督促辖区医疗机构切实履行主体责任，规范眼视光医疗器械的使用行为。医疗机构不得进行虚假宣传或夸大宣传，对于违法行为必须依法严肃查处。如果发现医疗机构使用的眼视光产品或医疗器械存在质量不合格等问题，应及时通报或移送市场监管、药品监管等相关部门。

B.3

中国学校性教育
状况分析报告

刘文利 李佳洋 李依洋*

摘 要： 性教育对于儿童青少年的身心全面发展具有重要意义。近年来，国家出台相关政策，呼吁开展学校性教育，但学校性教育的推行仍存在一定困难，包括学校性教育课程设置不明确、性教育教材缺乏、教师性教育专业能力不足等。学生认为现有学校性教育的内容与形式未能满足他们的需求。为促进中国学校性教育的发展，应注意进一步制定相关政策、扩大政策的覆盖面以及完善相关政策的细节，促进学校性教育政策建设和落地实施。建议明确覆盖幼儿园、全学龄段的性教育课程设置，加快性教育指南与教学材料的研发，加强性教育教师培训，促进性教育家校协同合作。

关键词： 学校性教育 性教育需求 教师培训 家校合作

在中国，有法律和政策要求对学生开展性教育，但不同的政策有不同的教育重点，如青春期教育、生理卫生教育、性健康教育、预防性侵害教育等。2020年修订的《中华人民共和国未成年人保护法》（以下简称《未保

* 刘文利，博士，北京师范大学中国基础教育质量监测协同创新中心教授，博士生导师，主要研究方向为儿童性发展与性教育；李佳洋，北京师范大学中国基础教育质量监测协同创新中心博士研究生，主要研究方向为儿童发展、家庭亲子教育、学校与家庭性教育；李依洋，北京师范大学教育学部硕士研究生，主要研究方向为青少年心理健康教育。

法》）第四十条明确提出：学校、幼儿园应当对未成年人开展适合其年龄的性教育，提高未成年人防范性侵害、性骚扰的自我保护意识和能力①。这是"性教育"一词首次被写入中国法律。

在"性教育"入法的背景下，开展性教育成为学校、幼儿园需要履行的责任。本研究通过对学生和教师的调查，分析目前中国学校性教育开展的状况及其面临的问题与挑战，并提出有助于学校性教育开展的建议，促进中国学校性教育事业的发展。

本研究讨论的性教育指的是全面性教育。全面性教育（Comprehensive Sexuality Education，CSE）是一个基于课程，探讨性的认知、情感、身体和社会层面的意义的教学过程，涉及人际关系，价值观、权利、文化、媒介与性，社会性别，暴力与安全保障，健康与福祉技能，人体与发育，性与性行为，性与生殖健康等丰富的内容②。其目的是使儿童和年轻人具备一定的知识、技能、态度和价值观，从而确保其健康、福祉和尊严③。

一　调查方法

（一）调查对象

本调查采取网络收集数据方式，于 2021 年 9~10 月通过问卷星程序在互联网各平台发放调查问卷。问卷分为学生版和教师版两部分，共回收学生有效数据 2140 份、教师有效数据 2146 份。

学生和教师的基本情况分别见表 1 和表 2。

---

① 《中华人民共和国未成年人保护法》，http://www.gov.cn/xinwen/2020-10/18/content_5552113.htm，2020 年 10 月 18 日。

② 联合国人口基金、联合国教科文组织：《全面性教育技术指南——国际标准在中国的潜在本土化应用（第一版）》，2022。

③ 联合国教科文组织：《国际性教育技术指导纲要（修订版）》，2018。

表1 学生样本结构

单位：人，%

分布	人数	占比	分布	人数	占比
性别			学校类型		
男	879	41.07	公办学校	1912	89.35
女	1239	57.90	民办学校	136	6.35
其他*	22	1.03	国际学校	82	3.83
学段			其他**	10	0.47
小学1~3年级	80	3.74			
小学4~6年级	158	7.38			
初中	974	45.51			
高中	928	43.37			

*：非二元性别、性别酷儿等。

**：培训学校、福利院、民办公助学校等。

表2 教师样本结构

单位：人，%

分布	人数	占比	分布	人数	占比
性别			年龄段		
男	272	12.67	18~25岁	779	36.30
女	1871	87.19	26~30岁	500	23.30
其他*	3	0.14	31~40岁	415	19.34
所教学科			41~50岁	316	14.72
语文	647	30.15	51~60岁	133	6.20
数学	289	13.47	60岁以上	3	0.14
科学	94	4.38	学校类型		
英语	273	12.72	公办学校	1772	82.57
道法/政治	214	9.97	民办学校	307	14.31
心理健康	245	11.42	国际学校	25	1.16
物理	66	3.08	其他**	42	1.96
化学	58	2.70	所教学段		
生物	78	3.63	幼儿园	303	14.12
历史	108	5.03	小学1~3年级	371	17.29
地理	71	3.31	小学4~6年级	334	15.56
综合实践	110	5.13	初中	601	28.01
音乐	101	4.71	高中	537	25.02
体育与健康	117	5.45			
美术	122	5.68			
其他***	323	15.05			

*：非二元性别、性别酷儿等。

**：培训学校、福利院、民办公助学校等。

***：幼儿五大领域、跨学科整合课程等。

（二）调查工具

1. 学生问卷

采用刘文利研究团队的自编问卷，对学生的性知识获取情况、性教育态度，以及学校性教育经历进行调查。主要使用单选题、多选题及五点量表等题型来调查相关情况。

2. 教师问卷

采用刘文利研究团队的自编问卷，对教师自身的性知识与学校性教育经历进行调查。问题分为四部分：（1）背景信息；（2）对性教育的态度；（3）性教育实践经验与技能水平；（4）参与进一步培训的意愿。主要使用单选题、多选题及五点量表等题型来调查教师的性教育态度和经验。

（三）数据处理

使用 SPSS 22.0 进行数据分析，采用描述性统计分析、独立样本 t 检验、方差分析进行现状基本结果描述，采用相关分析、Logistic 回归分析探究教师培训意愿和性教育行为的影响因素。

二 学校性教育现状

（一）学校性教育实践概况

1. 学校性教育开课现状

对学生的调查结果显示，34.76%的学生未接受过学校性教育。对教师的调查结果显示，47.53%的教师所任教的学校并未开展性教育。

进而问及学生性知识来源渠道。按学段分类，不同学段学生的主要性知识来源情况如表3所示。

表3 不同学段学生的主要性知识来源情况

单位：%

来源	小学1~3年级 N=80	小学4~6年级 N=158	初中 N=974	高中 N=928
父母	87.50	75.95	52.46	20.47
教师	53.75	79.75	48.97	17.78
校外培训或讲座	5.00	8.23	14.78	7.97
同伴	2.50	10.76	26.69	32.76
医学书籍	5.00	7.59	14.37	16.06
科普读物	33.75	30.38	32.14	41.38
文学作品	1.25	8.23	16.43	30.17
影视作品	8.75	8.23	8.83	21.66
网络搜索	5.00	11.39	17.15	46.01
色情制品	2.50	1.27	4.52	20.26

小学1~3年级学生的性知识主要来自父母（87.50%），其次来源于教师（53.75%）和科普读物（33.75%），选择从其余渠道获取性知识的学生较少。

小学4~6年级学生的性知识主要来自教师（79.75%）和父母（75.95%），其次为科普读物（30.38%）。但与1~3年级学生相比，从同伴处（10.76%）和网络搜索（11.39%）两种渠道获取性知识的学生比重略高，差异不显著。

除父母（52.46%）、教师（48.97%）和科普读物（32.14%）外，从同伴（26.69%）和医学书籍（14.37%）处获取性知识的初中生比例显著高于小学生（$p<0.01$）。通过网络搜索（17.15%）获取性知识的初中学生比重较小学1~3年级学生高出12.15%，差异显著（$p<0.01$）。这可能与学生的认知水平和信息搜索水平提升以及拥有电子设备的情况有关。

高中学生最主要的性知识来源为网络搜索（46.01%），其次为科普读物（41.38%）、同伴（32.76%）和文学作品（30.17%）。影视作品

（21.66%）和色情制品（20.26%）也成为较多高中学生的性知识来源。与前三个学段相比，选择从父母（20.47%）和教师（17.78%）处获取性知识的学生占比明显更低，具有显著差异（$p<0.01$）。

2. 学校性教育开展形式

26.51%的教师报告其所在学校将性教育内容融合在其他学科课程中，15.10%的教师所在的学校以讲座形式开展性教育，报告学校单独开设性教育课程的教师仅占8.67%。

在接受过学校性教育的学生中，获得性教育的最主要渠道是学科融合式课程（30.41%），其次为性教育讲座（29.53%），接受过系统性教育课程的学生仅占18.32%，另有同伴教育（11.11%）、性教育主题活动（6.53%）和性教育互动展览（1.66%）等形式，另有2.44%的学生选择"其他形式"，如班会、班主任单独谈话等。

3. 学校性教育师资来源

教师数据显示，在开展性教育的学校中，最主要的性教育教学承担者是心理健康教师（55.51%），其次是各类其他学科教师（40.32%）和班主任（34.55%）。同时，学校也会外聘性教育教师（17.67%）和医生（13.71%）承担性教育工作。

学生数据显示，43.96%的学生汇报主要由心理健康教师承担性教育教学工作，其次是本校其他学科教师（43.27%），外聘性教育讲师和医生分别占比16.18%和12.09%，承担性教育工作的班主任占比为18.23%。

4. 学校性教育教学内容

教师汇报，自己任教学校的性教育主要授课内容为隐私部位保护（61.01%）、青春期保健（60.04%）和预防性侵害（58.70%），主要集中在生殖健康和身体发育领域。关于歧视与偏见（21.31%）、沟通技巧（19.54%）、解决冲突的办法（19.36%）、子女养育（16.16%）等教学内容，则少有提及（见图1）。

5. 学生与教师就性相关话题沟通情况

部分教师认为学生"不愿意"（28.14%）甚至"非常不愿意"（19.90%）

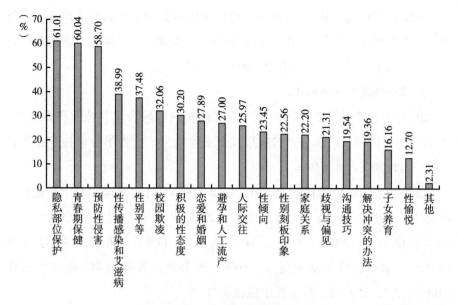

图1 教师汇报的学校性教育教学内容

与自己沟通性相关话题，选择"愿意"和"非常愿意"的教师分别占比11.79%和5.27%，其余34.90%的教师认为学生与自己的沟通意愿一般。

学生曾向自己询问过性相关问题的教师占比28.15%。学生询问的问题大多与隐私部位保护（41.39%）、青春期保健（37.58%）、人际交往（30.96%）、恋爱和婚姻（29.30%）等内容相关（见图2）。

（二）学校性教育开展情况评价

1. 教师评价

48.93%的教师认为学校性教育开展情况一般，认为性教育开展情况"很不好"和"不好"的教师分别占比18.74%和7.73%，认为"好"和"很好"的教师分别占比16.43%和8.17%（见图3）。

就学段而言，幼儿园教师对自己任教学校的性教育开展情况评价好于其他学段，认为学校性教育开展"比较好"（20.22%）和"很好"（18.03%）的幼儿园教师共占比38.25%，该比例高于其他学段（见图4）。

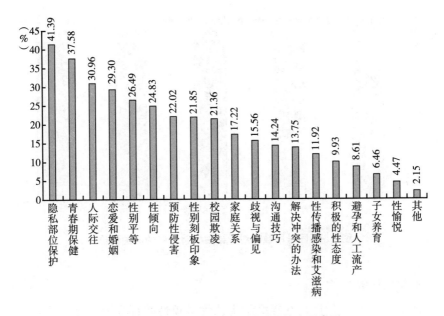

图2 教师汇报的学生询问性话题的主要类别

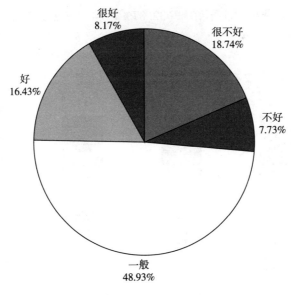

图3 教师对学校性教育的评价

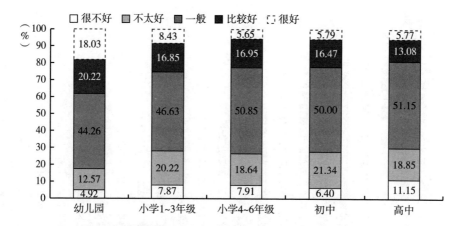

图4 不同学段教师对学校性教育开展情况的评价

2.学生评价

四个学段中，小学4~6年级学生认为学校性教育开展情况"很好"的比例最高（31.65%），认为"很不好"（3.16%）和"不太好"（6.96%）的比例最低。高中生中，选择"很好"（5.93%）和"比较好"（6.46%）的比例最低，而选择"很不好"（32.87%）和"不太好"（21.23%）的比例最高（见图5）。

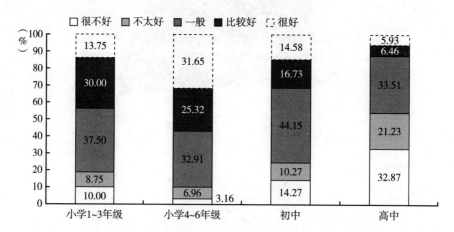

图5 不同学段学生对学校性教育开展情况的评价

（三）多方主体对性教育课程开设的支持程度

在学校性教育的开展过程中，相关政策、校方态度、父母态度、教师态度、学生态度以及社会观念，都是性教育政策制定者和学校性教育实施者需要考虑的重要因素。认为上述六个方面对于性教育持有"支持"和"非常支持"态度的教师多于认为其"不支持"和"完全不支持"性教育的教师。在教师和学生中，"支持"性教育的力量高于其他力量（见图6）。

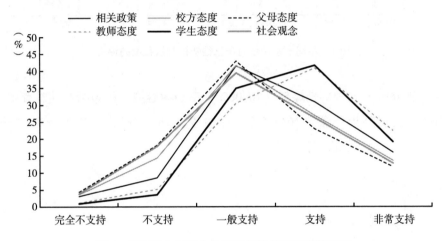

图6　教师报告不同主体对学校性教育的支持程度

（四）学生对性教育的态度

1.学生对自己性知识掌握程度的评价

四个学段中，小学1~3年级学生认为自己的性知识掌握程度"很低"（28.75%）、"较低"（17.50%）的占比最高。选择自身性知识掌握程度"很高"（20.91%）、"较高"（29.74%）占比最高的是高中生。整体看，随着学段增长，学生对自己性知识掌握程度的评价逐渐提高（见图7）。

2.学生对性教育内容的看法

大部分小学1~3年级学生认为，隐私部位保护（93.75%）、预防性侵

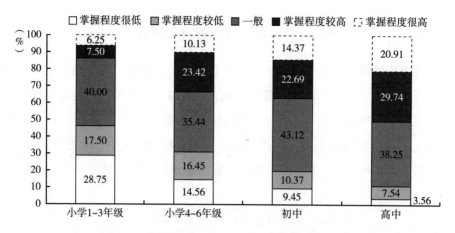

图7　不同学段学生对自己性知识掌握程度的评价

害（75.00%）与青春期保健（70.00%）三项内容应当被包括在性教育中。而认为性别刻板印象（16.25%）、性愉悦（18.75%）、解决冲突的办法（20.00%）等主题属于性教育内容的学生较少（见图8）。

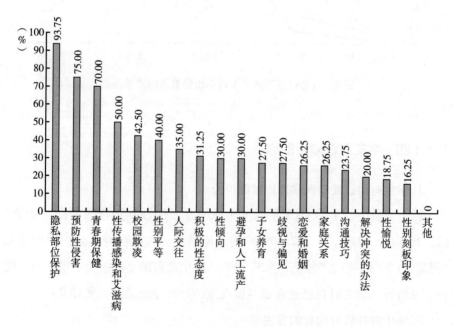

图8　小学1~3年级学生性教育内容认同情况

小学 4 ~ 6 年级学生选择最多的性教育内容分别为隐私部位保护（89.97%）、预防性侵害（77.22%）和青春期保健（70.89%），此外，认为性别平等（59.49%）属于性教育内容的学生也超过了半数（见图 9）。

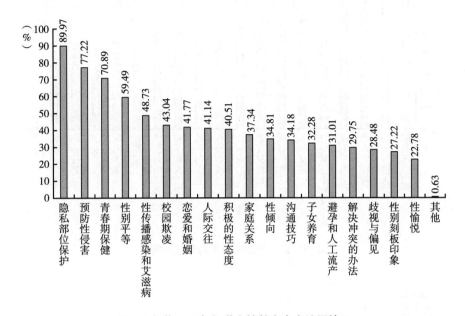

图 9　小学 4~6 年级学生性教育内容认同情况

初中生选择最多的前三项分别为隐私部位保护（84.60%）、预防性侵害（70.12%）和青春期保健（63.69%）。认为性别平等属于性教育的学生也占比 63.55%。解决冲突的办法（28.64%）是初中生选择最少的一项内容，其次是子女养育和沟通技巧，均占比 29.98%（见图 10）。

高中生对性教育内容的认识更为丰富，被超过半数高中生认可属于性教育内容的共有 13 项，除隐私部位保护（88.15%）和预防性侵害（83.94%）外，认为性别平等（77.48%）、性传播感染和艾滋病（75.32%）、性倾向（70.80%）和积极的性态度（70.58%）属于性教育内容的学生占比均超过 70.00%（见图 11）。

随着学段的增高，学生认同性愉悦、性倾向、避孕和人工流产三项属于性教育内容的比例均有所上升（见图 12）。

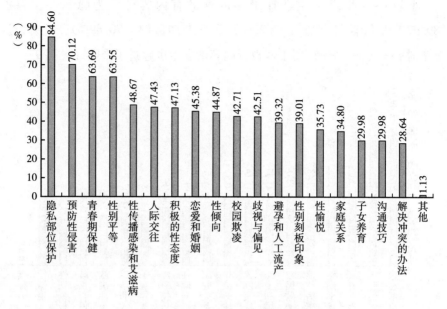

图 10　初中学生性教育内容认同情况

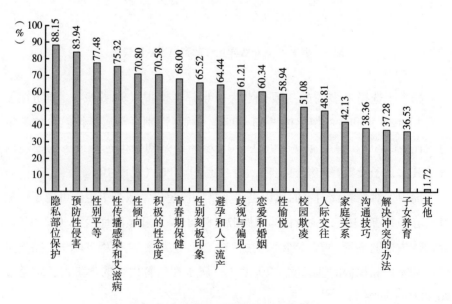

图 11　高中学生性教育内容认同情况

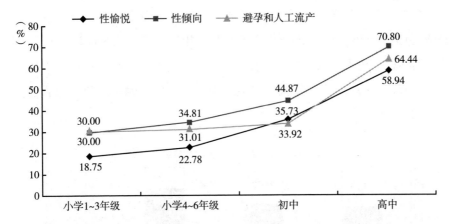

图 12　不同学段学生对性愉悦、性倾向、避孕和人工流产三项的认同情况

（五）学生对性教育的需求与急迫性

小学 1~3 年级、小学 4~6 年级学生和高中生认为"非常需要"和"有点需要"进行性教育的占比均超过半数，相较之下，初中生的比例最低。而初中生认为"不太需要"（13.55%）和"完全不需要"（21.77%）性教育的比例则最高（见图 13）。

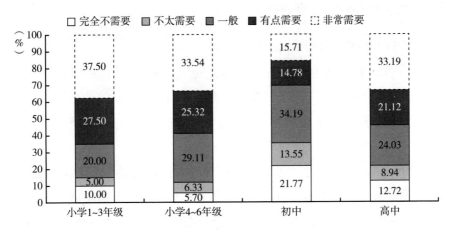

图 13　各学段学生对性教育的需求程度

　　高中生对于性教育的急迫感最强，选择"非常急迫"（37.28%）和"比较急迫"（26.29%）的学生占比较高。相较而言，认为性教育的急迫性较弱的学段是初中学段，学生选择"完全不急迫"（15.81%）和"不太急迫"（15.40%）的比例均高于"比较急迫"（12.94%）和"非常急迫"（12.32%）（见图14）。

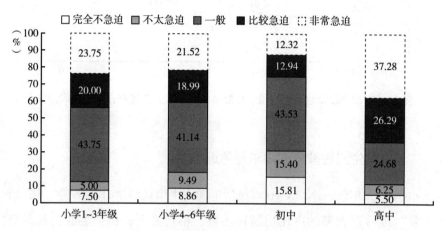

图14　各学段学生对性教育急迫性的认知

（六）教师对性教育的态度

1. 教师对性教育急迫性的态度

　　51.77%的教师认为性教育"非常急迫"，34.76%的教师认为性教育"比较急迫"，11.89%的教师选择"一般"，持有"不急迫"和"完全不急迫"想法的教师各占比0.79%。

2. 教师对性教育形式的看法

　　71.02%的教师认为性教育应以系统课程的形式开展，21.34%的教师认为性教育应在生活中即时进行，认为性教育应以讲座的形式开展的教师占比6.43%，另外有0.79%的教师认为只需要在出现问题时进行性教育，也有0.23%的教师认为不需要性教育，另有0.19%的教师选择"其他"。

　　根据教师对不同性教育形式的权重赋分，按从最重要到最不重要排序的性教育形式分别为：系统的性教育课程、融合进其他学科、性教育讲座、性教育主题活动、性教育互动展览、同伴教育和其他（见表4）。

表4　教师认为性教育开展形式的重要程度排序

单位：人，分

选项	一选人数	二选人数	三选人数	四选人数	五选人数	六选人数	七选人数	综合得分	排序
系统的性教育课程	1475	130	92	40	26	25	1	6.63	1
融合进其他学科	271	576	138	122	98	89	1	5.41	2
性教育讲座	186	477	380	126	104	65	0	5.24	3
性教育主题活动	129	417	488	304	51	5	0	5.18	4
性教育互动展览	37	117	176	258	297	84	0	4.06	5
同伴教育	39	101	175	127	158	335	1	3.64	6
其他	9	5	6	6	5	3	58	2.46	7

（七）教师对自身性教育的需求

1.教师在开展学校性教育时遇到的困难

当询问教师在进行系统学校性教育中遇到的困难时，为教师列出了5项常见困扰，按照选择人数占比的多少，分别为："缺乏授课技巧和方式"（80.43%），"性知识掌握不够"（60.58%），"对性教育不够了解"（59.04%），"对'性'的话题觉得尴尬、不好意思讲"（54.38%）和"害怕学生起哄，不知怎么应对"（51.65%）。另外，有一些老师反馈，自己在推行性教育时遇到的困难包括父母不理解、学校无课时安排等。

2.教师参与性教育培训的意愿

87.51%的教师未接受过性教育培训，这部分教师中，75.90%愿意参与

051

培训。他们希望能够通过性教育培训了解全面性教育理念（85.01%），学习性与生殖健康知识（69.38%）和儿童发展规律（69.09%），并实现性脱敏（40.68%）。

在性教育培训的时间成本上，选择愿意每年付出10小时以下的教师最多（34.11%），其次是每年付出20小时以上（32.57%）和10~20小时（28.66%），有4.66%的教师不愿意为性教育培训付出时间。在资金成本上，51.21%的教师不愿意付费参加性教育培训，37.89%的教师愿意每年付出500元以下，7.64%的教师每年愿意付出500~1000元，愿意每年付出1000元以上的教师占比3.26%。

（八）教师性教育实践与培训意愿的影响因素分析

1. 教师实施性教育的影响因素

为探究哪些因素能够影响教师是否给学生讲授性教育（课程），将教师的性教育讲授情况转换为"是"与"否"二分变量。对教师的性知识掌握程度、对性教育效果的认可程度、性问题解答信心、接受性教育培训情况，以及外界对性教育的支持程度和是否给学生讲授性教育（课程）进行相关分析（见表5）。

表5　教师性教育讲授情况与潜在影响因素的相关分析结果

项目	1	2	3	4	5	6
1. 性知识掌握程度	1					
2. 对性教育效果的认可程度	0.107**	1				
3. 性问题解答信心	0.450**	0.168**	1			
4. 外界对性教育的支持程度	0.092**	0.212**	0.178**	1		
5. 接受性教育培训情况	0.114**	0.028	0.213**	0.133**	1	
6. 是否给学生讲授性教育（课程）	0.121**	0.109**	0.323**	0.135**	0.230**	1

注：$^{*} p < 0.05$，$^{**} p < 0.01$。

基于相关分析结果，以教师是否讲授性教育（课程）作为结果变量，纳入性知识掌握程度、对性教育效果的认可程度、性问题解答信心等相关变量构建二元 Logistic 回归方程。结果显示：性知识掌握程度（OR = 0.912，95% CI：0.819−1.016，$p<0.01$）和性问题解答信心（OR = 1.950，95% CI：1.740−2.185，$p<0.01$）提高会增加教师讲授性教育（课程）的可能；外界对性教育的支持程度提高，也会增加教师讲授性教育（课程）的可能（OR = 1.029，95% CI：1.008−1.050，$p<0.01$）。此外，接受性教育培训也会显著增加教师讲授性教育（课程）的可能（OR = 3.526，95% CI：2.539−4.896，$p<0.01$）（见表6）。

表6　教师讲授性教育（课程）预测因素的 Logistic 回归分析

项目	OR(95% CI)	p
性知识掌握程度	0.912(0.819−1.016)	0.093
对性教育效果的认可程度	1.015(1.003−1.027)	0.017
性问题解答信心	1.950(1.740−2.185)	0.000
曾经接受性教育培训		
否		
是	3.526(2.539−4.896)	0.000
外界对性教育的支持程度	1.029(1.008−1.050)	0.006

2. 教师参与性教育培训意愿的影响因素

为探究哪些因素能够影响教师参与性教育培训的意愿，选取回答了"如果有机会参加性教育培训，您是否想参加"问题的教师（N = 1803）进行回归分析。首先将其参与性教育培训的意愿与对性教育效果的认可程度、外界对性教育的支持程度等变量进行相关分析（见表7）。

表7　教师参与性教育培训情况与潜在影响因素的相关分析结果

项目	1	2	3	4	5	6	7
1. 性知识掌握程度	1						
2. 性问题解答信心	0.450**	1					
3. 对性教育效果的认可程度	0.107**	0.168**	1				
4. 性教育急迫性认知	0.033	0.118**	0.344**	1			

续表

项目	1	2	3	4	5	6	7
5. 外界对性教育的支持程度	0.092 **	0.178 **	0.212 **	0.060 **	1		
6. 是否给学生讲授性教育(课程)	0.121 **	0.323 **	0.109 **	0.073 **	0.135 **	1	
7. 是否愿意参与性教育培训	0.035	0.123 **	0.176 **	0.238 **	0.104 **	0.087 **	1

注：* $p<0.05$，** $p<0.01$。

基于相关分析结果，以教师是否有意愿参与性教育培训作为结果变量，纳入对性教育效果的认可程度、性问题解答信心等相关变量构建二元 Logistic 回归方程。教师性问题解答信心（OR = 1.313，95%CI：1.093－1.577，$p<0.01$）和对性教育效果的认可程度（OR = 1.033，95%CI：1.011－1.056，$p<0.01$）提高都会增加教师参与性教育培训意愿。此外，教师认为开展性教育的急迫性增强，也会增加其参与性教育培训的意愿（OR = 2.110，95%CI：1.718－2.591，$p<0.01$）（见表8）。

表 8 教师参与性教育培训意愿预测因素的 Logistic 回归分析

项目	OR(95% CI)	p
性问题解答信心	1.313(1.093－1.577)	0.004
对性教育效果的认可程度	1.033(1.011－1.056)	0.004
性教育急迫性认知	2.110(1.718－2.591)	0.000
外界对性教育的支持程度	1.052(1.012－1.093)	0.011
是否给学生讲授性教育(课程)	1.323(0.921－1.899)	0.129
否		
是	0.728(0.510－1.040)	0.081

三 学校性教育的问题与挑战

（一）学校尚未发挥性教育的主体作用

父母和教师是小学生获取性知识的重要来源渠道，学校性教育与家庭性教育缺一不可。但本研究显示，随学段的增高，网络、媒体逐渐代替家庭和学校性教育，成为学生性信息的主要来源渠道。当学校和家庭不能为学生提供性教育时，学生就会转而从其他渠道搜索各种性信息。然而，网络、媒体信息纷繁复杂，如果学生无法主动辨别互联网和社交媒体上性信息的准确性，那些虚假、危险的信息就可能对学生造成误导，甚至是伤害。

（二）学校性教育开始的时间太晚

在实际教育教学场景中，主要面向中学生的"青春期性教育"仍占多数。2020 年的"全国大学生性与生殖健康调查结果"显示，学生在小学 1~3 年级和小学 4~6 年级接受过性教育的比例分别为 3.47% 和 17.69%[1]。父母对于学校性教育的开始时间认识也不足，近 40.00% 的父母认为性教育从小学高年级甚至初中开始即可[2]。

个体性发展自婴幼儿时期就开始了，性教育自然也需要伴随儿童性发展的全程，在适切的年龄阶段开展有针对性的教育。事实上，学校性教育从幼儿园就要开始，在儿童发展的不同阶段给予他们科学、准确的性知识，培养其正确的性价值观，并获得确保其健康、福祉和尊严的技能[3]。已有研究显示，对小学生开展全面性教育，有助于提升其性知识水平，改善其性态度，如增加学生艾滋病病毒及艾滋病相关知识，减少艾滋病歧视态度[4]，降低传统性别刻板印象水平，提高性别平等意识[5]，改善对同性恋

① 中国计划生育协会：《2019-2020 年全国大学生性与生殖健康调查报告发布！》，https://baijiahao.baidu.com/s?id=1665944212142390930&wfr=spider&for=pc，2020 年 5 月 6 日。
② 李佳洋、李依洋、刘文利：《父母性教育知识、态度、技能现状分析及家庭性教育促进建议》，《中华家教》2022 年第 4 期。
③ 联合国人口基金、联合国教科文组织：《全面性教育技术指南——国际标准在中国的潜在本土化应用（第一版）》，2022。
④ 刘敬云、刘文利：《小学性健康教育课程对减少艾滋病歧视的效果评价》，《中国健康教育》2019 年第 12 期。
⑤ 刘敬云、刘文利：《基于性知识和性别刻板印象的小学性教育课程效果评价》，《中国学校卫生》2019 年第 3 期。

的态度等①②。全面性教育也能改善儿童与性相关的行为，使之更为公平公正，无论亲疏远近均能一视同仁③。

（三）学校性教育不能满足学生需求

整体上看，学生对性教育的满意度不高。小学生和初中生对学校性教育的评价较为温和，认为学校性教育开展情况不好的高中生则超过半数。学生与教师很少就性话题进行沟通，教师解答性问题的信心不足，约半数教师所任教的学校无人教授性教育内容。学校性教育的供给情况与学生对优质性教育的需求之间，存在巨大的鸿沟和落差。

1. 性教育内容不全面

由刘文利带领的研究团队研发的《全面性教育技术指南——国际标准在中国的潜在本土化应用（第一版）》中，全面性教育共包含8个核心概念：人际关系，价值观、权利、文化、媒介与性，社会性别，暴力与安全保障，健康与福祉技能，人体与发育，性与性行为，性与生殖健康。每个核心概念下都有不同的主题，共计29个主题④（见图15）。

目前，中国部分已开展性教育的学校，主要关注青春期生理和心理发展、艾滋病预防等传统话题，而较少涉及暴力与安全保障、社会性别、性行为、性权利、性愉悦、安全套使用和避孕、人工流产等话题⑤。学生普遍认为性教育内容包含生殖健康相关内容，但对于性教育中的"人际关系"和"健康与福祉技能"等内容认识程度仍不够高。这一现象未必代表学

---

① 郭凌风、方世新、李雨朦、刘爽、刘文利：《性教育课程改善小学生同性恋态度效果评价》，《中国学校卫生》2019年第10期。

② Hong L., He X., Xue L., et al. Comprehensive Sexuality Education Improves Primary Students' Explicit and Implicit Attitudes Toward Homosexuality [J]. *International Journal of Sexual Health*, 2022, 34（3）：503-520.

③ Su R., Guo L., Tang H., et al. Comprehensive Sexuality Education Weakens the Effect of In-group Bias on Trust and Fairness [J]. *Sex Education*, 2020, 20（1）：33-45.

④ 联合国人口基金、联合国教科文组织：《全面性教育技术指南——国际标准在中国的潜在本土化应用（第一版）》，2022。

⑤ Field S., Guez A.，《中国初级中学性教育实施状况》，2018。

图 15　《全面性教育技术指南——国际标准在中国的
潜在本土化应用（第一版）》框架

生认为这些内容不重要，可能是由于其缺乏对全面性教育的理解。性教育需求调查显示，学生、教师和父母对于"人际关系"和"健康与福祉技能"等教育内容的需求度均较高，反而对"性与性行为"和"性与生殖健康"内容的需求度较低①。2021 年，教育部公布《生命安全与健康教育进中小学课程教材指南》，规定中小学课程教材应包含青春期保健、传

---

① 聂慧敏、余小鸣、宋玉珍等：《学生家长教师对全面性教育内容的需求分析》，《中国学校卫生》2019 年第 12 期。

染病预防、心理健康和媒介信息素养等内容①，性教育对这些内容均有所涵盖。性教育课堂应讲授更为丰富的全面性教育内容，以促进学生的健康发展。

2. 性教育没有独立设课

学生首选系统的性教育课程，即认为独立的性教育课程是接受性教育的最佳途径，教师也普遍认为以独立设课的形式开展性教育的效果最好，全球范围的学校性教育实证研究亦表明，学校在性教育开展中起核心作用②。然而，开展性教育的学校，大部分采用将性教育内容融合进其他学科课程的方式，也很少配备性教育专职教师。独立性教育课程的内容更具系统性、完整性、全面性，更利于进行专门的教师培训，课程效果也更容易评估，这有利于修改完善课程设计③。融入式的性教育课程可能会减少校方安排课表的压力，但很难监测或评估，并可能将教学方法限制在传统方法上④。另外，学校在推行融入式课程时，常常会将性教育与健康教育、生活技能培训等内容联系起来，这样的融合方式局限了性教育，很可能掩盖了性教育中的性别平等和包容性等重要概念⑤。

（四）学校性教育师资严重不足

目前，在学校开展性教育最主要的力量是心理健康教师，其学科背景有与性教育相重合的部分，但仍不专业，在面对内容丰富的性教育时，可能面

---

① 《教育部关于印发〈生命安全与健康教育进中小学课程教材指南〉的通知》，http：//www. moe. gov. cn/srcsite/A26/s8001/202111/t20211115_579815. html，2021 年 11 月 2 日。
② 联合国教科文组织：《国际性教育技术指导纲要（修订版）》，2018。
③ 联合国教科文组织：《国际性教育技术指导纲要（修订版）》，2018。
④ 详见联合国人口基金官网，Emerging Evidence, Lessons and Practice in Comprehensive Sexuality Education：A Global Review，https：//www. unfpa. org/publications/emerging-evidence-lessons-and-practice-comprehensive-sexuality-education-global-review，2015 年 12 月 31 日。
⑤ Pengfei Zhao, Li Yang, Zhihong Sa & Xiying Wang. Propriety, Empowerment and Compromise：Challenges in Addressing Gender among Sex Educators in China, *Sex Education*, 2020, 20（5）：552-567.

临"有心无力"的窘境①。教师也反馈，缺乏对性教育的理解和知识储备。培训性教育教师是一个重大的挑战，目前中国仍然缺乏成熟的性教育教师培训体系，职前培养与在职教育均存在较大缺口。性教育的开展需要依靠国家力量进行师资培训、投入经费支持，不能完全依赖教师的自主自动。虽然大部分教师愿意接受性教育培训，并愿意付出一定时间参加性教育学习，但付费学习的意愿总体较低，相当一部分教师完全不愿意为性教育学习付费，或只愿意花费较少的费用。

（五）初中阶段的性教育特殊性没有受到足够重视

青春期教育在中国有较长的发展历史，它是各学龄段学校性教育中的重要组成部分。正处于青春期的初中生，在心理与生理发展方面均存在特殊性。大量研究表明，处于青春期的个体存在一些显著的问题，如青春期性萌动带来人际交往问题②③、心理情绪问题增加④、校园欺凌现象加剧等⑤。科学、全面的青春期教育有助于学生顺利度过青春期。

本研究发现，初中阶段的学生对于性教育的看法较其他学段具有一定的特殊性。在被调查的四个学段中，初中生对于性教育的需求程度最低，急迫性也最弱。这可能由于其正处于青春期，自我意识增长，对于学校教育具有一定"抵触"心理，或认为学校的性教育并不能满足其所需。同时，这一年龄段的学生也具有了较强的自主信息检索能力，可以通过其他渠道获取性信息。但这并不代表可以减少对初中生的性教育，反而更应注重初中生的年龄特点与身心发展特点，结合学校、学生的具体情况开展相

---

① 李雨朦、刘文利：《中国基础教育阶段性教育教师队伍现状及建设建议》，《中国学校卫生》2015 年第 12 期。

② 刘文利、刘爽：《论我国普及中小学性教育的展望与实现》，《教育科学研究》2019 年第7 期。

③ 王亚平、张悦、林柔君等：《中学生对恋爱的认知及归因探究》，《保健医学研究与实践》2014 年第 5 期。

④ 俞国良：《中国学生心理健康问题的检出率及其教育启示》，《清华大学教育研究》2022 年第 4 期。

⑤ Kennedy R. S.，Bullying Trends in the United States：A Meta-regression. *Trauma*，*Violence*，& *Abuse*，2021，22（4）：914-927.

应的性教育，帮助学生良好地适应身心的变化，顺利度过青春期。另外，调查也显示，有大量初中生认为预防性侵害、性别平等属于性教育内容，这些知识也有必要加入青春期的性教育之中，而不局限于青春期保健相关内容。

基于青春期儿童青少年的特殊性，有必要开展全面性教育，有针对性地解决这些特殊问题。有课程效果监测研究显示，基于课程的全面性教育确实能够促进青少年性心理健康发展，使之自我悦纳，增进其福祉①。

四　政策建议

（一）性教育相关政策中需明确"性教育"一词

目前与性教育相关的政策中，仅有《中国青少年健康教育核心信息及释义（2018 版）》、《未保法》、《未成年人学校保护规定》和《中国儿童发展纲要（2021-2030 年）》使用了"性教育"一词，其他相关政策均以性教育部分内容的形式呈现，如"青春期教育""性与生殖健康教育""预防艾滋病教育""预防性侵害教育"等。要切实落实学校性教育的开展，未来相关政策需在条文中明确出现"性教育"一词，从而发挥其实践指导作用。在政策中明确"性教育"一词，能够最大限度涵盖相关政策所要表达的教育内容，保障政策指引的完整性和科学性；促使相关部门、学校、父母和社会重视性教育、理解性教育；有利于相关部门及学校性教育的开展和落实，加大学校开展性教育的政策支持力度。

（二）开展面向学龄前儿童的全面性教育

学校性教育从幼儿园就要开始，利用好幼儿园教育的关键窗口期，为幼儿未来的学习打好基础。

---

① 李雨朦、郭凌风、刘文利、刘敬云、孙冬君、王陆雷、余婉婷：《初中生青春期性心理健康课程干预效果分析》，《中国学校卫生》2019 年第 12 期。

首先，国家应完善相关政策，支持幼儿园开展性教育，并开发相应的课程纲要或指南，明确性教育课时安排。例如，目前已有的《幼儿园教育指导纲要（试行）》和《3～6岁儿童学习与发展指南》中也明确了幼儿应"具备基本的安全知识和自我保护能力"的教育目标，这一内容与性教育紧密相连。未来政策应制定更为系统化的性教育指导性文本，如《幼儿园全面性教育技术指南》。

其次，还应争取全社会对幼儿园性教育的支持，加强幼儿园性教育实证研究，以及性教育效果研究的宣传与科普，帮助国民正确理解性教育，实现对性教育的"脱敏"，减轻学校性教育课程推行过程中遇到的基于偏见和歧视的家庭阻力与舆情压力。

（三）明确性教育课程设置

刘文利带领的研究团队经过15年的性教育课程研究和实践发现，学校至少需要提供每学期6课时的课程教学才能满足小学生对于性教育的基本需求[①]；幼儿园应为小班、中班和大班幼儿分别提供每学期12课时的课程教学[②]。建议教育部在相关文件中对幼儿园和学校性教育课时作出明确规定，保证幼儿及学生切实得全面性教育。因此，通过政策倡导，促使政府部门出台相关政策、指导文件等，明确性教育的课程设置，并清晰规定不同学段性教育的课时，对于学校性教育的发展和推广至关重要。

（四）研发性教育技术指南与教学材料

专业、科学的性教育材料是开展性教育的重要依据。应引入更多性教育专业人员研发性教育技术指南与读本等教学材料，确保能够传递科学、全面的性教育知识和积极、无歧视的性教育态度。《全面性教育技术指南——国

---

① Liu W. L., Su Y., School-based Primary School Sexuality Education for Migrant Children in Beijing, China. *Sex Education*, 2014, 14（5）：568-581.

② 李佳洋、刘文利：《幼儿园全面性教育课程教学实践》，《江苏教育》2021年第42期。

际标准在中国的潜在本土化应用（第一版）》是全面性教育本土化技术指南①，为不同学段的性教育提供了重要的内容借鉴。另外，各学校也可以积极开发校本课程，结合本校实际情况，与性教育专家协作共创，研发更多切合学生发展实际的教学材料。

（五）推广全面性教育，增强内容适切性

儿童的性发展有其规律性，性教育应结合儿童发展的实际，按照年龄循序进行。另外，也需考虑儿童本身的需求。在性教育的内容选择上，既应注重全面性，又应注重适切性，符合年龄发展规律。

首先，性教育不应局限于青春期身体发育、生殖健康和预防性侵害等内容，而应将其放在基于人一生发展的、更为宽泛宏观的视角下统一考量，能够让学生通过性教育课程，探讨性的认知、情感、身体和社会层面的意义。性别平等、性权利、隐私与身体完整、性行为与性反应等诸多内容，都是性教育的重要组成部分。

其次，性教育的开展必须考虑不同学段学生的身心发展特点，进行具有针对性、适切性的性教育。以"培养正确身体意象"这一教学主题为例，在不同学段有不同的教学要点。图16展示了《全面性教育技术指南——国际标准在中国的潜在本土化应用（第一版）》中"身体意象"这一主题的学习目标②。

（六）加强性教育教师培养

应对教师进行性教育培训，加深其性知识掌握程度，提升其性教育教学能力和解答学生性相关问题的信心。加强性教育教师培养，可以从职前培养和在职培训两大方面入手。

---

① 联合国人口基金、联合国教科文组织：《全面性教育技术指南——国际标准在中国的潜在本土化应用（第一版）》，2022。
② 联合国人口基金、联合国教科文组织：《全面性教育技术指南——国际标准在中国的潜在本土化应用（第一版）》，2022。

主题 6.4 身体意象

小学低年级学段（6~9岁）学习目标

要点：所有人的身体都是特殊且独一无二的，每个人都应该尊重自己的身体

- ► 认识到所有人的身体都是特殊和独一无二的（知识）；
- ► 尊重自己的身体（态度）；
- ► 能够表达对自己身体的感受（技能）。

要点：包括残障人士在内，每个人的身体都是独一无二的，都应该被尊重

- ► 解释男孩、女孩，成年男性、成年女性的身体有何相同点与不同点（知识）；
- ► 描述人的身体如何随时间而变化（知识）；
- ► 举例说明不同文化对身体的看法有何不同（知识）；
- ► 认同每个人的身体都是独一无二的，尽管可能存在体型、机能和外貌特征等方面的差异（态度）；
- ► 认同每个人的身体都应该被尊重，包括残障人士在内（态度）；
- ► 能够说出喜欢自己身体的哪些方面（技能）。

小学高年级学段（9~12岁）学习目标

要点：一个人的价值不由其外貌决定

- ► 解释外貌是由遗传、环境和生活习惯等因素决定的（知识）；
- ► 认识到一个人的价值不由其外貌决定（态度）；
- ► 接纳外貌的多样性，包括接纳同龄人在外貌上的差异（态度）；
- ► 对个人外貌方面有困惑时，能够寻求有效的帮助（技能）。

要点：每个人对外貌的"美"和"有吸引力"，有不同的理解和标准

- ► 理解人们对"美"和"有吸引力"的判定标准的相同和不同（知识）；
- ► 知道当人们反思社会对于"美"和"有吸引力"的标准时，会塑造"美"和"有吸引力"的标准（知识）；
- ► 认识到人们所认为的"有吸引力"的外貌会随着时间而变化，不同文化对外貌"有吸引力"的理解也存在差异（态度）；
- ► 在家庭、学校、社区和社会中，能够觉察消费文化对人们"美"和"有吸引力"理解的影响，并以恰当的方式应对（技能）；
- ► 在家庭、学校、社区和社会中，能够觉察单一的"美"的标准对儿童及年轻人造成的自卑和压迫等影响，并以恰当的方式应对（技能）。

初中学段（12~15岁）学习目标

要点：人们对于自己身体的感受会影响他们的健康、身体意象和行为

- ► 讨论欣赏自己身体可以带来哪些好处（知识）；
- ► 描述一个人的外貌形象如何影响别人对他的感觉和对待他的方式，以及这种影响对男性和女性之间有何不同（知识）；
- ► 分析人们尝试改变外貌形象的常见方法，并评估这些方法对身体的积极影响和消极影响（知识）；
- ► 分析基于社会性别的"美"的标准如何影响一个人产生改变外貌形象的想法（知识）；
- ► 解释与身体意象有关的各种失调症状（知识）；
- ► 认识到通过药物及其他手段改变外貌形象，可能对自己造成不利影响（态度）；
- ► 当受到身体意象困扰时，能够寻求并获得相关服务（技能）。

高中学段及以上（15~18岁及以上）学习目标

要点：人们可以挑战不切实际的外貌标准

- ► 分析特定的文化和性别刻板印象，以及它们如何影响人们的身体意象和人际关系（知识）；
- ► 认识到不切实际的外貌标准可能是有害的（态度）；
- ► 能够反思自己的身体意象及其对自尊、性决策和将来的性行为的影响（技能）；
- ► 能够质疑不切实际的外貌标准（技能）。

图16 《全面性教育技术指南——国际标准在中国的潜在本土化应用（第一版）》
中"身体意象"主题的学习目标

首先，职前培养方面，国家应加快性教育学科建设，研发幼儿园及各学段性教育教师专业标准，在高校增设性教育培养方向、性教育专业课程或者建立性教育学科点①，让更多的学生有机会接受性教育，培养合格的性教育教师或者健康教育教师承担性教育教学工作。若将性教育的基本内容纳入中小学教师资格考试范围，也可以整体提高教师对性教育的理解和教学能力。

其次，在职培养方面，学校可以根据本校的教师工作、教研培训、团队合作的特点，安排包括性教育内容在内的日常性教育研修工作，通过邀请性教育专家入校培训、举办教学讲座等方式，提高教师参加性教育培训的积极性。

最后，在国培计划中增加性教育内容，地区教研部门可开发相应性教育教师培训计划和课程，或引入高校建设的在线慕课，为一线教师提供更多学习机会。

（七）加强性教育中的家校协同作用

当外界条件对性教育支持程度较高时，教师更有可能进行性教育。因此，学校应与家庭、社区广泛合作，共同构建积极的学校性教育氛围和文化，学校在制定性教育政策时，应选用循证方案。当父母对性教育不理解、有不同意见时，学校应加强与家庭的沟通，及时传达学校政策制定的法律依据和实证研究证据，帮助父母理解性教育的重要意义与积极效果，避免其陷入误区。如通过开展父母性教育课堂、讲座等，帮助父母形成对性教育的正确认识，消除教师的授课压力。加强家校协同，确保学校与家庭能够就学生的性教育达成一致，享有共同愿景，将有利于性教育的平稳推行。

（八）教育主管部门增强责任担当意识

在性教育推行过程中，常常伴随着社会舆论，支持与反对的声音并存。这些反对的声音大多基于对性教育的误解，包括对性教育内涵的认知不足、

---

① 许环环：《高专幼儿师范开展学前儿童性教育实践活动的思考》，《佳木斯职业学院学报》2021年第7期。

由性别刻板印象所产生的偏见和歧视等。一方面，学校教师反复提及，科学、全面、系统的性教育教材的缺失是阻碍学校性教育开展的重要因素之一[1][2]，另一方面，学校性教育实践具有合宪性，儿童的性教育权应当得到全方位的保障[3]。教育主管部门应自觉肩负起应有的教育责任，积极运用性教育学术研究证据，加大宣传力度，及时向国民澄清误解与迷思，凝聚社会共识和社会力量[4]，创建性教育友好环境，促进中国学校性教育事业的平稳发展。

① 王海丽、尹俊芳：《社会工作介入流动儿童学校性教育初探——以山西铸仁社会工作服务中心"花蕾课堂"项目为例》，《医学教育研究与实践》2019年第3期。
② 陈桦：《广州市特殊教育学校开展性教育课程现状调查》，《教育导刊》2019年第4期。
③ 陈伟：《性教育中国家、父母、儿童的宪法关系——以性教育读本争议为例》，《苏州大学学报》（法学版）2022年第1期。
④ 李雨朦、刘文利：《中国学校性教育研究和社会资源支持发展脉络》，《中国学校卫生》2020年第10期。

B.4
2022年中国家长教育素养状况及提升策略*

霍雨佳 李 一 李育倩 柳铭心 蔡 雪**

摘　要： 社会变迁导致家庭教育问题更加多样化和复杂化，家长仅凭其经
验很难胜任教育子女的职责，需要系统性地建构、考察和提升家
长教育素养。本文通过抽样调查，从亲职素养、角色素养、家庭
建设素养、协同育人四个维度，考察我国家长教育素养现状。研
究发现，目前，家长的教子观念普遍具有较强的儿童权利和儿童
全面发展的意识，但在实践中，家长依然看重孩子的学习情况，
对科学有效的引导方式掌握不足，家长胜任力普遍不高，家庭自我
化解矛盾和问题多依靠非制度化渠道；家庭氛围虽整体尚好，但家
庭建设能力尤其是家风营造能力仍显欠缺；学校、社会的家庭教育
支持方式较为传统，社区提供的家庭教育服务和儿童友好服务成为
家长最期望得到的资源。基于此，本文倡导家长加强学习现代育儿
理念，掌握并运用《家庭教育促进法》所示的科学教养方式；不断
强化角色意识，提升家庭教育实践和家庭建设能力；进一步优化学
校、家庭、社会育人的资源整合机制，发挥社区教育的独特优势，

* 本文系中国家庭教育学会"十四五"科研课题重点项目"家校社共育视角下新时代我国家长教育素养提升实践研究"阶段性研究成果。
** 霍雨佳，中国儿童中心家庭教育部研究员（本课题组组长），主要研究方向为家庭教育；李一，中国儿童中心家庭教育部助理研究员（本文主要执笔人），主要研究方向为校外教育、家庭教养；李育倩，中国儿童中心家庭教育部研究实习员（负责部分数据分析及文稿校对工作），主要研究方向为校外教育、家庭教养；柳铭心，中国儿童中心家庭教育部副研究员（负责部分问卷设计及数据分析工作），主要研究方向为儿童青少年心理健康促进、家庭教育；蔡雪，中国儿童中心家庭教育部助理研究员（负责资料整理工作），主要研究方向为家庭教育指导。

从而全面提升家长教育素养。

关键词： 《家庭教育促进法》　家庭教育　家长教育素养

党的十八大以来，以习近平同志为核心的党中央高度重视家庭教育工作，党的二十大报告将"加强家庭家教家风建设"作为"推进文化自信自强，铸就社会主义文化新辉煌"的重要内容，从坚守中华文化、弘扬中国精神层面强调其重要性，进一步凸显了家庭在国家发展、民族进步、社会和谐中的基石作用。[①] "家庭是孩子的第一个课堂，父母是孩子的第一个老师"[②]，家长在家庭教育中，承担主体责任，发挥着至关重要的作用。

2022年1月1日，《中华人民共和国家庭教育促进法》（以下简称《家庭教育促进法》）正式实施，这是我国第一部家庭教育法。该法明确规定父母及其监护人的家庭教育主体责任，同时强调父母应具备相应的家庭教育专业素养。日常生活中，因家长教育素养缺乏导致的家庭问题频出，较为常见的有管教方式不当、亲子关系紧张、父母教育焦虑等；还有一些未成年人由于家庭教育的缺失，产生罪错行为。这些不仅反映出社会变迁带来家庭教育问题多样化和复杂化，也说明家长仅凭其经验是很难胜任子女教育的责任[③]。

我们将家长在教育子女中的相关认识与能力的总和称为"家长教育素养"。家长教育素养作为家庭教育的前提和基础，既影响家庭教育的质量，也决定家庭教育成败。《家庭教育促进法》第二章详细规定了父母或者其他监护人在家庭教育过程中，需要具备、培养和提升的相关认知与能力。该法强调，父母或者其他监护人不仅应当进行家庭建设、开展家校社合作和沟

---

① 王春霞：《独家解读：二十大报告指引方向——事关妇女儿童事业、家庭家教家风建设、妇联改革和建设》，《中国妇女报》公众号，2022年10月17日。
② 中共中央党史和文献研究院：《习近平关于注重家庭家教家风建设论述摘编》，中央文献出版社，2021。
③ 班建武：《当代家长教育素养提升的主要路径》，《中华家教》2022年第1期。

通、进行父母自我能力的提升，而且在家庭教育的过程中，需要遵循一系列科学的家庭教育内容和方法，这些恰恰是父母需要具备的专业素养，可总结归纳为：亲职素养、角色素养、家庭建设素养、协同育人素养。

课题组从以上四个维度编制问卷，于 2022 年 11~12 月，面向东、中、西部及东北地区共 13 个省（区、市）的城镇及农村地区的 0~18 岁儿童的父母，进行线上问卷调查。共回收问卷 113921 份，剔除非父母填答的 1790 份及作答时间低于 180 秒的 481 份问卷，剩余有效问卷 111650 份。

一 家庭基本状况

（一）填答人及家庭基本信息

本次问卷填答人中，爸爸的比例为 21.4%，妈妈的比例为 78.6%。填答人年龄段集中在 31~40 岁（61.3%）、41~50 岁（33.0%）；家中儿童①所处年龄段以小学（67.1%）和初中（18.8%）为主（见表 1）。随着我国城镇化的快速推进，越来越多的家庭选择在城镇生活，本次调查中，城镇家庭占比 85.3%，农村家庭占比 14.7%。

表 1 填答人及家中儿童所处年龄段

单位：%

项目	年龄	占比	项目	年龄	占比
填答人年龄段分布	20~25 岁	0.2	家中儿童所处年龄段分布	0~3 岁	0.8
	26~30 岁	3.3		3~6 岁	8.2
	31~40 岁	61.3		小学	67.1
	41~50 岁	33.0		初中	18.8
	51~60 岁	2.1		高中	4.1
	60 岁以上	0.1		大学和已就业	1.0

---

① 问卷要求选择家中一位儿童填答且与下文相关问题保持一致。

本次调查显示，家中有 1 个孩子的家庭占比 56.4%，有 2 个孩子的家庭占比 40.1%，有 3 个孩子的家庭占比 3.2%，有 4 个及以上孩子的家庭占比 0.3%（见图 1）。

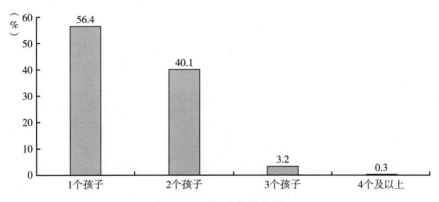

图 1　家庭儿童数量比例

（二）家庭结构与社会经济地位

从家庭结构上看，核心家庭占比 74.9%，与祖辈同住家庭占比 15.4%，单亲家庭占比 5.6%，重组家庭占比 2.6%，其他结构家庭占比 1.5%。家庭结构以核心家庭为主，但单亲、重组家庭也占一定比例。

一般来说，家庭收入水平、父母受教育水平及职业水平构成家庭社会经济地位，科尔曼报告指出，家庭社会经济地位是影响儿童发展最重要的因素[1]。在本次调查中，家庭收入集中在 5 万~10 万元（31.1%）和 10 万~20 万元（22.8%）（见图 2）。国家统计局最新公布的数据显示，2022 年，全国居民人均可支配收入 36883 元[2]，由于本次调查中，超过 80% 的家庭来自城镇，按照一个家庭 1~2 个收入人口计算，家庭收入略高于全国平均水平。

① Coleman J. S., Campbell E. Q., Hobson C. J., McPartland J., Mood A. M., Weinfeld F. D., et al, "Equality of Educational Opportunity," Washington DC：U. S, Department of Health, Education and Welfare, 1966.
② 国家统计局：《2022 年居民收入和消费支出情况》，http：//www. stats. gov. cn/xxgk/sjfb/ zxfb2020/202301/t20230117_ 1892129. html。

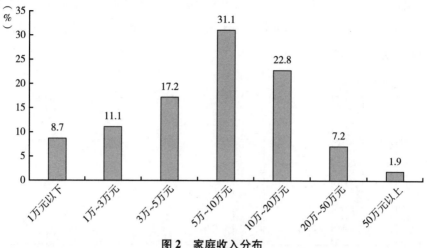

图2　家庭收入分布

教育水平反映个人的知识水平及文化品位，影响个体的职业选择，从而影响其作为父母的教育信念、行为、生活方式。[①] 从受教育情况来看，填答人小学及以下学历占比4.1%，初中学历占比29.9%，高中/中职学历占比24.5%，本科/大专学历占比38.3%，硕士占比2.9%，博士占比0.3%（见表2），且本科/大专学历占比最多，这些父母接受过高等教育，具备一定的知识水平。

表2　填答人教育水平

单位：%

填答人	小学及以下	初中	高中/中职	本科/大专	硕士	博士
父亲	4.5	29.0	24.5	38.0	3.5	0.5
母亲	4.0	30.1	24.5	38.3	2.8	0.3

父母的职业差别代表着家庭所处的社会地位不同，它关系到父母的工作条件、社会地位、社会交往能力以及家庭的物质生活等。从职业性质分布来

---

① 黄小瑞：《社会经济地位的测量指标及合成方法》，《全球教育展望》2014年第12期。

看（见图3），自由职业人员占比最高，为25.2%；其余占比较高的还有商业、服务业人员（占比18.4%），国家机关、党群组织、企业、事业单位人员（占比12.3%），全职宝妈、宝爸（占比12.0%）。可以看出，本次调查中的父母就业形式比较多元和灵活。

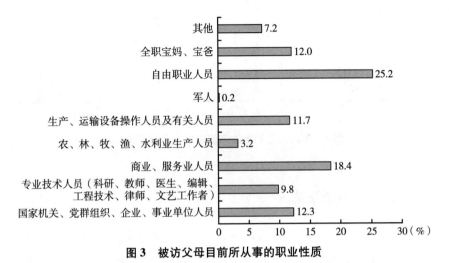

图3 被访父母目前所从事的职业性质

（三）教育分工与隔代抚育

受中国传统代际关系、社会流动、抚育人力资源与成本等综合因素的影响，隔代抚育现象在我国较为普遍。本次调查中，祖辈帮忙带孩子的家庭占比40.4%，59.6%的家庭没有祖辈帮忙带孩子。对隔代抚育与生育意愿之间的关系一直存在争议，从本次调查来看，不同儿童数量的家庭中，没有祖辈帮忙带孩子的家庭比例都显著高于家中有老人帮忙带孩子的比例（见图4）。

隔代抚育另一个关注的热点是祖辈对孙辈成长的影响，在进一步的家庭教育分工中，母亲教育为主的家庭占42.5%，父亲教育为主占4.8%，父母共同教育占41.9%，父母和祖辈共同教育占7.4%，家中老人教育为主仅占1.9%。这表明，虽然有一定比例的家庭选择祖辈帮忙带孩子，但在实际的教育分工中，绝大多数祖辈并没有参与到儿童的实际教育中，而是进行其他生活照料等工作。

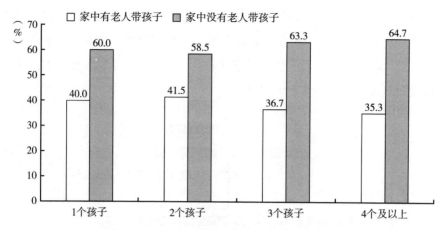

图4　不同儿童数量的家庭中老人带孩子的情况

（四）参加课外班情况

在学业压力不断向下传导的背景下，校外成为学龄儿童获取超越同龄人更多教育资本的竞技场，课外班已成为大多数家庭的选择，尤其是城市家庭。本次调查也显示，相较于农村家庭，城镇家庭的儿童参加课外班的数量普遍高于农村家庭（见图5）。

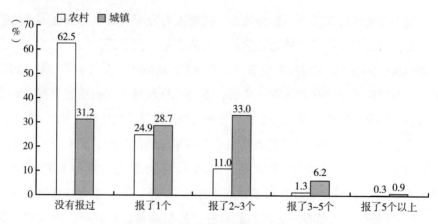

图5　农村、城镇家庭参加课外班情况

二 亲职素养现状

（一）亲职观念

亲职素养是父母在家庭教育中的观念和行为。亲职观念是指父母在家庭教育中的认知和理念，它直接影响父母对子女的教育目标、教育方式、教育手段的采用，与儿童的发展息息相关①。本次调查分别从儿童观、发展观、人才观、家庭教育价值观四个方面，考察亲职观念。从儿童观和发展观来看，父母们具备较为良好的现代育儿理念和知识。对于"儿童权利"的相关内容，非常了解和了解一些的家长合计占比77.5%；对于孩子的身心发展特点，非常了解和了解一些的家长合计占比96.2%。

本次调查显示，对子女严格管教、重视学习的传统教育观念仍是被大部分父母认可的教育观念。对于"棍棒底下出孝子"的观念，仍有24.7%的家长表示赞同；有73.3%的父母认为"孩子上学以后，最重要的事就是学习"；非常赞同和基本赞同"为了孩子有个幸福的未来，我认为在他/她小的时候就应该抓紧教育"的家长合计占比91.2%。

人才观是指父母对人才价值的取向和对子女成长的价值取向②，它影响家长对孩子成长的价值取向，更重要的是，它涉及家长对社会普遍接受的人才观的评价，并由此衍生出家庭的教育方式和教育重点③。本次调查中发现（见图6），父母希望儿童"成为身心健康的人"的比例最高，为83.9%，其次是"为社会和祖国做贡献"，为56.4%，排名第三的是希望"成为事业

---

① 刘秀丽、刘航：《幼儿家长家庭教育观念：现状及问题》，《东北师大学报》（哲学社会科学版）2009年第5期。
② 陈帼眉：《家长的教育观念》，《父母必读》1992年第11期。
③ 俞国良、辛涛：《社会认知视野中的家长教育观念研究》，《华东师范大学学报》（教育科学版）1995年第3期。

有成的人"。父母人才观既注重儿童个体发展，也注重培养儿童的社会价值
和意义感。

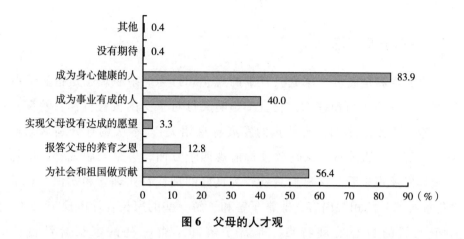

图6　父母的人才观

在家庭教育价值观中，父母在养育孩子的过程中注重的内容（见图7）
排名前三的分别是道德品质（87.2%）、心理健康（50.7%）、文化知识
（45.0%），可以看出，一方面父母具备中华优秀传统文化的思想底色，对
儿童的"思想品德"非常重视；另一方面，父母对心理健康的关注比例超
过文化知识，反映出父母更加理性的家庭教育价值观。

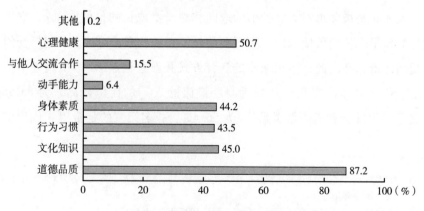

图7　家庭教育中注重的内容

关于在家庭教育中忽视的内容调查显示（见图8），排名靠前的分别为：性教育（50.0%）、社会志愿活动（45.9%）、网络教育（38.0%）、生活实践（34.2）、劳动教育（26.2%）、审美教育（25.4%）。这些被忽视的内容大多是伴随着时代的发展，衍生出的新知识、新内容，反映出家庭教育价值观具有时代性①；也反映出，父母们对儿童自我保护、社会价值的发挥以及全面发展的重视，具有明显的时代进步性和积极性。

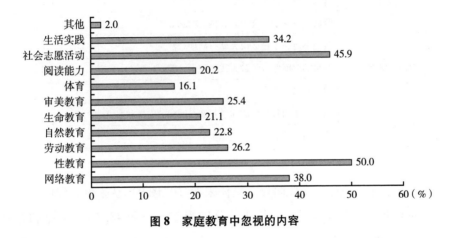

图8　家庭教育中忽视的内容

（二）亲职行为

亲职行为是父母在教养中所表现出的行为方式和特征，与儿童行为的养成密切相关②。本次调查分别从四个维度（见表3）对父母的亲职行为进行测量。

从得分情况来看，父母尊重与肯定、沟通与陪伴行为表现较好。随着科学育儿理念的普及，越来越多的家长能够做到尊重孩子、肯定孩子，不盲目

① 刘秀丽、刘航：《幼儿家长家庭教育观念：现状及问题》，《东北师大学报》（哲学社会科学版）2009年第5期。
② Baumrind D.，Rearing Competent Children. In W. Damon（Ed.），Child Development Today and Tomorrow，1989：349－378。

表 3　亲职行为维度、题目及平均分

单位：分

维度	题目	平均分
溺爱与冷漠	我会满足孩子提出的各种要求	2.8
	除了学习，我通常不让孩子做什么事情	
	我能发现孩子情绪的变化并及时回应孩子的需求	
尊重与肯定	我会当着别人的面，批评或指责孩子	3.1
	我会将自家孩子与别家孩子进行比较	
	我能发现孩子的优点并表扬(奖励)他/她	
沟通与陪伴	我会不等孩子把话说完就打断他/她	3.0
	我会抽时间跟孩子聊天或陪孩子一起玩(学习)	
	我回到家常看手机	
引导与控制	我家孩子的日常生活和学习都有明确的安排和要求	2.2
	我会用命令的方式来教育孩子	

比较，并能保持良好的亲职陪伴。具体来看（见图9）从来没有和偶尔当着别人的面批评或指责孩子的家长比例分别为27.3%和48.7%，总是和有时能发现孩子的优点并能够表扬（奖励）孩子的家长合计占比93.1%。总是和有时会抽时间跟孩子聊天或陪孩子一起玩/学习的家长比例合计为87.3%。

但权威与控制式育儿方式仍占一定比例。总是和有时会除了学习，不让孩子做其他事情的家长比例合计占比41.1%；总是和有时会用命令的方式来教育孩子的比例合计为49.6%。家长在亲职行为中，还是存在让孩子遵从家长的意愿，简单粗暴对待孩子以及急功近利的状况。

家长自我行为约束力仍显得不足。"我回到家总是看手机"的家长占11.5%，有时看手机的家长占49.7%，偶尔看手机的家长占34.9%，仅有3.9%的家长回家从不看手机。在信息化时代，包括手机在内的各类电子设备已成为日常学习、生活、工作的"必备品"，它们为生活带来便捷和智能手段的同时，也为很多家长带来了儿童屏幕暴露（screen exposure）[①] 的困扰，想让孩子放下手机、iPad，家长需要加强对自身行为的约束，以身作则，才能培养儿童良好的行为习惯。

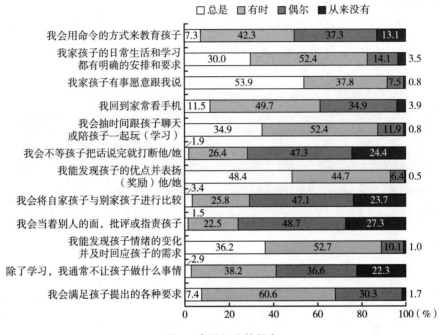

图9　亲职行为的频率

三　角色素养现状

（一）角色认知

角色素养是指父母在家庭教育中所应具备的角色认知和行为能力。角色认知是父母在扮演角色时的主观意识和感受，本次调查通过角色意识、角色

[①] 屏幕暴露（screen exposure）是指智能手机、平板、电脑、电视、电子游戏机、可穿戴设备等电子设备的应用和接触。

认同、效能感、角色任务四个方面来考察（见表4）。在角色意识方面，非常赞同和基本赞同"我认为家庭教育的主体责任应由父母来担当"的比例合计为94%；在角色认同方面，非常赞同和基本赞同"我认为做父母是人生特别重要和有意义的事"的比例合计为97.3%；在角色任务方面，非常赞同和基本赞同"我认为家长也需要向孩子学习，同孩子一起成长"的比例合计为98.9%，父母们的角色认知状况普遍很好。

表4　父母角色认知

单位：%

选项	非常赞同	基本赞同	不太赞同	非常不赞同
我认为家庭教育的主体责任应由父母来担当	57.7	36.3	5.4	0.6
我认为做父母是人生特别重要和有意义的事	68.6	28.7	2.4	0.3
我认为家长也需要向孩子学习，同孩子一起成长	78.8	20.1	0.8	0.3

但进一步从父母效能感分析中发现，虽然父母们的角色意识普遍较强，但在"作为父母，我感到很有信心"（见图10）的题目选择中，仅有12.8%的父母选择总是，52.4%的父母选择有时，21.9%的父母选择偶尔，还有12.9%的父母选择从来没有，效能感普遍不足。

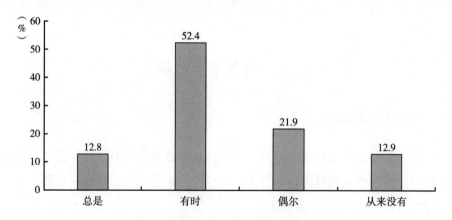

图10　作为父母，我感到很有信心

（二）角色行为

本次调查分别从反思行为、实践行为、学习能力、榜样行为四个方面对父母的角色行为进行考察（见图11）。在反思行为方面，94.0%的父母总是和有时"会反思自己对孩子的教育言行"，反思能力较强；但在实践行为方面，10.7%的家长表示总是"很难调整或改变自己的教育言行"，44.6%的家长表示有时很难改变。

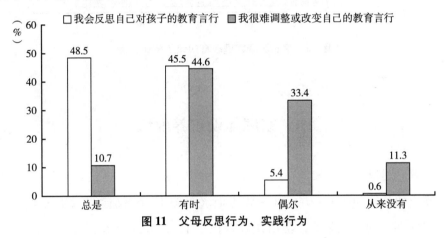

图11　父母反思行为、实践行为

在学习能力方面，家长们获取家庭教育知识和技能的渠道（见图12），排名前三的分别是：上网查询（58.4%）；向有经验的同事、朋友、亲戚请教（55.8%）；观看线上讲座和课程（41.5%）。家庭教育指导服务有助于提升家长教育素养[1]，但目前从获取家庭教育知识和技能途径来看，家长主要依靠非正式渠道，这对家庭教育指导服务工作今后的发展提出了现实的需求。

在榜样行为方面，选择总是和有时"在孩子面前，我注重自己的言行举止"的比例合计为93.4%；66.2%的家长表示对孩子讲过的话和承诺要做的事情，自己总是能兑现和做到。从数据来看，家长们的榜样行为表现良好，但从上文对"玩手机"题目的回答中，我们不难看出，父母的榜样行为能力仍需加强。

---

[1]　雷万鹏、向蓉：《家庭教育指导服务的双重差异与政策启示》，《南京师大学报》（社会科学版）2022年第6期。

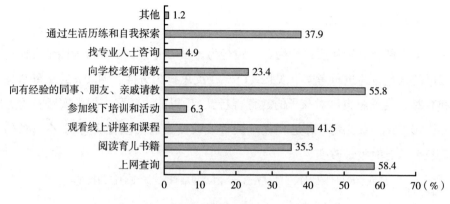

图 12　家长获取家庭教育知识和技能渠道

四　家庭建设素养现状

家庭建设素养是父母在家风家训、维护家庭关系、营造家庭氛围方面表现出的认知和能力。在家风家训方面（见图 13），仅有 11.2% 的家长表示"有明确的家风家训，会用在教育孩子上"，大部分家长（61.0%）表示"没有明确的家风家训，但家中有做人做事的规矩和要求"；也有 25.2% 的家长表示这些都没有。可以看出，父母们在家风营造方面的能力仍显不足。

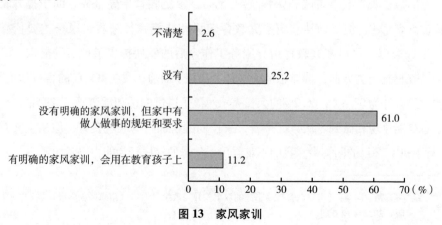

图 13　家风家训

在家庭关系方面，有62.5%的父母认为祖辈带孩子的负面影响更多。在亲子关系方面（见图14），父亲或母亲带孩子常做的事排名靠前的都是一起做家务、聊天、运动和出游，所不同的是，母亲和孩子一起做家务（61.4%）、聊天（68.0%）更多，父亲和孩子一起运动更多（64.3%）。

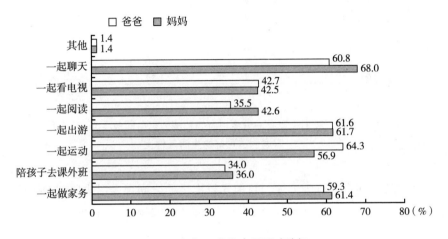

图14　妈妈、爸爸亲子活动选择

在家庭氛围方面，75.9%的父母表示"自己或多或少都当着孩子的面，与家人吵过架和发过脾气"；在"我们夫妻有一方会把时间和精力更多地放在为家庭创造更好的生活条件上"一题中（见图15），选择总是和有时的父母占比分别为52.0%、38.2%，夫妻分工在一定程度上呈现不均衡的现象。但总体上，家庭氛围自评分较高，满分10分，均值为8.02分。

五　协同育人素养现状

协同育人素养是指父母对学校、家庭、社会协同育人的认知和行为参与能力。在协同育人认知方面，调查发现，家长对于学校的支持度（93.1%）和配合度（94.5%）均较高，对于社会资源对儿童成长的重要性认同度也很高（98.4%）。

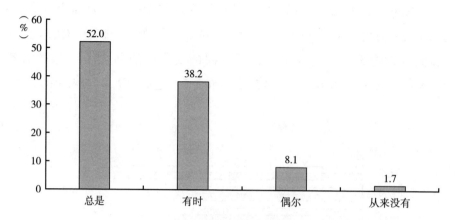

图 15 我们夫妻有一方会把时间和精力更多地放在为
家庭创造更好的生活条件上

在家校协同育人行为方面，目前学校提供的协同育人形式仍较为传统和单一，以家长会、学校开放日（85.7%）的传统形式为主（见图16）。

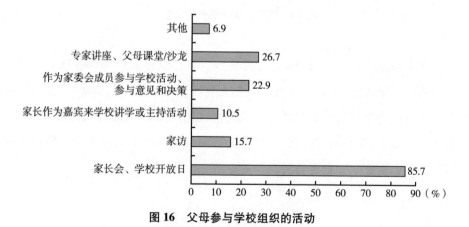

图 16 父母参与学校组织的活动

家社协同方面，社区定期开展亲子或家庭教育活动（56.3%）、建设儿童友好社区/城市以充分体现儿童优先和儿童利益最大化（45.6%）、免费（或只收取成本）的家庭教育咨询（35.9%）成为父母最希望社会提供的家庭相关服务内容（见图17）。

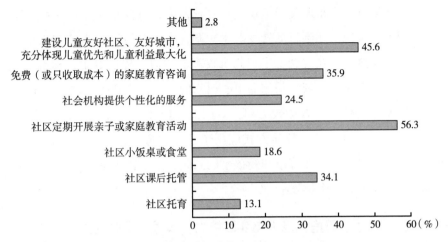

图17 父母希望社会提供的家庭教育相关服务内容

六 家长教育素养提升策略

根据本次调研结论，现提出以下提升家长教育素养的策略建议。

（一）加强现代家庭教育知识与理念的普及，引导父母采用合理有效的教养方式

一是加强现代家庭教育知识与理念的普及，同时要研究新时代儿童学习和成长的新规律、新特点和家庭教育的新需求。本次研究发现，父母们普遍形成了现代育儿理念，树立了"立德树人"的教育观，注重儿童个人与社会价值的双重实现以及儿童身心健康的全面发展，但诸如重视学习、为了学习对孩子的其他选择妥协等老问题依然存在；并且，随着生活空间、养育环境的转变，家庭教育的需求在不断动态调整，社会志愿活动、性教育、网络教育等与儿童健康成长息息相关的新需求不断凸显，这就要求当下及今后家庭教育指导的侧重点不断调整，在夯实家庭教育基本理念与方法的基础上，更加贴合时代发展的新要求，不断在专业的家庭教育指导服务中，回应时代的需要、父母的需求。

二是将重点放在帮助父母意识到自身教育理念与教养行为之间存在不一致的问题上，实现从知到行的转变。本次调查中，大部分父母都存在知行不一的问题，虽然父母在观念上了解儿童权利的内容，提倡尊重、理解儿童，但在实际教养行为中，依然采用简单、粗暴的方式，说到底，这是源于父母所掌握的家庭教育方式方法较为单一。因此，应注重引导父母将《家庭教育促进法》中所示的科学教养方式应用于家庭教育实践中，及时调整和改变不恰当的教养言行，在尊重和爱孩子的同时，给予孩子更多自主发展的空间与权利，促进儿童全面发展。

（二）加强父母角色意识与实践能力，增强父母胜任力

一是强化家长的认知、学习、反思意识，注重实践能力的提升。本次调查中，具有高等教育背景的父母人数占比最多，绝大多数父母在认识、学习和反思意识上表现积极，但是，由于缺乏持续的、专业的家庭教育指导服务资源，父母们在遇到家庭教育问题时，往往无法及时选择合适方式解决，从而影响了父母家庭教育实践能力的提升。学校、社区等部门应逐步完善资源链接机制，帮助和引导父母甄别、筛选高质量家庭教育服务资源，在父母需要时，及时提供专业服务和学习资源，不断强化父母的学习和反思意识，提升家长教育素养。

二是加快完善覆盖城乡的家庭教育指导服务体系建设。党的十九届四中全会通过的《中共中央关于坚持和完善中国特色社会主义制度、推进国家治理体系和治理能力现代化若干重大问题的决定》（简称《决定》），提出了健全国家基本公共服务制度体系的总要求。作为基本公共服务制度体系的重要组成部分，《决定》对教育领域也提出了相关目标，"构建覆盖城乡的家庭教育指导服务体系"是其中一项重要内容。[1] 但目前我国家庭教育指导服务体系还比较零散[2]，本次调查发现，无论是覆盖面还是家长接受的指导

---

[1] 朱永新：《构建覆盖城乡的家庭教育指导服务体系》，《人民教育》2020年第3期。
[2] 边玉芳、张馨宇：《新时代我国家庭教育指导服务体系：内涵、特征与构建策略》，《中国电化教育》2021年第1期。

服务的内容和质量均不理想，亟须通过国家支持、社会协同，增强家庭教育指导服务的普惠性质，同时分级分类为家长提供专业化、个性化、精准化的学习与指导，探索家庭教育制度化、科学化路径，增强父母的角色信心与胜任力。

（三）强化父母家庭建设意识，提升家风营造能力

一是强化家庭建设的意识，推动父母形成新时代家庭建设观。习近平总书记强调，"努力使千千万万个家庭成为国家发展、民族进步、社会和谐的重要基点，成为人们梦想启航的地方"[①]。家庭作为连接个体与社会的轴心，其自身建设能力和水平不仅关系到家庭的正常运转，更关系到社会和国家繁荣发展。本次研究发现，父母对家庭建设的意识还存在不到位的现象，未充分意识到家庭人际互动、亲情交往与家庭氛围的重要性，要帮助父母保持好夫妻关系、亲子关系、代际关系的平衡，提升父母以身作则的能力。

二是注重家风建设，大力弘扬和传承中华民族优良家风。家风是一个家庭的精气神，对儿童健康成长发挥的作用比家庭经济资本的影响更大，相关部门要深入挖掘现代家风建设的好模式、好方法，建立家风建设的长效机制，激活"家文化"，落实"家责任"，引导父母以好家庭好家风打下家庭教育的坚实基础的意识和能力，以好家庭好家风建设推动基层社会治理，促进社会文明新风尚。

（四）优化学校、社会家庭教育资源整合机制，切实发挥协同育人效能

一是发挥学校对家庭教育的支持和协同育人桥梁作用。研究发现，父母对于学校发挥协同育人作用的支持度普遍较高，但学校提供的协同资源形式依旧单一。学校仍需深入挖掘和拓展家校协同新理念、新模式，优化和升级

---

① 中共中央党史和文献研究院编《习近平关于注重家庭家教家风建设论述摘编》，中央文献出版社，2021。

资源协同能力，将父母的积极性转化为协同育人的推动力，助力家校育人资源链接机制的建构。

二是要发挥社区教育的独特优势。习近平总书记强调："社区是党和政府联系、服务居民群众的'最后一公里'，要健全社区管理和服务体制，整合各种资源，增强社区公共服务能力。"① 社区作为具有内在互动关系和地域性的社会生活共同体，是家庭教育指导服务体系中的"最后一公里"，更是家校社协同育人的重要阵地。但目前，社区在协同育人中存在保障机制不健全、协同机制不畅通、实施机制不理想的状况②。本次调查发现，社区家庭教育指导服务、儿童友好服务成为父母最想要获得但实际缺失的公共服务。发挥社区育人的独特优势需要政府支持，牵头建立根植社区的家庭教育支持保障网络，在注重农村和城镇地区教育资源均衡化发展的前提下，因地制宜，整合资源，建立健全社区家庭教育支持网络，打通家庭教育指导服务的"最后一公里"，切实为家庭提供推门可见、社区可感、家家参与的家庭教育服务资源。

① 《习近平在河北唐山市考察》：http://www.xinhuanet.com/politics/2016 - 07/28/c_1119299678.htm。
② 霍雨佳、柳铭心：《社区家校社协同育人实践机制运行现状及对策建议——基于我国八省（自治区）的调研结果》，《中华家教》2022 年第 6 期。

B.5
中国家庭教育对中小学生心理健康
影响状况调查报告

中小学生心理健康状况调查课题组[*]

摘　要： 中国共产党第二十次全国代表大会报告关于加强家庭家教家风
建设的论述彰显了新时代做好家庭教育的重要性。《家庭教育
促进法》更是以法规的形式明确了家庭教育的重要作用。家庭
是孩子的第一个课堂，良好的家庭教育是保证中小学生心理健
康的关键。为贯彻落实党的二十大精神，本调研报告于 2021 年
在全国抽取四、八年级学生，从家庭教育视角考察了不良家庭
氛围等单个家庭风险因素以及多个家庭风险因素的累积对中小
学生积极心理品质（心理弹性）和心理问题（情绪问题）的影
响。结果发现，消极的家庭因素（如父母冲突、亲子冲突、父
母不良教养行为、父母期望过高、父母施压过多）会导致中小
学生心理弹性水平下降、情绪问题的发生比例上升。相比之下，
积极的家庭因素（如亲子亲密水平高、父母支持水平高）会提
升中小学生心理弹性水平和减少情绪问题。此外，随着家庭风
险因素的累加，中小学生心理弹性高的比例呈现下降的趋势，
而情绪问题的比例呈现上升的趋势。这些发现提示家长应高度
重视家庭氛围建设，构建和谐家庭关系，掌握正确家庭教育方
法。要持续开展全国家庭教育状况调查，健全学校家庭社会协
同育人机制，形成强大的教育合力，促进中小学生的健康成长、

---
* 中小学生心理健康状况调查课题组组长：任萍，北京师范大学中国基础教育质量监测协同创
新中心党委书记、博士生导师，主要研究方向为儿童青少年心理健康评价与促进。组员：陈
嘉慧，梁意婷，魏一，李思蒙，杨柳，李添，王泉泉。

全面发展。

关键词： 心理健康　家庭教育　中小学生

　　家庭是儿童青少年教育启蒙和毕生发展的基石，是推进以德树人、全面育人的首要阵地。随着未成年人保护需求的增加和家庭教育问题的凸显，家庭教育已不只是关乎个人和家庭福祉的"家事"，更是关乎民族振兴、社会进步和时代命运的"国事"。党和国家对家庭教育的关注度提升到了前所未有的水平，并出台了系列举措。2019年2月，党中央、国务院印发的《中国教育现代化2035》提出现代化的教育体系需要现代化的家庭教育，并围绕家庭教育作出了新的部署；2022年1月正式施行的《中华人民共和国家庭教育促进法》（以下简称《家庭教育促进法》），明确规定父母或者其他监护人肩负着促进未成年人全面健康成长的责任，对其实施道德品质、身体素质、生活技能、文化修养、行为习惯等方面的培育、引导和影响；党的二十大报告也强调要加强家庭家教家风建设；2023年1月发布的《关于健全学校家庭社会协同育人机制的意见》提出健全学校家庭社会协同育人机制，强调家长作为家庭教育主体的责任意识，进一步凸显了家庭教育的重要意义。

　　心理健康是学生德智体美劳全面发展的基础和保障，是育人环节的重中之重。2021年全国教育工作会议强调，"落实立德树人根本任务，培养德智体美劳全面发展的社会主义建设者和接班人"，明确要求持续完善德智体美劳全面培养的育人体系，健全学校家庭社会协同育人机制，促进学生身心健康全面发展。然而，新冠疫情常态化防控时期，居家学习状态使许多家庭教育误区和问题集中暴露出来，导致各地中小学生心理危机事件呈上升态势。由此可见，家庭教育的质量对儿童青少年心理健康发展的作用极为关键。良好的家庭教育有助于增进亲子关系，为儿童青少年未来成长指明方向，最大限度提升其主观意识，帮助其养成良好习惯，形成积极品质，进一步促进儿童青少年心理健康，降低其心理风险；反之，不良的家庭教育使得亲子冲突等亲子问题凸显、亲子关系质量下降，导致儿童青少年出现较多的心理问题特别是情绪问题。

在此背景下，为贯彻落实党的二十大精神与《家庭教育促进法》的要求，北京师范大学中国基础教育质量监测协同创新中心牵头组织，在全国范围内开展了家庭教育对中小学生心理健康的影响状况调查。本调研采取分层不等概率抽样方式，在全国范围内抽取了120个区县，考察了家庭氛围、父母教养行为、父母期望等家庭因素对中小学生心理问题和积极品质的影响，并依托调查工作面向家长宣传普及了先进的家庭教育理念，为改进父母的教养行为、增进亲子关系和提高沟通质量提出了科学的建议，同时也为完善相关教育政策提供了数据支撑和方向指引。

一 调查对象与方法

（一）调查目的

本次调查对 2021 年四年级、八年级学生的心理健康状况和家庭教育状况进行测查，以了解家庭教育对中小学生心理健康的影响，为进一步做好家庭教育和提升中小学生心理健康水平提供建议和指导。

（二）调查对象

调查采取分层不等概率方式抽取样本，包括全国 120 个区县四年级、八年级中小学生，调查形式为纸笔测验。剔除无效作答数据后，共得到有效答卷 69665 份，四年级学生 41673 名（平均年龄为 10.4 岁），八年级学生 27992 名（平均年龄为 14.3 岁）。四、八年级学生的基本情况如表 1 所示。

表1　四、八年级学生的基本情况

单位：人，%

类别		四年级		八年级	
		人数	百分比	人数	百分比
性别	男	22013	52.8	14806	52.9
	女	19660	47.2	13186	47.1
户口类型	城市	11981	28.8	8515	30.4
	县镇	8896	21.3	6781	24.2
	农村	20796	49.9	12696	45.4

（三）调查工具

本次调查内容包括中小学生家庭教育和心理健康状况。家庭教育主要从家庭氛围（父母冲突、亲子关系）、教养方式（父母不良教养行为、父母支持）和父母学业期望（父母施压、父母期望）三个角度进行测查；心理健康主要从积极心理品质（心理弹性）和心理问题（情绪问题）两个角度进行测查。

1. 父母冲突

父母冲突通过"父母之间发生很大冲突"单题进行测查。采用李克特5点计分，题目选项分别为"未发生""发生了，对我没有影响""发生了，对我影响很小""发生了，对我影响较大""发生了，对我影响很大"。得分越高，表明父母冲突对学生的影响越大。

2. 亲子关系

采用儿童青少年心理发育特征调查项目亲子关系量表中的部分题目来测查亲子关系，该量表共有6个题目，包括亲子亲密度和亲子冲突两个维度。量表采用李克特4点计分，亲子亲密度得分越高，表明亲子间亲密感越强；亲子冲突维度得分越高，表明亲子间冲突感越强。在本调查中，四年级样本中，亲子亲密度的内部一致性系数为0.76，亲子冲突度的内部一致性系数为0.77。八年级样本中，亲子亲密度的内部一致性系数为0.84，亲子冲突维度的内部一致性系数为 0.80。

3. 父母不良教养行为

父母不良教养行为通过"骂我或打我"单题进行测查。采用李克特 4 点计分，得分越高，表明父母打骂孩子的频率越高，父母不良教养行为的水平越高。

4. 父母支持

采用国际学生评估项目（PISA）的幸福感问卷家庭支持分量表来测查父母支持，该量表共包括 8 个题目。量表采用李克特 4 点计分，对所有题目分数相加后求其平均数作为父母支持的得分，得分越高，表明获得的父母支持越多。在本调查中，四年级样本中，该量表的内部一致性系数为 0.75；八年级样本中，该量表的内部一致性系数为 0.70。

5. 父母施压

采用坎贝尔（Campbell）[1] 编制的父母影响清单（Inventory of Parental Influence，IPI）学业压力分量表的部分题目来评估儿童对父母所施加的学业方面压力的感知，该量表共包括 9 个题目。采用李克特 4 点计分，对所有题目分数相加后计算均分，得分越高，代表父母对孩子的学习施压越多。在本调查中，四年级样本中，该量表的内部一致性系数为 0.84；八年级样本中，该量表的内部一致性系数也为 0.84。

6. 父母期望

父母期望通过"父母对我的期待太高"单题进行测查。采用李克特 5 点计分，题目选项分别为"未发生""发生了，对我没有影响""发生了，对我影响很小""发生了，对我影响较大""发生了，对我影响很大"。得分越高，代表父母期望对孩子的影响越大。

7. 心理弹性

采用自我弹性量表（Ego-Resiliency Scale）[2] 测查学生的心理弹性水平，

---

[1] Campbell James Reed, "Differential Socialization in Mathematics Achievement: Cross-National and Cross-Cultural Perspectives," *International Journal of Educational Research* 21 (1994): pp. 667-747.

[2] Block Jack, Adam M. Kremen, "IQ and Ego-resiliency: Conceptual and Empirical Connections and Separateness," *Journal of Personality and Social Psychology* 70 (1996): pp. 349-361.

共 14 道题，如"我喜欢处理新的和不同寻常的状况"。采用李克特 4 点计分。根据学生在 14 道题上的作答情况，计算平均分并对学生的心理弹性水平进行划分。在本调查中，四年级样本中，该量表的内部一致性系数为 0.85；八年级样本中，该量表的内部一致性系数为 0.84。

8. 情绪问题

情绪问题是指学生不愉快的消极情绪状态或处于压力情境时主观体验到的紧张、忧虑、恐惧等负性情绪。在本次调查中，情绪问题主要由抑郁倾向和焦虑两个指标合成。抑郁倾向采用临床上常用的筛查青少年抑郁的病人健康问卷抑郁量表（Patient Health Questionnaire-9，PHQ-9）[1] 进行测查。PHQ-9 共 9 道题，例如"感到心情低落、沮丧或绝望"。学生回答过去两周被每道题所描述的抑郁相关问题所困扰的频率。采用李克特 4 点计分。根据学生在 9 道题上的作答情况，计算总分并对学生的抑郁倾向进行划分。焦虑状况采用广泛性焦虑筛查量表（Generalized Anxiety Disorder Screener，GAD-7）[2] 进行测查，共 7 道题，例如"对各种事情担心太多"。学生回答过去两周被每道题所描述的焦虑相关问题困扰的频率。采用李克特 4 点计分。根据学生在 7 道题上的作答情况，计算总分并对学生的焦虑程度进行划分。本调查中，四年级样本中，PHQ-9 的内部一致性系数为 0.88，GAD-7 的内部一致性系数为 0.89；八年级样本中，PHQ-9 的内部一致性系数为 0.88，GAD-7 的内部一致性系数为 0.90。

二 家庭氛围与中小学生心理健康

家庭是孩子最早且时间最长的教育环境，家庭教育是对孩子成长发展影响最持久的教育。作为教育网络的重要一环，家庭教育对儿童青少年心理健

---

[1] Spitzer Robert L., Kroenke Kurt, Williams Janet B., "Validation and Utility of a Self-report Version of PRIME-MD: The PHQ Primary Care Study." *Jama* 282 (1999): 1737-1744.

[2] Spitzer, Robert L., Kroenke Kurt, Williams Janet B., Löwe Bernd, "A Brief Measure for Assessing Generalized Anxiety Disorder: The GAD-7," *Archives of Internal Medicine* 166 (2006): pp. 1092-1097.

康发展产生直接影响。借鉴国际经验和国内相关调查研究，本次调查从学生的积极心理品质（心理弹性）和心理问题（情绪问题）两个方面考察家庭教育对心理健康的影响。

心理弹性作为一种积极应对逆境的能力，可以帮助学生缓解压力事件带来的心理问题。根据学生的作答情况，将学生心理弹性水平划分为三种类型，分别是心理弹性水平高、心理弹性水平中等和心理弹性水平低。此外，情绪问题会对中小学生的身心健康和人际关系发展产生持久的负面影响。根据学生的作答情况，将学生情绪问题划分为两种类型，分别是有情绪问题和无情绪问题。

良好的家庭氛围能够为儿童青少年提供安全和保护的环境，支持儿童青少年身心健康发展。根据家庭系统理论，复杂的家庭环境可以分成父母组成的子系统、亲子组成的子系统、子女组成的子系统等多个子系统，这些子系统自身特征和彼此之间的相互影响对中小学生的心理和行为都会产生重要的影响[1]。本部分主要分析家庭氛围变量中父母冲突和亲子关系对中小学生心理健康的影响。

（一）父母冲突对中小学生情绪问题发展具有消极作用

父母冲突是指父母由于意见不一致或其他因素而产生的言语或身体的攻击与争执[2]。当父母发生冲突时，子女往往也会卷入其中，身心受到影响。父母冲突水平高，子女担心父母关系的稳定性，自我认知评估更消极，容易产生心理健康问题。

调查结果显示，有父母冲突的四年级学生比例为45.0%，其中认为父母冲突对自己存在影响（认为父母冲突的影响较小、较大、很大）的学生比例为36.6%；有父母冲突的八年级学生比例为61.2%，其中认为父母冲突对自己存在影响的学生比例为53.7%（见图1）。

---

[1] 路琦、雷雳、马晓辉、张国华、刘珂、耿靖宇：《专门学校学生社会性发展研究》，社会科学文献出版社，2021。

[2] 池丽萍：《认知评价在婚姻冲突与儿童问题行为之间的作用：中介还是缓冲》，《心理发展与教育》2005年第2期。

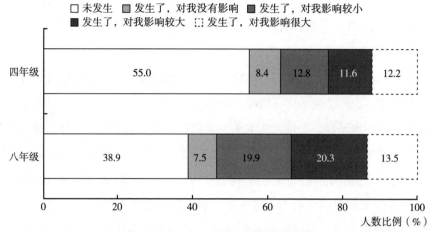

图1 四、八年级学生父母冲突分布情况

注：由于小数点数值按四舍五入取值，部分指标百分比加总之和可能不等于100%，下同。

将父母冲突和学生情绪问题进行关联分析，结果发现，四年级认为父母冲突对自己影响越大的学生，有情绪问题的比例也越高。其中，认为父母冲突的影响较小、较大、很大的学生，有情绪问题的比例分别为22.0%、31.1%和41.4%（见图2）。

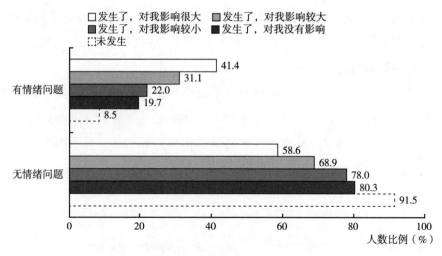

图2 四年级学生父母冲突和心理健康的关系

　　八年级认为父母冲突对自己影响越大的学生，有情绪问题的比例也越高。其中，认为父母冲突的影响较小、较大、很大的学生，有情绪问题的比例分别为 23.0%、32.5% 和 48.6%（见图 3）。

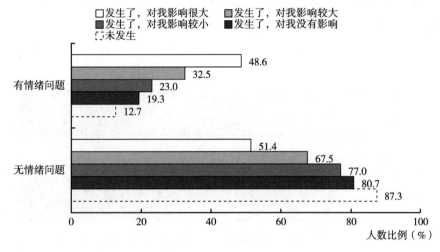

图 3　八年级学生父母冲突和心理健康的关系

（二）良好的亲子关系有助于中小学生提升积极品质和防范情绪问题

　　亲子关系是指社会关系中的父母与子女以共同生活为基础，经由互动所形成的人际关系[①]。亲子关系作为儿童从出生起建立的第一个人际关系，对儿童当前及未来的心理健康、学校表现和社会适应有重要作用。亲子亲密度和亲子冲突是反映亲子关系质量的两个基本维度。亲子亲密度作为亲子关系的一种积极特征，能够促进儿童青少年学业动机、社交技能和社会情感适应能力的发展[②]；而亲子冲突作为亲子关系的一种消极特征，与儿童青少年的

[①]　王云峰、冯维：《亲子关系研究的主要进展》，《中国特殊教育》2006 年第 7 期。

[②]　Schneider Barry H. , Leslie Atkinson, Christine Tardif, "Child‐parent Attachment and Children's Peer Relations: A Quantitative Review," *Developmental Psychology* 37 (2001): pp. 86‐100.

行为问题和情绪问题呈正相关①。

　　根据学生的作答情况，将学生亲子亲密度划分为三种类型，分别是亲子亲密度高、亲子亲密度中等和亲子亲密度低。调查结果显示，四、八年级学生亲子亲密度高的比例分别为71.2%、42.4%；而四、八年级学生亲子亲密度低的比例分别为7.0%、18.0%（见图4）。

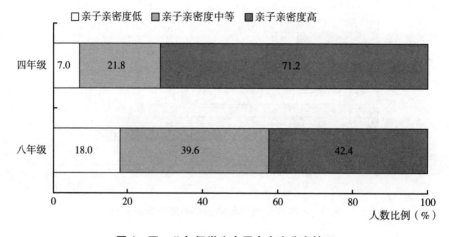

图4　四、八年级学生亲子亲密度分布情况

　　将亲子亲密度和学生心理健康状况进行关联分析，结果发现，亲子亲密度高的学生，有情绪问题的比例相对较低、积极心理状况相对较好。四年级亲子亲密度高的学生有情绪问题的比例为8.5%，低于亲子亲密度低的学生38.9个百分点；四年级亲子亲密度高的学生心理弹性高的比例为77.8%，高于亲子亲密度低的学生45.6个百分点（见图5）。

　　八年级亲子亲密度高的学生有情绪问题的比例为10.7%，低于亲子亲密度低的学生41.7个百分点；八年级亲子亲密度高的学生心理弹性高的比例为69.5%，高于亲子亲密度低的学生38.5个百分点（见图6）。

　　根据学生的作答情况，将学生亲子冲突划分为三种类型，分别是亲子冲

---

① 王英杰、张刘、李燕：《母亲养育心理灵活性与6岁幼儿问题行为：亲子关系的中介作用》，《中国临床心理学杂志》2021年第1期。

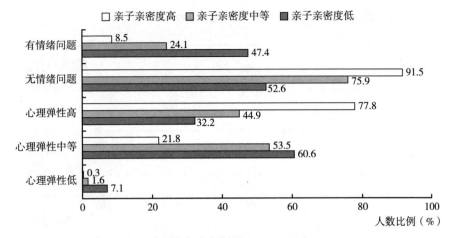

图 5　四年级学生亲子亲密度和心理健康的关系

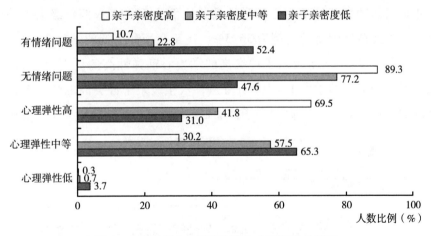

图 6　八年级学生亲子亲密度和心理健康的关系

突高、亲子冲突中等和亲子冲突低。调查结果显示，四年级学生亲子冲突高的比例为 4.9%，亲子冲突中等的比例为 11.3%，亲子冲突低的比例为 83.8%；八年级学生亲子冲突高的比例为 5.8%，亲子冲突中等的比例为 22.8%，亲子冲突低的比例为 71.4%（见图 7）。

　　将亲子冲突和学生心理健康状况进行关联分析，结果发现，亲子冲突程度高的学生，积极心理状况相对较差、有情绪问题的比例相对较高。

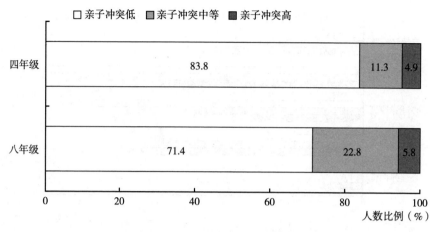

图7 四、八年级学生亲子冲突分布情况

四年级亲子冲突高的学生心理弹性高的比例为69.7%；四年级亲子冲突高的学生有情绪问题的比例为36.3%，高于亲子冲突低的学生26.5个百分点（见图8）。八年级亲子冲突高的学生心理弹性高的比例为42.5%，低于亲子冲突低的学生14.7个百分点；八年级亲子冲突高的学生有情绪问题的比例为66.6%，高于亲子冲突低的学生52.3个百分点（见图9）。

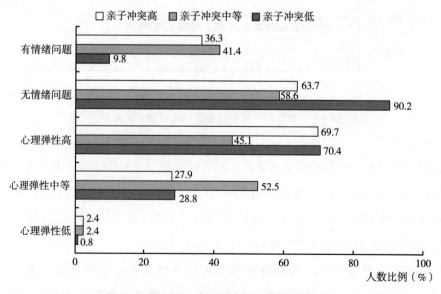

图8 四年级学生亲子冲突和心理健康的关系

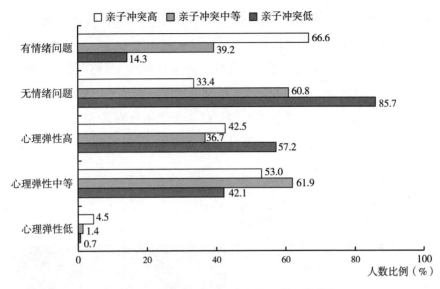

图9　八年级学生亲子冲突和心理健康的关系

三　教养方式与中小学生心理健康

父母教养方式对于引导儿童青少年接受外界的规范指导以及树立正确的人生观价值观有着十分重要的作用。父母的儿童观会反映在其教养方式中，父母能够很好地履行对孩子的抚育职责，并给予及时的监管、指导和帮助，可以有效预防儿童青少年出现心理问题。反之，父母不良的教养方式，会诱发儿童青少年情绪问题的产生，阻碍其积极心理品质的发展。本部分主要从父母不良教养行为和父母支持两方面来反映父母教养方式对儿童青少年心理健康的影响。

（一）父母不良教养行为不利于中小学生积极品质提升和情绪问题防范

教养行为是家庭中父母教育观的直接体现，在亲子互动中具有跨情境的稳定性，对儿童青少年的早期发展具有长远的、不可逆的影响力。父母不良

教养行为，可能会促使子女形成不稳定的人格特征，阻碍其积极心理品质的形成，并且会产生许多消极的情绪反应。

调查结果显示，超过一半的四年级、八年级学生父母存在不良教养行为。父母有不良教养行为的四、八年级学生比例分别为54.6%，63.2%，其中有时、经常和总是被父母打骂的四年级学生比例分别为37.8%、8.4%和8.4%，有时、经常和总是被父母打骂的八年级学生比例分别为49.5%、9.1%和4.6%（见图10）。

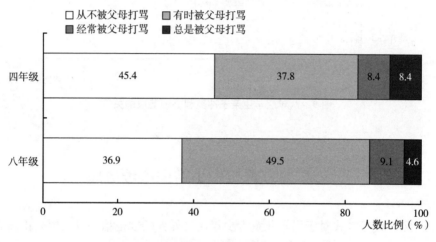

图10　四、八年级学生父母不良教养行为分布情况

将父母不良教养行为和学生心理健康状况进行关联分析，结果发现，存在父母不良教养行为的学生，积极心理状况相对较差，有情绪问题的比例相对较高。总是被父母打骂、经常被父母打骂的四年级学生心理弹性高的比例分别为58.7%、52.5%，低于从不被父母打骂的学生17.0个、23.2个百分点；总是被父母打骂、经常被父母打骂的四年级学生有情绪问题的比例分别为48.4%、38.4%，高于从不被父母打骂的学生41.4、31.4个百分点（见图11）。

八年级学生父母不良教养行为频率越高，学生心理弹性高的比例越低，有情绪问题的比例越高。总是被父母打骂、经常被父母打骂的八年级学生心理弹性高的比例分别为42.9%、42.0%，低于从不被父母打骂的学生16.6、

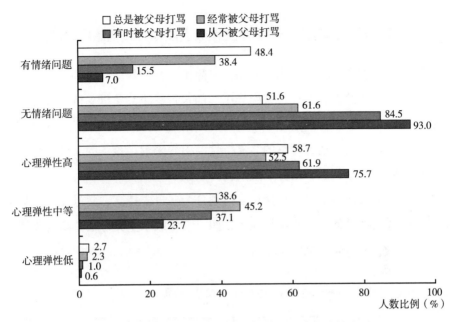

图11　四年级学生父母不良教养行为和心理健康的关系

17.5 个百分点；总是被父母打骂、经常被父母打骂的八年级学生有情绪问题的比例分别为 65.0%、47.7%，高于从不被父母打骂的学生 51.5、34.2 个百分点（见图 12）。

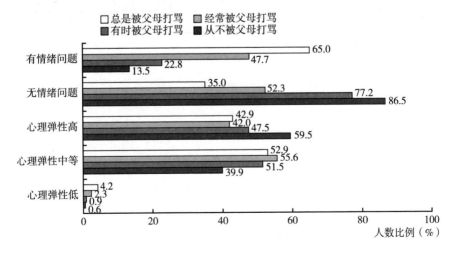

图12　八年级学生父母不良教养行为和心理健康的关系

儿童蓝皮书

（二）父母支持有助于中小学生积极品质提升和情绪问题防范

随着教育理念的转变，当前我国父母除了传统的权威教育外，更多地采取开放的、支持的教育态度，来引导子女的言行举止。父母支持是指父母对子女提供的肯定、陪伴、情感和工具性等方面的支持，也反映了父母对子女生活的参与度。父母通过理解的、支持性的引导来满足孩子的需求，与子女建立起良好的亲子关系，培养子女的良好品性。

根据学生的作答情况，将父母支持划分为父母支持高、父母支持中等和父母支持低三种类型。调查结果显示，四、八年级学生父母支持高的比例分别为50.7%、38.9%（见图13）。

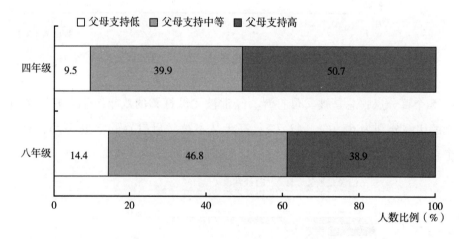

图13　四、八年级学生父母支持分布情况

将父母支持和学生心理健康状况进行关联分析，结果发现，父母支持高的学生，积极心理状况相对较好，有情绪问题的比例相对较低。四年级父母支持高的学生心理弹性高的比例为81.1%，高于父母支持低的学生32.5个百分点；四年级父母支持高的学生有情绪问题的比例为7.2%，低于父母支持低的学生33.9个百分点（见图14）。

八年级父母支持高的学生心理弹性高的比例为68.8%，高于父母支持

102

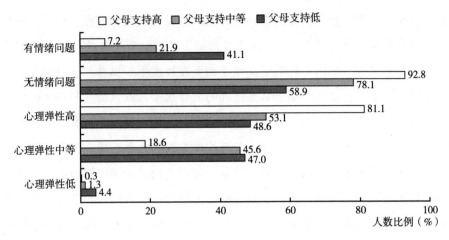

图 14　四年级学生父母支持和心理健康的关系

低的学生 34.7 个百分点；八年级父母支持高的学生有情绪问题的比例为 11.5%，低于父母支持低的学生 40.8 个百分点（见图 15）。

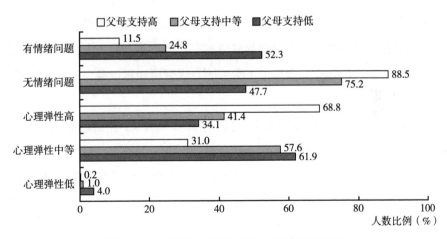

图 15　八年级学生父母支持和心理健康的关系

四　父母学业期望与中小学生心理健康

"望子成龙，望女成凤"是自古以来中国父母对子女未来发展的美好愿

景。子女在学业、事业等方面得到良好发展，是为人父母的殷切期望。特别是在飞速发展的当今社会，"知识改变命运""知识就是力量"等观念仍深刻地影响着父母，中国家长对子女学业的重视程度不断提升。父母学业期望是父母认为子女在现实中能够真正达到的教育水平，既包括在短期考试中取得的成绩，也包括对未来学业发展的长远期望，如接受高等教育。父母学业期望从本质上讲是父母对子女学业发展的单方面期望和心愿，但在不同的表现形式和程度之下也会出现不同的结果，如过高的父母学业期望会导致父母对子女施加过度的学业压力，子女感到较大压力，也会增大其产生心理健康问题的风险。本部分主要从父母施压、父母期望两方面来反映父母学业期望对学生心理健康的影响。

（一）过多的父母施压对提升中小学生积极品质和防范情绪问题具有消极作用

父母施压主要是指父母对孩子学业方面施加的压力，父母强迫孩子在学业上更加努力学习或对孩子的学业成绩抱有过高的期望[1]。父母带给孩子的学业压力，在某种程度上会对中小学生的心理健康和积极品质的培养带来消极影响。

调查结果显示，父母施压高的四年级、八年级学生的比例分别为15.9%，21.2%（见图16）。

将父母施压和学生心理健康状况进行关联分析，结果发现，父母施压水平高的学生，积极心理状况相对较差、有情绪问题的比例相对较高。四年级父母施压水平高的学生心理弹性高的比例为65.0%，低于父母施压水平低的学生11.6个百分点；四年级父母施压水平高的学生有情绪问题的比例为39.4%，高于父母施压水平低的学生35.5个百分点（见图17）。

---

[1] Raufelder Diana, Hoferichter Frances, Ringeisen Tobias, Regner Nicola, Jacke Christina, "The Perceived Role of Parental Support and Pressure in the Interplay of Test Anxiety and School Engagement among Adolescents: Evidence for Gender-specific Relations," *Journal of Child and Family Studies* 24 (2015): pp. 3742-3756.

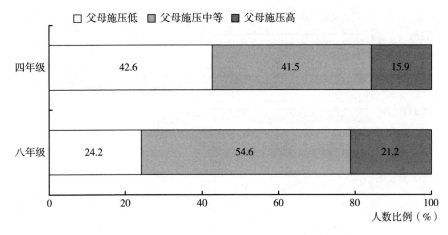

图16 四、八年级学生父母施压分布情况

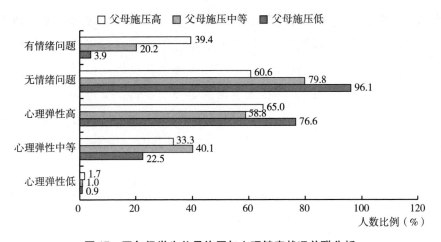

图17 四年级学生父母施压与心理健康状况关联分析

八年级父母施压水平高的学生心理弹性高的比例为49.6%，低于父母施压水平低的学生14.0个百分点；八年级父母施压水平高的学生有情绪问题的比例为45.2%，高于父母施压水平低的学生35.4个百分点（见图18）。

（二）过高的父母期望易引发中小学生情绪问题

父母期望是指父母根据自己的经验、学识和思考，对子女目前和未

105

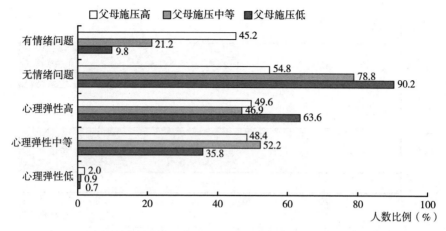

图18 八年级学生父母施压与心理健康状况关联分析

来学业、职业发展等方面的设想和预期①。父母对子女的期望，常常体现为制订较高的学业成绩目标、行为表现目标等。家庭投资理论认为父母期望决定了父母参与子女教育的程度以及提供支持性资源的数量。这种期望促使父母对子女的发展投入更多的关爱与支持。父母期望在一定程度上能够帮助学生树立目标，但过高的父母期望则会产生反作用，导致学生产生"羞耻感、尴尬感和抑郁感"，对其身心健康发展造成负面影响。

调查结果显示，超过六成的学生感到父母期望过高，八年级学生父母期望过高的比例相较于四年级更高。父母期望过高的四年级、八年级学生比例分别为62.3%、79.5%。过高的父母期望对四年级学生产生影响（影响较小、较大和很大）的比例为42.9%，对八年级学生产生影响的比例为67.6%（见图19）。

将父母期望和学生心理健康状况进行关联分析，结果发现，四年级认为父母期望过高对自己影响越高的学生，有情绪问题的比例也越高。其中，认为父母期望过高的影响较大、很大的学生，有情绪问题的比例分别为

① Finn Jeremy D. ，"Expectations and the Educational Environment," *Review of Educational Research* 42（1972）：pp. 387-410.

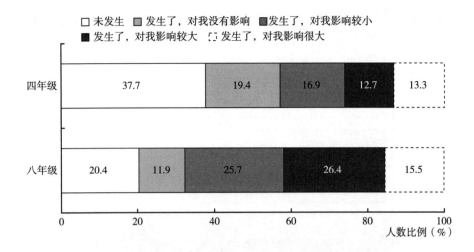

图19 四、八年级学生父母期望分布情况

27.3%和 35.4%，高于父母期望正常的学生 18.0 和 26.1 个百分点（见图20）。

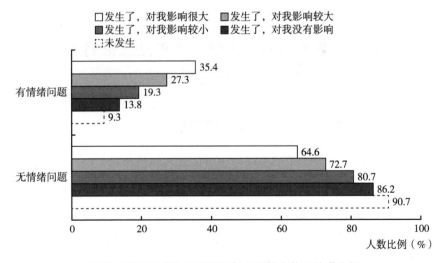

图20 四年级学生父母期望与心理健康状况关联分析

八年级认为父母期望过高对自己影响越高的学生，有情绪问题的比例也越高。其中，认为父母期望过高的影响较大、很大的学生，有情绪问题的比

107

例分别为 25.2% 和 42.8%，高于父母期望正常的学生 9.1 和 26.7 个百分点（见图 21）。

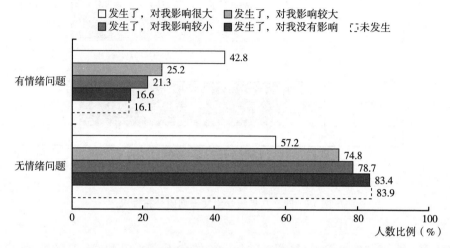

图 21　八年级学生父母期望与心理健康状况关联分析

五　家庭教育对中小学生心理健康影响的综合分析与政策建议

（一）家庭教育对心理健康的累积效应

良好的家庭教育对中小学生的健康成长具有积极作用，但家庭中的风险因素也会严重威胁中小学生的身心健康。根据累积风险模型，各种风险因素协同发生作用并通过叠加的方式对个体心理健康产生影响，对儿童青少年的健康发展的威胁更大①。与经历较少家庭风险的个体相比，同时经历多种家庭风险的个体更可能出现心理健康问题。因此，本次调查考察了家庭风险因

---

① 熊俊梅、海曼、黄飞、辛亮、徐颖：《家庭累积风险与青少年心理健康的关系——心理资本的补偿效应和调节效应》，《心理发展与教育》2020 年第 1 期。

素的累积对儿童青少年心理健康的影响，从家庭教育的角度提出学生心理健康促进建议，更高效地为制定相关政策、指导中小学生家庭教育工作提供参考。

本次调查将上文提及的七种家庭因素（父母冲突、亲子冲突、亲子亲密度、不良教养行为、父母支持、父母施压、父母期望）进行二分编码，有风险记为1，无风险记为0，然后把所有风险因素得分相加得到累积风险指数，作为学生家庭累积风险的最终判定指标。

结果显示，近三成四年级学生和近四成八年级学生经历2种及以上家庭风险。其中，23.8%的四年级学生经历1种家庭风险，23.0%的八年级学生经历1种家庭风险；17.5%的四年级学生经历2种家庭风险，22.2%的八年级学生经历2种家庭风险；7.7%的四年级学生经历3种家庭风险，9.4%的八年级学生经历3种家庭风险；3.2%的四年级学生经历4种家庭风险，5.2%的八年级学生经历4种家庭风险；1.2%的四年级学生经历5种家庭风险，2.9%的八年级学生经历5种家庭风险（见图22）。

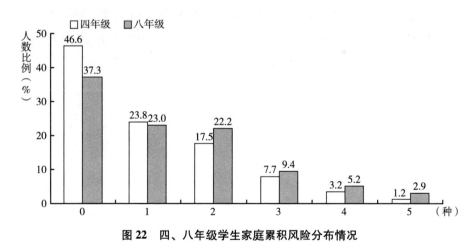

图22　四、八年级学生家庭累积风险分布情况

将家庭累积风险和学生心理健康状况进行关联分析，结果发现，家庭累积风险越多，四年级、八年级学生具有良好心理弹性的比例就越低，有情绪问题的比例就越高。

家庭累积风险因素数量为 3~5 种时，四年级学生具有良好心理弹性的比例分别为 96.4%、94.7%、89.2%；八年级学生具有良好心理弹性的比例分别为 97.2%、95.1%、92.3%（见图 23）。

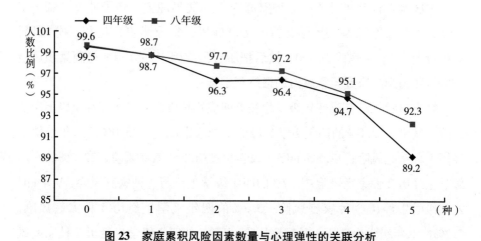

图 23　家庭累积风险因素数量与心理弹性的关联分析

家庭累积风险因素数量为 3~5 种时，四年级学生有情绪问题的比例分别为 42.6%、59.1%、68.4%；八年级学生具有情绪问题的比例分别为 43.9%、59.4%、71.6%（见图 24）。

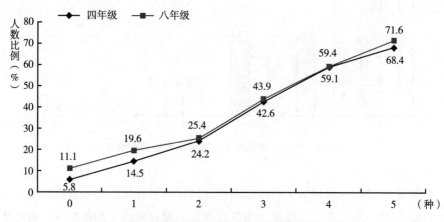

图 24　家庭累积风险因素数量与情绪问题的关联分析

（二）基于家庭教育视角，促进中小学生心理健康的对策和建议

"家庭是人生的第一个课堂，父母是孩子的第一任老师。"家庭氛围的和谐程度、父母教养方式、父母期望等家庭教育因素对中小学生的心理健康起着重要作用。此外，家庭风险因素的累积也会加重对中小学生心理健康的负面影响。因此，要进一步促进家庭教育工作提质增效，重视中小学生的心理健康，给孩子的心理健康成长提供针对性的指导。

1. 加强家庭家教家风建设，创建民主和谐的家庭关系

家庭在国家发展、民族进步、社会和谐中具有基石的作用，中小学生心理健康更是关系培养堪当民族复兴重任的时代新人的课题。因此，要重视家庭教育的方式方法，回答好家庭教育的时代新命题。调查结果发现，不良的家庭氛围和父母不良教养行为对中小学生心理健康具有负面影响，表现为较高比例的情绪问题和较差的积极心理品质。相比之下，父母支持可以促进中小学生心理健康的发展。因此，要引导家长树立科学的家庭教育观念，遵循素质教育理念和中小学生身心发展规律，加强品德教育，培养良好行为习惯，促进其全面发展。家长应注意观察孩子的情绪动态和行为变化，当发现孩子遇到困惑时，第一时间进行疏导，给予尊重和理解，给予关心、支持和引导，让孩子能够有效宣泄不良情绪，在言传身教中帮助孩子形成美好心灵、健康人格。此外，调查结果发现，父母冲突高、亲子冲突高的中小学生的心理健康水平较差。因此，父母不仅要意识到夫妻关系对中小学生的影响，积极建设和谐温馨的家庭关系，同时还要多陪伴子女，注重积极的亲子互动，加强家庭的情感纽带，发挥潜移默化的道德启蒙作用。

2. 塑造积极的家庭教育观，给予孩子合理的期望和压力

父母是孩子心理发展最重要的资源，是心理健康发展的起点。父母望子成龙、望女成凤的思想加之学业成绩在中国的重要性导致其对子女过高的期望和压力。调查结果发现，过高的父母期望和过多的父母施压增加了中小学生心理健康风险。因此，要引导家长转变教育观念，加强亲子沟通，保持合理的期望和压力水平。一方面，要引导父母改变自己"唯成绩论"的观念

与思想，树立全面发展的成才观，充分考虑孩子的能力水平、兴趣爱好，以及家庭可以提供的学习资源和学习环境，给予孩子适当的期望和压力，促进孩子健康成长。另一方面，要引导父母加强与孩子的沟通交流，主动询问孩子自我教育期望，尊重孩子的个性发展。

3. 健全学校家庭社会协同育人机制，形成强大的教育合力

家庭是孩子发展的关键环境，不同家庭风险因素的累积对个体心理健康产生的影响要远大于单一风险因素的影响。调查结果发现，随着家庭风险因素数量的增加，中小学生心理健康的水平随之表现出"梯度效应"，即每减少一个家庭风险因素都能够增加具有良好心理弹性的学生比例和减少有情绪问题的学生比例。因此，家长要以身作则，言传身教，减少家庭矛盾和亲子冲突，营造良好的家庭氛围，从而促进中小学生的健康成长。此外，家庭教育应该与学校教育、社会教育等多方进行联动，增强协同育人共识，积极构建学校家庭社会协同育人新格局，共同守护中小学生心理健康发展。一方面，充分发挥社会力量，服务全面育人。充分利用"互联网+"的优势，搭建全国性科学权威的公益性宣教平台，在全社会树立正确的教育观和成才观，向家长普及儿童青少年的成长规律以及传达正确的家庭教育理念和教育方法。另一方面，发挥学校协同育人主导作用，丰富家庭教育指导服务方式。学校应完善学校家庭教育指导的制度建设和运作机制，如建立健全学校家庭教育指导委员会、家长接待日等制度；组织开展形式多样的家庭教育实践活动，积极宣传科学教育理念、重大教育政策和家庭教育知识。学校应创新和丰富服务形式，如定期家访以提供更有针对性的指导；在校报设立专栏分享家庭教育经验或提出家庭教育问题等。

4. 持续开展全国家庭教育状况调查，提高家庭教育工作的科学性、专业性

《关于指导推进家庭教育的五年规划（2016~2020年）》明确指出要"建立科学的监测评估制度"，"建立第三方评估等监测评估机制，对规划实施情况进行有效监测评估"。持续开展全国家庭教育状况调查有助于科学、准确、及时"把脉"全国家庭教育的状况和存在的问题，为家庭教育的精细化管理、提升科学管理水平提供重要支撑。因此，要形成动态监测网络机制：国家和省依托教育质量监测，监测全国中小学生的家庭教育状况；区县和学校要以心理健康的提升和家长家庭教育能力的提升为衡量标准，对家庭教育支持和指导的各项工作进行有效的评估。通过评估了解全国家庭教育状况，发现家庭教育指导工作中的问题，从而提升我国家庭教育水平，为中小学生的心理健康保驾护航。

B.6
中小学生科学素养抽样调查
和教育评估报告

肖 燕*

摘 要: 落实党的二十大科教兴国战略,中小学阶段是培养科学素养的最佳时期。"青少年科技素养提升计划"调查显示:科学课程有助于学生掌握"科学原理"知识,有助于学生形成对科学和技术的正确认识,有助于学生形成对迷信(非科学)的正确认识,使学生更加喜爱科普活动。开展科学教育的困难主要表现为师资紧缺、与学校课程存在冲突。为进一步做好科学教育工作,本文提出建议:坚持科学教育的本质是培养创新能力的理念;科学教育要兼顾培养创新人才与地域的均衡发展;建立完善科技创新人才培养协调机制,调动社会各种力量做好科学教育;整合多方面资源,为开展科学教育提供必要的资源支撑;加强科学教育师资队伍建设;完善科学课程建设,明确其在中小学课程体系中的地位。

关键词: 中小学生 科学素养 科学教育

进入新时代的中国,对于加强青少年科学教育、培养青少年科技创新能力,提出了更新更高的要求。

习近平总书记多次强调科技创新、加强创新人才培养的重要性。党的二

---

* 肖燕,中国青少年科技中心副研究员,主要研究方向为科学教育、青少年创新人才培养。

十大报告指出："我们要坚持教育优先发展、科技自立自强、人才引领驱动，加快建设教育强国、科技强国、人才强国，坚持为党育人、为国育才，全面提高人才自主培养质量，着力造就拔尖创新人才，聚天下英才而用之。"为我国科学教育高质量发展指明了方向。

青少年科学教育任重道远，本文对我国科学教育的一些基本问题和现状做一番梳理，以期进一步做好青少年科学教育工作。本文主要依据材料是"青少年科技素养提升计划"调研报告。2019 年 1 月，中国下一代教育基金会与中国平安集团共同发起"青少年科技素养提升计划"，以社会公益的形式向农村小学捐赠教材、教具，支持学校开展科技教育活动。2021 年 7 月至 8 月，"青少年科技素养提升计划"调研项目组在甘肃、广西、贵州、河南、江西、内蒙古、云南、重庆 8 个省（自治区、直辖市）发放"青少年科技素养提升计划"学生抽样调查问卷，调研对象是毕业班在读的小学生。共计发放问卷 1000 份，回收有效问卷 810 份。其中，420 份来自已有 2 年学习"青少年科技素养提升计划"课程经历的小学生，390 份来自未学过该课程的小学生。

一 提高青少年科学素养是我国科教兴国
战略的重要举措

科技创新在国家发展中的作用越来越重要。实现中国梦，需要更多更高水平的创新人才。培养创新人才的根本则在教育的发展，正如习近平总书记所指出的，教育、科技、人才三者紧密联系，缺一不可。大力提倡科学教育，提高公民尤其是广大青少年的科技素养，是国家实施科教兴国战略的重要组成部分。

（一）提高科技人才的国际竞争力成为世界趋势

自 20 世纪 80 年代开始，世界形势发生重大变化，多极化、全球化、信

息化趋势不断加强。综合国力的提升，主要体现为科技的发展。有鉴于此，以提高科学素养为目标的教育改革，得到各国政府的高度重视，并采取多种措施加以推进。美国首先提出科学、数学、工程和技术（STEM）教育一体化的计划，STEM教育由此兴起。受美国影响，其他西方发达国家如英、法、日、加等加强科学教育的计划也陆续提出，加快进行青少年科学教育改革成为世界共识。

从世界范围来看，STEM教育成为科学教育改革的重要推动力量。科学教育的重要内容，就是贯彻STEM教育理念、探索STEM教育方法、开拓STEM教育途径。在科学教育中，各国都将青少年作为关注的主要对象，都非常重视义务教育阶段的科学素养教育，特别是提高包含幼儿及小学、初中、高中和大学学生在内的儿童青少年群体的科学素养教育水平。

（二）提升青少年科学素养是我国社会发展的必然要求

国务院《全民科学素质行动规划纲要（2021-2035年）》对我国科学素养的发展设定两项目标：一是数量上的增长。公民具备科学素养的比例到2025年达到15%，到2035年达到25%。二是分布上的均衡。各地区、各人群科学素养发展不均衡现象逐步得到改变。同时强调："要实施青少年科学素养提升行动，培育一大批具备科学家潜质的青少年群体，为加快建设科技强国夯实人才基础。"

儿童和青少年，是包括学龄前儿童、中小学生、大学生在内的群体。将青少年科学素养提升放在公民科学素养培养的首位，提升我国青少年的科学素养，对于学生的未来、对于全民科学素养的普遍提高、对于中华民族的整体素质提升，都具有重要的意义。

科学素养的本质是创新意识和创新能力。要实现上述目标，科学教育理念和科学课程改革，特别是STEM教育课程的融入，为我国的科学教育发展提供了新的契机和思路。转变观念，开展高水平的科学教育，已成为当前我国人才战略的重要任务。提升青少年科学素养，也是优化我国人力资源结构和质量、增强国家竞争力的紧迫要求。

（三）中小学阶段是培养学生科学素养的最佳时期

将提升未成年人科学素养作为公民科学素养行动的重中之重，不仅是出于国家发展战略的考虑，更有心理学和教育学的依据。

小学《科学课程标准》指出：在小学阶段，儿童对周围世界有着强烈的好奇心和探究欲望，他们乐于动手操作，这是培养科学兴趣、体验科学过程、发展科学精神的重要时期。

心理学研究表明，义务教育阶段是学生个体素质形成的决定性阶段，是学生探索自己的内心世界、自我发现的阶段[1]。此时学生的个性发展未受到过多的约束，自由活跃而独特。学生的问题解决模式充满想象而不僵化，思维方式灵活发散而不固定。这一时期，学生形象思维占据主导，想象力发达，具有无限的创造潜力。因此，义务教育阶段是学生创新能力发展的黄金时期。此时期科技创新素质的开发程度、发展水平，对于将来能否成长为科技创新人才，有着不可忽视的影响。

从教育学观点来看，任何素质的养成，都是长期学习、不断积累、潜移默化的结果。公民科学素养的养成，也绝不是一朝一夕之功。所以需要从小抓起，从未成年人抓起。我们常说对孩子的教育不能输在起跑线上，如果从创新人才培养的这个角度来看，这种说法是有道理的。因为如果没有中小学时期为创新素质养成打下的基础，创造性人才的培养就成了无源之水、无本之木。

创新素质是创新人才所具有的素质，以学习思维能力（包括抽象思维能力、形象思维能力、直觉思维能力、批判性思维能力）和知识理解为基础，以创造性（包括创造性思维和创造性人格）为核心。我们中小学的学校教育有时过于看重成绩，强调训练式的教育，忽视了教育当中最重要的创新素质的培养。历史早已证明，训练式教育会禁锢人的思维，造成学生的创新素质发展相对滞后，不利于培养有创造

---

① 林崇德、刘春晖：《创新人才的成长规律与培养模式》，《中国教师期刊》2012年第17期。

力的人才。这是我们长期不能解决"钱学森之问"的主要根源所在，也是目前西方国家能够对我国在高科技领域"卡脖子"进行围堵的症结所在。

因此，科学教育改革，就是要抓住中小学阶段这个创新人才成长的最佳时期，培养更多的有创造力的人才。

二　我国青少年科学素养的现状评估

（一）青少年科学素养的发展态势良好

我国青少年科学素养的发展，主要表现在对科学常识判断的正确率总体上有较大幅度的提升上，青少年科学素养发展态势良好。青少年对探求科学知识保持了比较高的积极性，求知欲比较强。这符合我国青少年身心发展的实际，同时也与社会发展的预期保持了较高的一致性。

据中国科协的相关调研，我国青少年的科学素养总体处在中等以上（一般化以上）的水平，20%左右的青少年有好的科学素养。24.55%的青少年认为自己有好的科学素养。19.68%的中学老师认为青少年有好的科学素养。22.55%的家长认为青少年有好的科学素养。15.09%的中学校长、德育干部、小学校长认为青少年有好的科学素养。青少年对自身科学素养的评价在"较好"及以上的比例总和为70.33%，较之于成年人群体自我评价的比例要高出许多，青少年对自身的科学素养比较自信。

"青少年科技素养提升计划"科学教育项目效果显著。项目数据反映了科学课程的学习对学生的影响，是评估西部地区青少年科学素养状况的重要依据，也是评估我国青少年科学素养整体状况的重要参考（见表1，下文数据均来源于"青少年科技素养提升计划"调研）。

表1　青少年科技素养提升计划调研对象

单位：人，%

变量	具体指标	频次	占比
性别	男	375	46.3
	女	435	53.7
民族	汉族	605	74.7
	其他民族	205	25.3
省份	甘肃	60	7.4
	广西	120	14.8
	贵州	90	11.1
	河南	180	22.3
	江西	60	7.4
	内蒙古	60	7.4
	云南	120	14.8
	重庆	120	14.8
学制	六年制	739	91.2
	五年制	71	8.8

1. 参加学校科学课程有助于青少年掌握"科学原理"部分的基本知识

数据表明，参与"青少年科技素养提升计划"课程与未参与的学生在"科学原理"部分的得分差异显著，参加者得分较高。如图1所示，在10分及以上的分数段，参加课程学习的学生比例比未参加的高出14.9个百分点，尤其在满分段，参加该课程学习的学生人数比例是未参加的2倍多。

科学课程中，学生学习的主要内容之一就是科学知识，科学知识体现为科学概念或对科学原理的理解和运用。数据反映，科学课程对科学教育的性质和目标理解透彻、把握准确，学生能够较好地理解和掌握科学概念、科学原理的实质，科学素养因此提升。STEM学习过程的特点，就是明确问题、设计问题解决方案、依据设计方案学习相关知识，最终解决问题。在这样的教育过程中，学生通过STEM教育实践机制，能够更好地理解和运用核心概

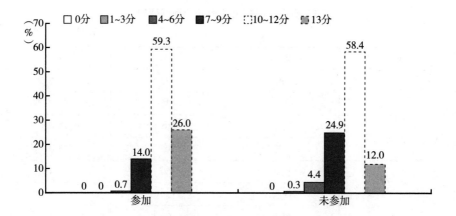

图1 "青少年科技素养提升计划"课程不同参与
情况下的"科学原理"测试得分

念和原理，同时将其内化为自己的能力，为创新提供直觉的基础。这种教育方式区别于传统单纯的理论灌输式的教育，它强调概念的运用、实际操作和社会实践活动，重视培养参与者在学习过程中主动探究的能力，强调学生的主观能动性。

2. 参与"青少年科技素养提升计划"课程学习的学生更容易形成对科学和技术的正确认识

数据表明，参与"青少年科技素养提升计划"课程学习的学生容易形成对技术的正确判断。如图2所示，关于青少年对"技术使我们的生活更美好"的认同，参与课程的比未参与课程学习的学生高6.3个百分点；对"技术的进步使我们的交流变得更便捷"的认同方面，参与的比未参与的高5.8个百分点；对"化学农药的过量使用，会造成环境的破坏"的认同方面，参加的比未参加的高3.5个百分点。

数据反映出，科学课程可提升学生对科学技术就在身边的理解。STEM教育不仅能够培养学生的科学研究能力，使其掌握学习方法、深刻理解科学的本质，也强调知识内容贴近于学生的日常生活，调动学生的学习兴趣，从而提高学生的科学素养。

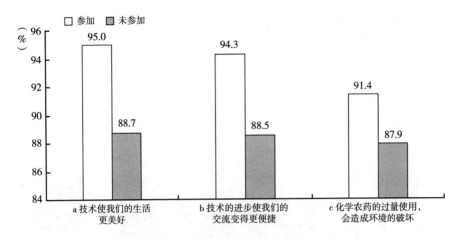

图2 "青少年科技素养提升计划"课程不同参与
情况下学生对有关技术说法的赞同情况

3.参与"青少年科技素养提升计划"课程学习的学生更容易形成对迷信
（非科学）的正确认识

一般来说，对于迷信（非科学）说法的态度可以从侧面展现青少年的
科学态度，对迷信（非科学）说法赞同度越低，则科学态度越正向。相关
调查数据显示，参与科技素养提升课程的青少年比未参与者更能辨识和反对
迷信（非科学）的说法。如图3所示，参加科技素养提升课程的比未参加
的青少年，赞同"星座决定性格"的比例低16.8个百分点，赞同"手机尾
号选择6和8很吉利"的比例低12.8个百分点，赞同"姓名和生肖八字决
定命运"的比例低12.3个百分点，赞同"面相、手相可以预测运势"的比
例低10.7个百分点，赞同"遇到问题，求神拜佛可以解决"的比例低3.8
个百分点。

数据反映出，科学教育和人文教育相结合更能体现科学教育的功效。科
学课程引导学生不局限于科学本身，不仅关注学生科学精神的培养，同时还
对学生情感态度与价值观进行塑造，促使学生个性化发展。从科学教育发展
的实际过程来看，中小学科学教育内容的范围不断得到拓展，其内容紧跟科
学、技术和社会的发展，具有鲜明的时代性。这些教学内容来源于生活，富

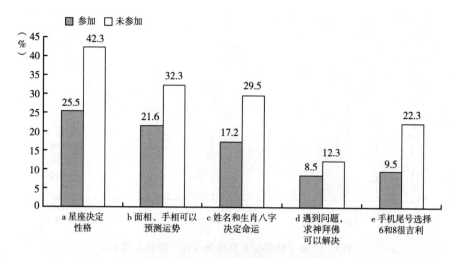

**图3 "青少年科技素养提升计划"课程不同参与情况下学生
对迷信说法的态度**

有特色,这能保障 STEM 课程多视角、多维度的特色,使学生获取的知识也更加全面,学生面对生活中各种困惑时,也更富有科学眼光。

4. 参与"青少年科技素养提升计划"课程学习的学生更加喜爱科普活动

数据显示,参与"青少年科技素养提升计划"课程学习的学生对科普活动的喜爱程度更高,无论是表示喜欢("非常喜欢"和"比较喜欢"的总和)的比例还是非常喜欢的比例都相对较高。其中,参与课程学习者喜欢"上科学课"的比例是98.5%,未参与者的该比例是93.8%,相差了4.7个百分点。参加者中表示非常喜欢的比例为59.0%,比未参加者高了22.6个百分点(见表2)。

**表2 "青少年科技素养提升计划"课程不同参与情况下学生对
"上科学课"的喜欢程度**

单位:%

是否参加了青少年	对"上科学课"的喜欢程度				合计
科技素养提升课程	非常喜欢	比较喜欢	不喜欢	讨厌	
是	59.0	39.5	1.5	0	100
否	36.4	57.4	5.4	0.8	100

数据反映出，科学课程极大提升了学生对学习科学的兴趣。如今的社会，科技高度发展，极大地改变了人的生活。科技发展给人们生活带来各种便利，同时也造成了信息泛滥、环境污染等问题和困扰。这种形势下，中小学科学教育活动更加注重科学、技术与社会之间的联系，极大地开阔了学生的视野、增长了学生的见识，因而受到学生普遍欢迎。

数据显示，参加青少年科技素养提升课程的青少年喜欢"做科学实验"的比例是99.0%，比未参加者高了5.4个百分点。其中，参与课程学习者中表示非常喜欢的比例为76.2%，比未参加者高了11.6个百分点（见表3）。

表3 "青少年科技素养提升计划"课程不同参与情况下
对"做科学实验"的喜欢程度

单位：%

是否参加了青少年科技素养提升课程	对"做科学实验"的喜欢程度				合计
	非常喜欢	比较喜欢	不喜欢	讨厌	
是	76.2	22.8	1.0	0	100
否	64.6	29.0	5.4	1.0	100

数据反映出，兴趣是最好的老师。科学实验对小学生来说，充满了吸引力。STEM课程中，做实验是解决问题的基本方式。指导学生针对问题设计学习和实验方案，通过动手实验观察现象、发现联系、深入思考、寻找答案。通过对科学课程内容的学习与探究，学生获取信息、处理信息、运用所学知识与方法探究问题的能力得到显著提升。

数据显示，参加了青少年科技素养提升课程的青少年，喜欢"参观科技博物馆"的比例是97.4%，比未参加的高1.5个百分点。其中，参加者中表示非常喜欢的比例为78.1%，比未参加者高了10.7个百分点（见表4）。

表4 "青少年科技素养提升计划"课程不同参与情况下学生
对"参观科技博物馆"的喜欢程度

单位：%

是否参加了青少年科技素养提升课程	对"参观科技博物馆"的喜欢程度				合计
	非常喜欢	比较喜欢	不喜欢	讨厌	
是	78.1	19.3	2.4	0.2	100
否	67.4	28.5	3.3	0.8	100

数据显示，参加了青少年科技素养提升课程的青少年，喜欢"参加各类科普活动"的比例是95.7%，比未参加的高7.0个百分点。其中，参加者中表示非常喜欢的比例为67.1%，比未参加者高了21.7个百分点（见表5）。

表5 "青少年科技素养提升计划"课程不同参与情况下学生对
"参加各类科普活动"的喜欢程度

单位：%

是否参加了青少年科技素养提升课程	对"参加各类科普活动"的喜欢程度				合计
	非常喜欢	比较喜欢	不喜欢	讨厌	
是	67.1	28.6	3.6	0.7	100
否	45.4	43.3	9.7	1.5	100

数据反映出，科学课程有利于多种形式的科普活动的开展。有了科学课程的基础，学生对参观科学博物馆、科技馆，参加科学夏令营，参观高校科学实验室，参加科普剧展演等都有了主动性和积极性，科学素养的孕育自在其中。科普活动是科学教育重要组成部分，学习了科学课程，对科学了解得多，就越喜欢参加科普活动，科学教育是大有可为的。

数据显示，参加青少年科技素养提升课程的青少年，喜欢"和家长、老师、朋友谈论有关科学技术话题"的比例是91.4%，比未参加的高8.1个百分点。其中，参加者中表示非常喜欢的比例为51.4%，比未参加者高了 19.9 个百分点（见表6）。

本题数据反映出一个重要问题：在学生科学素养的提升方面，家长、教师、社会环境都可发挥重要作用。谈论科学技术话题，是对所学的科学知识的自然运用，是学生科学素养提升的体现。

表6 "青少年科技素养提升计划"课程不同参与情况下学生对"和家长、老师、朋友谈论有关科学技术话题"的喜欢程度

单位：%

是否参加了青少年科技素养提升课程	对"和家长、老师、朋友谈论有关科学技术话题"的喜欢程度				合计
	非常喜欢	比较喜欢	不喜欢	讨厌	
是	51.4	40.0	6.0	2.6	100
否	31.5	51.8	13.6	3.1	100

从这几组数据我们可以清楚看到，参加科学课程和未参加科学课程学习的同学相比，在对科学原理的理解、对科学的态度等方面，表现出明显的差异。学生通过对"青少年科技素养提升计划"课程的学习，可从自然、社会等不同的角度更加科学、全面地认识世界、理解世界，从而树立正确的世界观、价值观。

（二）开展青少年科学教育面临的困难和问题

调研项目组进行学生抽样调查的同时发放了"'青少年科技素养提升计划'校长/教师参与情况调查问卷"，共发放问卷53份，回收有效问卷53份，旨在从多角度了解科学教育面临的困难和问题。

1. 科学教育师资紧缺问题最严重

尽管"青少年科技素养提升计划"课程受到了家长、学生、校长和教师的广泛好评，但是在推行过程中仍然存在一定的困难和问题。如表7所示，88.7%的教师认为在"青少年科技素养提升计划"课程落地过程中存在师资紧缺、任课老师教学压力大、精力不足的问题；73.6%的教师认为存

在学校没有专职的科学老师问题；分别有 49.1%、33.9%、32.1%、11.3%、11.3%的教师认为存在缺少资金支持，学生课业压力大、时间和精力不足，校舍硬件条件限制，上级部门的重视程度不足，难以调动教师积极性的问题。

表7 "青少年科技素养提升计划"课程落地过程中遇到的困难

单位：次，%

课程落地过程中遇到的困难	频次	占比
学校没有专职的科学老师	39	73.6
师资紧缺,任课老师教学压力大,精力不足	47	88.7
难以调动教师积极性	6	11.3
学生课业压力大,时间和精力不足	18	33.9
缺少资金支持	26	49.1
上级部门的重视程度不足	6	11.3
校舍硬件条件限制	17	32.1
其他	0	0

调查结果显示，目前我国科学教育遇到的困难还比较多，我们对此做一简单分析。一是从领导方面来看，科学教育受到了重视，这是很可喜的现象。二是物质条件较差。包括校舍条件、资金不足，开展活动缺乏空间和设备，这也是应引起领导重视的问题。三是科学活动的主体方面，学生尽管对科学活动有兴趣，但考试压力很大，参加科学活动的时间和精力不足，影响了活动的效果。四是师资问题。专职科学教师缺乏，兼课教师需要应付升学压力，这是影响中小学科学活动开展最大的制约因素。

2. 科学教育与学校课程之间存在冲突

结合学校"青少年科技素养提升计划"课程落地情况，调查校长和教师更愿意采用的进一步推进方式后发现，90.6%的教师认为应结合相关学科（科学/信息技术等）融入式实施课程，比例最大；75.5%的教师认为应利用活动课、劳动课等，开设专门的科技素养提升课程；66.0%的教师认为应以兴趣活动班的方式开课；54.7%的教师认为开展学校科技节、科技周活动，及采取家校合作等方式更合适；只有9.4%的教师认为应利用午自习、晚自习、班会的时间开设科学课程（见表8）。

可以看出，教师们普遍认同与既有的学科课程培养体系相结合的方式，但也明显存在科学课程与学校已有课程之间的矛盾。

表8　教师/校长对"青少年科技素养提升计划"后续课程落地方式的认同情况

单位：次，%

课程落地方式	频次	百分比
结合相关学科（科学/信息技术等）融入式实施课程	48	90.6
利用活动课、劳动课等，开设专门的科技素养提升课程	40	75.5
利用午自习、晚自习、班会的时间开设科学课程	5	9.4
以兴趣活动班的方式开课	35	66.0
学校科技节、科技周，家校合作等其他合适的方式	29	54.7
其他	0	0

调查反映出的实质性问题，是科学课程的地位问题。第一，利用午自习、晚自习、班会时间开设科学课程，显然是不合适的。第二，与兴趣活动班相结合，是一个很好的设计。科学课程应面向全体，但更应面向那些对科学有浓厚兴趣、在科学方面有创新潜质的同学。第三，与某些课程（如信息、数理化、劳动课等）相结合，也是一种常见的落实科学课程方式。第四，科学课（STEM）能否作为一门课程独立存在于中小学课程体系中？对此尚需要进一步探讨和研究。

三　进一步做好青少年科学教育的建议

教育部门、各级科协和社会力量紧紧围绕党和国家的工作大局，以国家创新驱动发展战略、人才强国战略、素质教育为依托，致力于青少年科学素养的提升工作，取得了值得肯定的成绩。科学教育不是某个特定的具体问题，而是一个系统的、综合性的问题，涉及从理念到方法、从构想到落实、从学校到社会等各个方面。针对科学教育实践中存在的困难和问题，为落实

党的二十大"实施科教兴国战略,强化现代化建设人才支撑"重要精神,进一步做好科学教育工作,本文提出如下建议。

(一)坚持科学教育的本质是培养创新能力的理念,使科学教育真正发挥应有作用

1.把培养创新能力作为最根本的原则

科学教育的重点不在于知识的传授,而在于运用所学解决问题。科学课程最能体现探究学习、发现学习、合作学习等新理念,切忌把科学课程变为讲授、测试的模式,必须把培养创新意识、创新能力作为科学课程最根本的原则。

2.按照科学和教育的本质与规律来培养人才

中小学开展科学教育,应按照科学和教育的本质与规律来培养人才,转变价值观念,从过去只追求科学教育的生产力价值,转变为追求科学教育的综合价值,从只重视科学知识、技能的传授转变为全面理解、认识和运用科学,以发展学生核心素养为目标,培养全面发展的人。

3.科学教育需用科学的方法

科学教育的方法,是以学生为主体,注重学生探究问题和解决问题。明确问题、提出解决方案是关键的一步,这是科学教育与其他学科的不同之处。完整的探究式学习,才是符合科学规律的高水平的学习。这对于广大教师来说,是一个根本性的观念转变和有相当难度的自我跨越。

(二)科学教育要兼顾拔尖人才的培养和全体科学素养的提升,要兼顾地域的均衡发展

我国公民科学素养存在显著的地区性差异,城乡、区域发展不平衡,特别是农村儿童的科学素质较为薄弱。为此中国科协积极推进科技支撑乡村振兴公益行动——"送科技教育服务"专项活动,点亮了乡村青少年的科学梦。"青少年科技素养提升计划"项目面向西部农村,民族地区和革命老区的农村学校,涵盖27个省(自治区、直辖市)1039所农村小学。科学教育

要兼顾地域均衡发展,这是一项长期的工作,对于提升整体国民科学素养必不可少。

(三)建立、完善科技创新人才培养协调机制,调动社会各种力量做好科学教育

1.创新校内外科学教育的动力机制和管理机制

营造一个全社会共同参与的、一体化的教育环境,促进教育研究者与实践者协同合作。科学教育的具体实施不是学校专有的任务,政府、社会各界及学生家长对科学教育要有更多的关心、关注和参与。形成常态化的协同育人机制,构建多主体共同投入、协同参与的"大科学教育"格局。

2.动员企业等社会力量支持科学教育

为供给 STEM 教育所需要的设备、资金和指导教师,发达国家已经建立企业支持中小学开展科技活动的机制。企业和社会力量,应成为科学教育的重要组成部分。应建立企业支持中小学开展科技创新活动的机制,为科技创新人才的培养提供保障。

3.加强科教合作

建立起科技专家和科学教师之间的纽带和桥梁,从单纯的科学家和科学教师两者之间的合作,扩大为科学界和教育界多个部门和力量的整合运作,探索校内外科技内涵发展的基本模式。

(四)整合多方面资源,为开展科学教育提供必要的资源支撑

1.开发科学教育资源

充分利用科技馆、博物馆等科普设施,通过大众传媒播放科普动画片、专题片等,为青少年创造丰富多彩的科技教育环境。中国科协在开发资源方面做了很多工作,如升级科技装备和提升实验包质量,保证科学教学器材可循环利用;如联合国家天文台、贵州射电天文台、陕西师范大学,共同研发适合中小学科学教育的可视、可组装、可互动 FAST 全

真动态模型。

2. 高校或者科研院所应更多参与中小学科技拔尖创新人才培养

科学教育重视研究性学习、综合实践活动等，但许多科学教师的素质及条件不足以指导学生开展高水平的研究活动。大学和科研机构有很多研究平台和设备，有从事研究工作的教师和研究人员，将这些资源用于中小学生的研究活动，是发达国家的主要做法。在我国也有成功的实践，如陕西高校与中学联合培养创造型人才的"春笋计划"、北京市的"翱翔计划"等。建议国家建立高校或者科研院所参与中小学科技拔尖创新人才培养的机制体制。

3. 成立校外青少年科学工作室

组织开展校外科学探究和科技实践活动，既可以吸引青少年在课余时间参加有益的探索性活动，又可利用自身设备向社区其他公众传播科学知识，还可通过活动的影响力争取社会各界对校外青少年科普工作的支持和投入。

（五）加强科学教育师资队伍建设是科学教育的首要任务

1. 科学教育成效取决于师资

"青少年科技素养提升计划"调查也凸显了师资的重要性，师资成为制约科学教育的关键因素。科学教师队伍存在学科背景不匹配、人数严重短缺、培训内容不深刻不丰富的问题，亟待加以解决。

2. 科学教育师资培训方式

2022年7月，教育部协同中国科学院、中国工程院、中国科协等多家单位启动了首次"全国科学教育暑期学校"，致力于科学教师培训。开发优质课程资源，组织开展线上线下科技辅导员培训，突出了科技活动策划、组织能力及动手实践能力。

（六）完善科学课程建设，明确其在中小学课程体系中的地位

科学课程与原有课程必然会发生冲突，这样就无法保证学习时间，"青

少年科技素养提升计划"调查也凸显了这个矛盾。要为 STEM 找准课程定位，使其能普遍地进入学校。

1. 跨学科融合

在当前课程已经相当满、学业负担相当重的背景下，要单独开设 STEM 课程是相当困难的。目前比较现实的方案是"跨学科融合"——联合语、数、理、化、艺术等学科共同开发 STEM 课程。这样既体现 STEM 课程的基本理念，也为它找到自然定位。

2. 丰富课程形式

国家和地方有关科技教育组织定期组织开展中小学生科技实践大赛，促进各地学校的 STEM 教育的普及。学校可以利用课余时间把项目作为专项活动、专项项目开展，学校可将项目定为地方课程、校本课程或社团等课外活动。

3. 编撰适合青少年学习的科技读本

科学课程最重要的依托是教材。引进的 STEM 教材，需要和我国实际相结合，才能发挥更大作用。"青少年科技素养提升计划"项目所提供的科技读本、教具是由顾建军教授带头编写和设计的，包含人工智能、生命科学、智能制造、航空航天及农业科学五个方面。"计划"的课程目标、课程特色、课程计划与国家课程衔接紧密[1]。希望更多专家参与进来，编写出更多符合我国科学教育实际的高水平教材、读本。

---

[1] 何沛苁：《三年补短板这个计划为乡村学生插上科技"翅膀"》，环球网。

专题篇
Special Topics

B.7
中国儿童用品伤害监测体系
及安全分析报告

王琰 梁瑞 袁北哲 等*

摘 要: 儿童用品是我国产品伤害监测中一类重要产品,关乎儿童的健康
发展。儿童用品伤害监测不仅是减少儿童身体伤害、不断增强儿
童安全感的重要途径,也是提升儿童用品生产企业产品安全意识

---

* 王琰,工学博士,中国标准化研究院产品安全研究所(国家市场监督管理总局缺陷产品管理
中心)所长,正高级工程师,主要研究方向为产品安全与召回、产品质量担保等,负责牵头
本报告内容组织策划及审核,具体写作伤害监测体系概述部分;梁瑞,博士,主要研究方向
为产品安全与产品设计,在本报告中负责写作国内现状部分;袁北哲,工程师,主要研究方
向为消费品安全与召回,在本报告中负责写作召回情况部分;徐思红,工程师,主要研究方
向为缺陷信息等综合数据分析,在本报告中负责写作缺陷线索报告部分;于晶,工程师,主
要研究方向为产品伤害监测数据统计分析,在本报告中负责写作伤害监测情况部分;郑杰
昌,工程师,主要研究方向为消费品安全与召回,在本报告中负责写作主要安全隐患部分;
姜肇财,工程师,主要研究方向为产品安全与召回、信息舆情分析,在本报告中负责写作舆
情分析部分;张晓瑞,工程师,主要研究方向为产品安全与召回理论研究,在本报告中负责
写作国外现状部分;宋黎,高工,主要研究方向为消费品安全与召回,在本报告中负责写作
宣传教育部分;江跃,工程师,主要研究方向为消费品安全与召回,在本报告中负责写作问
题及建议部分。本文作者均来自中国标准化研究院产品安全研究所。

和产品安全水平的重要措施。本报告从儿童用品伤害监测体系概述和国内外儿童用品伤害监测现状等方面对儿童用品伤害监测体系做出深入的分析，并从儿童用品舆情信息、缺陷线索报告、伤害监测情况和召回情况等方面对儿童用品召回现状进行阐述。同时提出儿童用品主要安全隐患和儿童用品安全宣传教育，并有针对性地提出儿童用品安全监管面临的主要问题及建议。积极建设儿童友好的产品安全环境，推动儿童产品安全质量提升，进而更好地保障我国儿童健康成长。

关键词： 　　儿童用品　　伤害监测　　质量安全

一　儿童用品伤害监测体系

产品伤害是指消费者使用或消费各类产品造成的各种伤害的总称。产品伤害不仅会伤害消费者，也会消耗社会资源，特别是会给儿童、老人、残障人士等弱势群体带来风险，已成为全球最为关注的市场风险和公共安全问题之一。美国每年因消费品事故造成的社会成本超 1 万亿美元。当今儿童生活在大量儿童用品环境中，儿童用品伤害成为影响儿童安全的主要风险。[①]

与成人相比，儿童在体型、发育、视力、听力和风险感知方面受到限制，因此更容易受伤。美国、欧盟、日本、澳大利亚等发达市场经济体多年实践证明，产品伤害监测作为产品安全监管工作中重要的基础保障，是提高政府监管部门产品安全监管能力、减少消费者人身伤害、提升企业产品安全意识和产品安全水平的重要制度性措施。在有关产品安全和消费者保护法律法规的基础上，各国及地区均建立了产品伤害监测与预防干预体系，形成了

---

① Gururaj G. , Injury Prevention and Care：An Important Public Health Agenda for Health, Survival and Safety of Children. *Indian Journal of Pediatrics*, 2013, 80（1）：100-108.

完备的产品安全监管法律体系。因此，在产品伤害监测与预防干预体系基础上建立儿童用品伤害监测体系具有重要意义。

（一） 儿童用品伤害监测体系概述

1. 定义范围

儿童用品伤害是指儿童在使用产品过程中造成的各种伤害的总称。如锐利边缘割伤、烫伤、烧伤等。儿童用品伤害与儿童用品相关，但并非所有儿童用品伤害都是因为用品不合理危险导致的，主要原因还是与儿童的认知水平、使用环境、意外事件等有关。儿童用品伤害监测体系包括儿童用品伤害监测信息采集、深度调查和分析以及预防干预。通过分析与儿童用品相关伤害事故的总体数量、分布特征与变化趋势，了解事故发生方式与原因，为评估儿童用品安全状况、制定儿童用品安全管理政策提供支撑，最大限度减少儿童用品伤害。目前，建立儿童用品伤害监测体系直接目的是发掘儿童用品可能在设计、制造、标识等方面存在的缺陷，为消费者购买和使用产品提供风险预警，同时为缺陷调查与产品召回的实施提供依据。

2. 工作意义

（1）从监管上强化情报线索。动态监测儿童用品安全状况，及早发现萌芽问题，尽早研判伤害原因，有针对性地开展监督抽查、执法检查、缺陷召回、事故调查等市场监管，提升事中事后监管的精准性和预判性。

（2）从源头提高儿童用品安全水平。有效监测由创新的不确定性和生产的波动性带来的质量问题和安全隐患。通过掌握产品伤害机理，引导行业改进儿童用品设计制造，提高过程控制能力，推动主产区质量提升工作，强化产品本身安全。例如，欧盟通过调查伤害数据库（IDB）中采集到的婴儿床床垫与床侧板间隙形成的空隙导致婴儿窒息死亡的事件，促使企业改进产品设计，提升了婴儿床本质安全水平。

（3）从消费端开展儿童用品安全宣传教育。针对儿童用品使用不当情况，对儿童和其监护人及时作出提示、标识和警示，引导儿童及其监护人安全使用，增强儿童自我保护能力。

（4）通过制度设计优化质量安全保障。国外一些产品安全制度、消费者权益保护制度的建立都是由产品伤害监测分析引发的。产品伤害监测分析在国际上也是对儿童用品安全监管法规、标准和措施的实施效果进行科学评估的重要手段。如：美国通过研究婴儿学步车跌下楼梯伤害案例，制定了更严格的产品安全标准，使得类似伤害明显降低。

（二）国外现状

美国、欧盟、日本、澳大利亚等发达市场经济体多年实践证明，产品伤害监测体系作为产品安全监管工作中重要的基础保障，是提高政府监管部门产品安全监管能力，减少消费者人身伤害，提升企业产品安全意识和产品安全水平的重要制度性措施。在产品安全和消费者保护法律法规的基础上，各国构建儿童用品伤害监测体系。

1. 较完备的儿童用品安全监管法律法规

美国消费品安全委员会（CPSC）通过多部法律规范儿童用品安全，其中《消费品安全法》（CPSA）对儿童洗澡凳、儿童床、儿童外套拉绳、儿童秋千等，《易燃纺织品法》对儿童睡衣，《联邦危险品法》对婴儿学步车、电动玩具、含铅儿童用品、填充娃娃、儿童靠垫、奶嘴，《防止有毒物质包装法》对儿童玩具矿物油等都做了详细规定指南。2022 年 10 月 19 日，CPSC 宣布了一项针对家具的强制性安全标准，要求对服装储存单元进行检测和贴标签，以减少由家具摇晃倾倒而造成的儿童伤亡。

欧盟制定实施了一系列专门针对单项消费产品的产品安全指令，如：对电器、机械、玩具、化妆品等一些有特殊安全需要的产品，制定有《关于报废电子电气设备指令》（2002/96/EC）、《欧盟玩具安全指令》（2009/48/EC）等。这些指令构成了欧盟产品安全法规体系的主体。

在澳大利亚，共对 41 种产品类别通过强制性标准进行监管，其中近 2/3 与儿童用品伤害有关。具有强制性标准的完整产品清单中包括 18 种儿童产品和 8 种一般产品，这些产品因对儿童构成的伤害而受到监管。

这些法律法规设立该法案的目的是保护儿童，防止他们受到由儿童用品

造成的不合理伤害，评估不同儿童用品的相对安全性，对消费品制定统一的安全标准，对与儿童用品相关的死亡和伤害原因及预防方法进行调查研究。[①]

2. 发达的儿童用品伤害监测系统

美国国家电子伤害监测系统（NEISS）是 CPSC 建立的负责信息收集活动最主要的系统，其主要信息源为医院急诊室伤害报告系统，并辅之消费品安全风险管理系统。目前的 NEISS 样本包括大约 100 个医院，分为五个层次，四个代表不同规模的医院急诊部门，第五个代表儿童医院的急诊部门。

加拿大建立儿童医院伤害调查与预防系统（CHIRPP），它基于全国 4 所综合性医院和全部 10 所儿童医院收集数据。CHIRPP 是一个通过询问方式收集伤害发生信息的系统，目前 CHIRPP 报告的伤害事件以每年超过 11 万条的速度增加。

3. 较高的产品伤害数据利用率

基于产品伤害数据，各国疾病控制中心、国家消防协会等多部门联合发布研究报告，以此推动消费者保护行动的发展和完善。

美国 CPSC 的工作人员通过溯及研究调查 NEISS 系统新的全路面车辆伤害并开展了多层次的研究，积极推动 CPSC、美国司法部和主要全路面车辆制造厂共同签署全路面车辆许可法。根据这一法令，不再销售新的三轮全路面车辆，全路面车辆分销商尽最大努力确保他们的代理商不向 16 岁以下儿童销售成人规格的全路面车。CPSC 依据产品伤害调查报告和伤害预防对策，科学、有效开展消费类产品安全宣传教育等工作，减少产品伤害的重复和大范围发生。例如 CPSC 在其官网进行"固定家具可防止翻倒事件"的安全教育活动。

---

① Vallmuur K., Lukaszyk C., Catchpoole J., Monitoring Injuries Associated with Mandated Children's Products in Australia: What Can the Data Tell Us? *International Journal of Environmental Research and Public Health*, 2018, 15: 2077.

（三）国内现状

经过十余年的发展，我国产品伤害监测取得了一定进展。儿童用品伤害监测体系依托于产品伤害监测工作体系，同时不断强化儿童用品伤害监测专业能力建设，支撑儿童用品伤害监测技术分析工作。儿童用品伤害信息在引发缺陷儿童用品召回、发布儿童用品伤害消费提示、支撑相关产品安全标准制修订、提出国家监督抽查计划建议、开展消费者安全教育等方面发挥了显著作用。

1.建立国家产品伤害监测点

我国产品伤害监测工作起步于 2007 年，借鉴国外成熟制度，国家市场监督管理总局联合卫生部门启动产品伤害监测研究工作。2008 年，在卫生部门建立的伤害监测系统中，选取了浙江省常山县、广东省深圳市 2 地 6 家医院，开展基于医院门急诊的产品伤害监测试点。2009 年，将试点范围扩展到 3 地 8 家医院；2011 年底，进一步扩大监测点至 11 地 32 家医院。截至 2022 年底，我国共有 17 个地区 56 家监测点医院。后续将继续在儿童医院等扩展试点，丰富儿童用品伤害的信息采集数据。

2.构建产品伤害监测技术支撑体系

国家产品伤害信息监测系统涵盖了 13 个产品大类，80 余个产品小类，300 余个产品名称，2.3 万余个产品别名。其中包括文教体育用品和儿童玩具及用品，为系统分析与儿童用品相关的伤害信息提供了可靠的数据支撑。初步搭建以哨点医院为主要信息来源，以消费者报告、网络舆论为补充信息渠道，以伤害深度调查、安全评估与预防干预为重点支撑的工作体系。

3.监测数据初步呈现一定规律性

2009~2022 年，共采集产品相关伤害信息 150 余万例，监测数据呈现逐年递增的趋势。从年龄组分布情况来看，0~4 岁儿童所占比例整体呈增长趋势，从最低的 4.71% 增长到 8.85%；5~14 岁儿童所占比例相对比较稳定，在 6.57%~9.70% 波动；15~24 岁年龄组所占比例整体呈现下降趋势，从最高的 22.03% 下降到 12.10%。

4.实施协同安全监管措施

基于产品伤害信息，支撑开展包括儿童用品童车、玩具等在内的产品缺陷调查 90 余次，召回 60 余次，发布消费提示 39 期。国家市场监督管理总局缺陷产品管理中心基于产品伤害深度调查，针对婴儿学步车台阶跌落问题、自行车快卸机构设计缺陷问题等 7 类产品提出标准修订建议，并作为专家组成员参与 ISO/PC310 儿童乘用车国际标准制定，为儿童用品市场监管的科学化、智能化提供了有依据、可探究、可分析的一线数据。

二 儿童用品召回现状

（一）缺陷线索报告

2008～2022 年底，国家市场监督管理总局缺陷产品管理中心（以下简称"中心"）共接到儿童用品相关的缺陷线索报告 367 条。从整体趋势来看，报告数量逐年快速增加，2022 年报告数量达到 141 条（见图 1）。

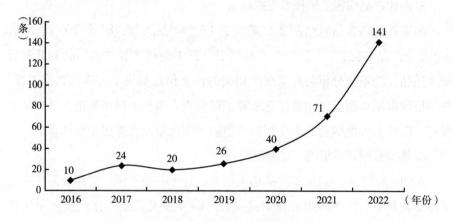

图 1　2016～2022 年儿童用品缺陷线索报告情况

资料来源：国家市场监督管理总局缺陷产品管理中心。

从涉及各类儿童用品的缺陷线索报告分布可以看出，缺陷报告量最多的产品依次是电子电器71次，占比19.35%；童车58次，占比15.80%；纸制品54次，占比14.71%（见图2）。

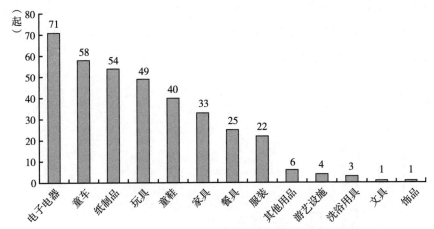

图2 2008~2022年各类儿童用品缺陷线索报告分布情况

资料来源：国家市场监督管理总局缺陷产品管理中心。

相关报告中，共有79起涉及伤害事件（见图3）。其中，最主要的是化学伤害，发生32起，占所有伤害事件的40.51%。其次是摔伤伤害23起，占比29.11%；以及割伤伤害15起，占比18.99%。

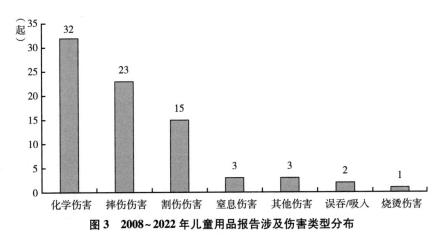

图3 2008~2022年儿童用品报告涉及伤害类型分布

资料来源：国家市场监督管理总局缺陷产品管理中心。

根据伤害涉及的产品种类划分（见图4），导致伤害最多的产品是纸制品，发生24起，占所有伤害事件的30.38%；其次是童车21起，占比26.58%；玩具9起，占比11.39%；家具8起，占比10.13%。其中，纸制品引发的伤害主要是化学伤害23起，占比95.83%；割伤伤害1起，占比4.17%；童车导致的21起伤害事故中有18起（占比85.71%）是摔伤伤害事故，另外3起分别是割伤伤害和窒息伤害。

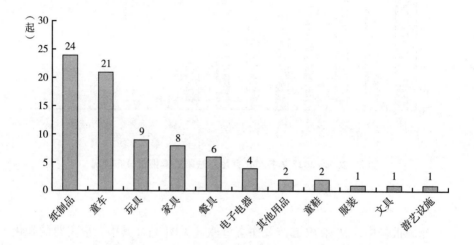

图4　缺陷线索报告涉及伤害儿童用品品类分布

资料来源：国家市场监督管理总局缺陷产品管理中心。

（二）舆情分析

2022年中心基于"玩具、童车、儿童床、童装、电话手表、奶嘴、床护栏、儿童滑板车、伤害"等关键词开展了舆情监测，2022年共监测到不同平台发布的相关舆情信息3075条。

其中，与玩具相关的信息最多，共有1153条，占总信息的37.50%；其次是儿童服装，相关信息有938条，占比30.50%；与童车相关的信息共有565条，占比18.37%（见图5）。

从伤害类别来看，割/划伤是本次舆情监测到最多的伤害形式，与割/划

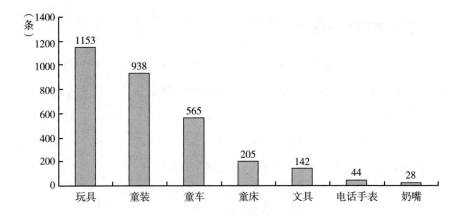

图5 舆情监测产品类别分布情况

资料来源：国家市场监督管理总局缺陷产品管理中心。

伤相关的舆情信息共有 636 条。此外，窒息和中毒相关伤害形式的舆情分别为 596 条和 505 条（见图6）。

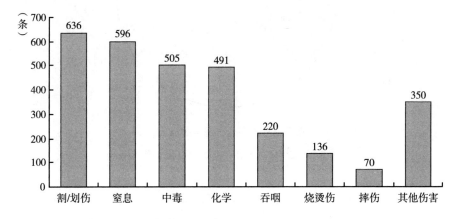

图6 舆情监测伤害类别分布情况

资料来源：国家市场监督管理总局缺陷产品管理中心。

从舆情监测信息来看，玩具、童装和童车是导致儿童受到伤害的主要产品；造成的伤害中，割/划伤、窒息、中毒和化学是儿童最容易受到的伤害类别。

（三）伤害监测情况

2022 年，中心共从 17 个地区 56 家哨点医院采集涉及儿童用品导致的产品伤害事件 1569 例。其中从伤害涉及人年龄性别来看，伤害涉及人依次是 0～4 岁的 993 例，占比 63.29%；5～14 岁的 416 例，占比 26.51%；15～18 岁的 10 例，占比 0.64%；19 岁及以上的 150 例，占比 9.56%（见图 7）。其中男性 928 例，占比 59.15%；女性 641 例，占比 40.85%。

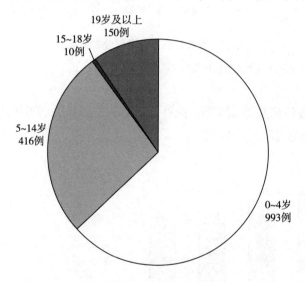

图 7　儿童用品伤害年龄情况

资料来源：国家市场监督管理总局缺陷产品管理中心。

从涉及的产品类型来看，伤害涉及产品依次是玩具 1091 例，占比 69.53%；童车 356 例，占比 22.69%；儿童用品 122 例，占比 7.78%（见图 8）。

从伤害类型看，挫伤/擦伤 842 例，占比 53.66%，是最主要伤害形式。然后是其他 267 例，占比 17.02%；锐器伤/咬伤/开放伤 183 例，占比 11.66%；扭伤/拉伤 118 例，占比 7.52%；骨折 88 例，占比 5.61%；等等（见图 9）。

从伤害部位看，儿童的致伤部位依次是：头部 1001 例，占比 63.8%；

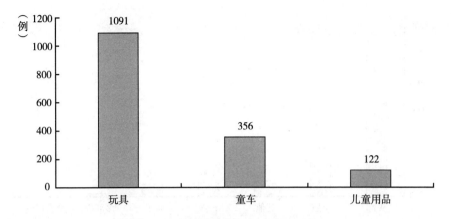

图 8　儿童用品伤害涉及产品类型情况

资料来源：国家市场监督管理总局缺陷产品管理中心。

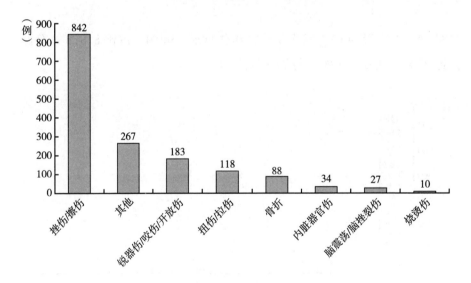

图 9　伤害类型情况

资料来源：国家市场监督管理总局缺陷产品管理中心。

上肢 246 例，占比 15.68%；其他 111 例，占比 7.07%；下肢 100 例，占比 6.37%；等等（见图 10）。

从儿童伤害发生地点看，选择家中是儿童受到伤害最主要的场所的共

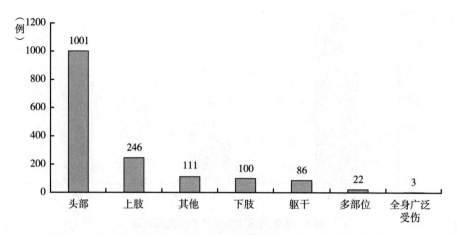

图10 儿童伤害部位情况

资料来源：国家市场监督管理总局缺陷产品管理中心。

1184 例，占比 75.46%。其次是公共居住场所 136 例，占比 8.67%；公路/街道 97 例，占比 6.18%，等等（见图 11）。

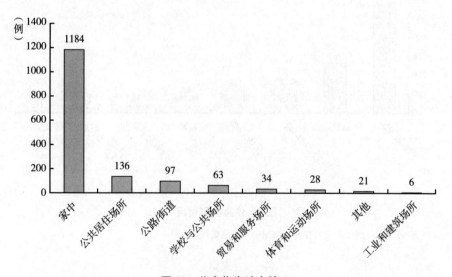

图11 儿童伤害地点情况

资料来源：国家市场监督管理总局缺陷产品管理中心。

从儿童伤害严重情况看，绝大部分儿童伤害都是轻度伤害（共 1441 例，占比 91.84%），中度伤害 127 例（占比 8.09%），而重度伤害只有 1 例，占比 0.06%（见图 12）。

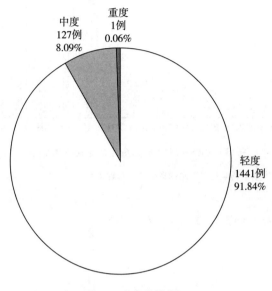

图 12 儿童伤害情况

资料来源：国家市场监督管理总局缺陷产品管理中心。

（四）召回情况

2008~2022 年，我国累计实施消费品召回 4114 次，涉及数量 9023.63 万件。其中儿童用品累计召回 1666 次，涉及 970.96 万件，分别占消费品召回总次数的 40.50%、总数量的 10.76%。我国数年来儿童用品召回次数和数量情况分别如图 13、图 14 所示。

从各类儿童用品召回次数和数量的分布情况中可以看出（见图 15、图 16），召回次数最多的依次是儿童玩具 808 次、儿童服装 349 次、儿童家具 177 次，召回数量最多的依次是儿童文具 324.39 万件、儿童家具 273.23 万件和儿童玩具 232.28 万件。

图 13　2008~2022 年儿童用品召回次数情况

资料来源：国家市场监督管理总局缺陷产品管理中心。

图 14　2008~2022 年儿童用品召回数量情况

资料来源：国家市场监督管理总局缺陷产品管理中心。

2022 年，我国实施消费品召回 690 次，涉及 996.55 万件，其中儿童用品召回 208 次，涉及 97.79 万件，分别占消费品召回次数的 30.14%、数量的 9.81%。

从图 17 可以看出，2022 年召回次数最多的依次是儿童服装 71 次、儿

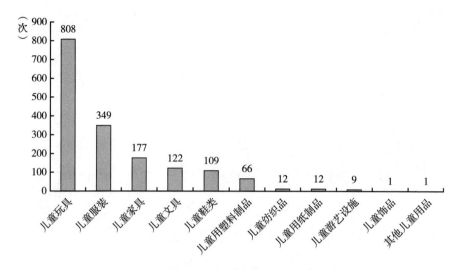

图 15　2008~2022 年各类儿童用品召回次数分布情况

资料来源：国家市场监督管理总局缺陷产品管理中心。

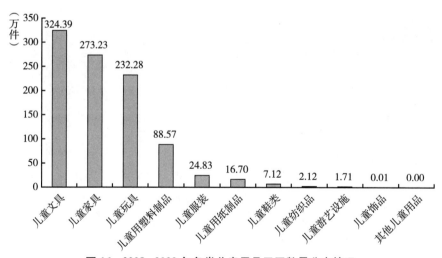

图 16　2008~2022 年各类儿童用品召回数量分布情况

资料来源：国家市场监督管理总局缺陷产品管理中心。

童玩具 48 次、儿童文具 34 次和儿童家具 28 次，召回数量最多的主要是儿童文具 74.37 万件和儿童玩具 15.06 万件（见图 18）。

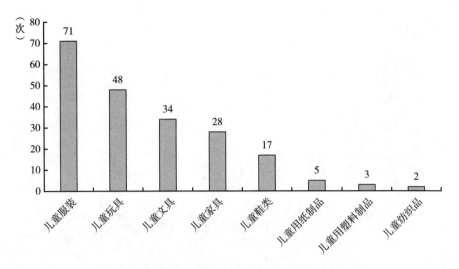

图 17 2022 年各类儿童用品召回次数分布情况

资料来源：国家市场监督管理总局缺陷产品管理中心。

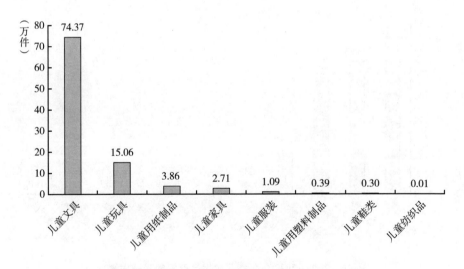

图 18 2022 年各类儿童用品召回数量分布情况

资料来源：国家市场监督管理总局缺陷产品管理中心。

三 2022年儿童用品主要安全隐患

近年来，儿童厨具产品风靡市场，受到了广大儿童的喜爱。当前市场上许多儿童厨具产品都打着"真煮"的标签，具有真实的烹饪功能，以"加热器具+玩具"组合套装形式存在，套装内产品数量从十多件到五十件不等，除包含刀具、锅具、碗盘等配件外，还有电热炉、电饭煲等加热工具。儿童在烹饪过程中需要通电或点火，一旦使用存在质量缺陷的产品或操作失误，极易引发伤害事件或火灾事故，存在较大安全隐患。

这类儿童用品主要存在烧烫伤风险、触电风险、机械伤害风险和化学危害风险。

（一）烧烫伤风险

儿童厨具产品的主要安全问题是烧伤烫伤风险。一是小型电磁炉带来的安全隐患。部分电磁炉缺少过热保护装置，在持续加热作用下，整个锅体会升至较高温度。儿童在使用过程中，稍有不慎就易被烫伤。二是明火炉和多种燃料存在的风险。部分商家销售的是风险较高的燃料罐，使用时需要点燃火芯，当燃料耗尽后还需自行添加燃油，灭火则是直接使用盖子盖灭火源，儿童在这些操作过程中易造成烧烫伤。另外，燃料油一旦滴到衣物、桌布等可燃物上，遇到明火也会造成烧伤或引发火灾。将燃料、酒精、木炭和点火枪等高度易燃品放在厨具套装内销售的情况，不符合玩具安全标准GB6675.3-2014《玩具安全第3部分：易燃性能》的要求。木炭燃烧不充分会产生一氧化碳，密闭空间内还可能造成中毒伤害。三是由于儿童厨具的灶具容量小，所以升温较快，虽然儿童操作起来更加方便，但稍微翻搅菜品就会溢出锅外，极易造成烫伤。部分儿童汤锅把手未采用隔热效果好的材料，而采用导热性能强的金属，把手距离锅体最短距离不足一厘米，儿童在使用过程中，同样可能被烫伤。

（二）触电风险

一是儿童厨具内的电磁炉如果存在插头开裂、插座变形、线路破损的情况，则可能引起短路、漏电等安全隐患。例如，部分产品电源线横截面积不达标，导致实际使用过程中电源线无法承受标称的额定功率，长时间通电时温度异常升高，导致产品冒烟甚至起火。二是部分产品接地措施不良，在产品出现漏电时无法起到接地保护作用，造成儿童触电危险。三是对可触及带电部件的防护问题，如果缺乏相应的防护装置，当儿童不慎将手直接触碰带电部件时，也可能会造成电击伤害。

（三）机械伤害风险

一是儿童厨具中包含真实刀具、金属模具等配件，其边缘锐利，儿童在使用时容易被割伤、划伤。一些产品的塑料配件部分由于工艺粗糙，也会存在毛边、毛刺、尖端等问题，存在划破儿童皮肤的风险。二是有些金属菜刀和金属蒸笼等用具上面有较小的圆孔，如果尺寸不合理，儿童有可能将手指伸进去，一旦卡住无法拔出则会造成挤压伤。三是一些儿童厨具尺寸较小，且包含很多仿真的小零件，缺乏相应警告标识，可能引起儿童误吞误食，存在窒息的安全隐患。

（四）化学危害风险

儿童厨具商家往往宣称其烹饪的食物可食用。事实上，可能存在如下风险：一是花色涂料的化学风险，目前市场上的儿童厨具套装使用的颜色鲜艳，包括蓝色、绿色、粉色等，其花色涂料为高风险级别，大多未能达到食品卫生标准。二是塑料、玻璃与金属材质的涉食产品应满足食品级要求，而部分儿童厨具存在使用不合格不锈钢材质的现象，这类不锈钢材质往往质量低劣，耐腐蚀性差，掉漆、生锈时有发生，不可以作为食品接触的材料来生产使用。三是部分锅具中的涂层，其总迁移量超过国家强制性标准，甚至稍微使用便出现涂层刮破、脱落等现象，不能作为食品接触用餐厨具使用。四是很多塑料儿童厨具存在材质低劣、异味问题，尤其是三无产品煮出来的饭菜，可能存在重金属等有害化学元素溶出严重超标等问题，如果被食用，会对儿童生命健康造成伤害。

目前，我国针对儿童厨具产品尚未有统一标准，儿童厨具本身介于厨具和玩具二者之间，产品属性较为模糊。大多数儿童厨具产品标识的执行标准仅为 GB6675-2014《玩具安全》系列标准，无法保证其套装内所有产品的安全性，对广大儿童的生命健康而言存在较大安全隐患。

四 儿童用品安全宣传教育

儿童用品质量安全问题需要多部门、多手段综合管理，在加强立法和产品安全监管的同时，更要发挥宣传教育的作用。

（一）开展广泛的面向儿童的产品安全主题活动

为提高公众儿童用品安全防范意识，广泛宣传儿童用品安全消费知识，市场监管总局在 2022 年 5 月，连续第 13 年组织开展"守护儿童安全远离产品伤害——儿童用品安全行"主题宣传教育活动，通过开展儿童用品企业安全承诺，现场设置婴儿睡床、儿童踏板车等缺陷样品展示和讲解区，强化企业主体责任，提升儿童用品质量水平，加大社会各界对儿童用品安全与召回的关注度。本次活动在《人民日报》、人民网、新华网、中国经济网、法治网、《工人日报》、中国质量报新媒体、中国市场监管报新媒体端、新浪等平台发布，传播效果显著。

（二）面向社会公众开展产品安全科普

2022 年 9 月，中共中央办公厅、国务院办公厅印发的《关于新时代进一步加强科学技术普及工作的意见》指出："坚持把科学普及放在与科技创新同等重要的位置。"近年来，科普工作在弘扬科学精神、传播科学思想、普及科学知识、提升公民科学素质上发挥了重要作用。

依托国家市场监管重点实验室（产品安全与缺陷）和相关科研成果，围绕法规、标准、实验、新技术、新产品等安全知识，通过实验讲解、动漫动画、微视频等多种形式，推出了一系列产品安全科普原创作品，将产品安全知识以生动有趣、通俗易懂的方式传递给消费者，提升公众科学素质和安全意识，相关科普信息在互联网的访问量超过 199.64 万次，取得了良好的宣传效果。

2022 年，中心参加国家市场监督管理总局科技周活动，通过短视频、科学实验展演等多渠道持续发布和宣传关于儿童用品的消费提示和安全科普知识，提醒社会公众关于产品常见的缺陷和伤害，告知消费者在选购、安装、使用等过程中应采取的预防措施，避免发生伤害事件。通过儿童用品安全知识系列动画、实验科普视频、公众号短视频等多渠道新媒体方式，引导达成社会共识，提高儿童等重点群体的安全辨别力和自我防护能力，帮助社会公众及时了解儿童用品质量安全信息，提升消费者产品安全观念。

（三）面向行业、企业的宣传教育

生产企业作为产品质量安全第一责任人，有义务主动承担质量安全主体责任。企业需要不断提高法律意识，加强自查自律，严格执行儿童用品相关安全标准，从源头上管控产品质量安全。发现产品存在缺陷问题时及时履行召回义务，预防和消除缺陷儿童用品可能导致的伤害。市场监管总局通过组织儿童用品相关行业、企业开展座谈会、行业质量提升会、国家标准宣贯会等，加强企业产品安全主体责任意识，促进企业优化质量管理体系建设，推动行业、企业为儿童用品质量安全水平提升做出积极贡献。

通过信息发布、主题宣传活动、科普视频等多种宣传教育方式，不断提高儿童及其监护人的安全意识和全社会对儿童用品质量安全的重视程度，从而进一步保障儿童健康安全。

五　儿童用品安全面临的问题及建议

当前我国大多数儿童玩具和儿童用品行业，多以民营小微型企业为主，有些企业对产品安全标准的认知不够充分。在巨大的市场需求下，市场竞争日趋激烈，个别企业为追求利润存在以次充好、偷工减料等情况，严重影响了产品的安全性。另外，越来越多的儿童用品开始通过网络电商进行销售，部分电商平台未完全履行合规审查和事故主动报告义务，导致存在安全隐患的儿童用品继续在市场流通。新产品新模式不断出现，对我国儿童用品监管体系带来一定挑战，尤其是相关标准的滞后和缺失问题亟待解决，对电商平台的产品安全与召回监管力度亟待加大。

针对儿童用品存在的安全问题，建议如下。

一是完善法规标准，加大监管力度。完善与儿童用品安全层面相关的法律法规和技术标准，为儿童用品安全提供法律依据和标准要求。加大针对儿童用品安全的监管力度，加强缺陷儿童用品召回，依法督促生产企业履行主体责任、消除产品缺陷、降低安全风险，维护消费者的人身安全和合法权益。

二是引导企业提升儿童用品质量安全水平。加强对儿童用品行业企业的质量技术帮扶服务，引导行业企业增强产品质量安全观念和主动召回意识。帮助生产企业查找解决问题，对儿童用品进行质量安全把关，改进工艺技术，推动企业优化质量安全管理体系，促进儿童用品质量安全水平提升和行业高质量发展。

三是拓展信息采集渠道。拓宽学校、社区等伤害监测渠道，实时监测儿童用品安全状况。探索在电商平台等渠道采集涉及儿童用品伤害投诉和索赔线索。跟踪分析网络舆情、新闻媒体等报道的儿童用品伤害信息，探索"人工智能"与大数据技术等运用，及时提取有价值信息。

四是加强儿童用品安全宣传教育。引导社会达成共识。普及儿童用品安全常识，培养和提升儿童和家长等消费者群体的安全意识，防范产品伤害。多渠道发布消费提示，打造传递儿童用品安全知识、服务消费者的宣传阵地，进一步提高人民群众的获得感、幸福感和安全感。

B.8
儿童消费安全和权益保护的现状、挑战及展望

——基于全国消协组织投诉数据的分析

汤哲 李志 姚璇 高桑*

摘　要：　党的二十大报告指出，要增进民生福祉，提高人民生活品质，坚持
　　　　　男女平等基本国策，保障妇女儿童合法权益。近年来，儿童商品和
　　　　　服务消费一直是家长关注的热点，涉及儿童权益的消费投诉相对多
　　　　　发，敏感度高、耐受度低，全社会密切关注。全国消协组织 2015 年
　　　　　至 2022 年受理投诉数据显示，儿童商品类消费投诉总量持续上升，
　　　　　质量问题、售后服务、虚假宣传位居投诉性质前三，儿童玩具、童
　　　　　装投诉量持续增多、占比高，涉嫌违规销售、诱导或误导消费的情
　　　　　况以及消费安全事件仍有发生。从当前儿童消费安全状况与权益保
　　　　　护形势看，儿童消费法治保障逐渐完善但仍面临现实挑战，网络信
　　　　　息发展投射在消费议题上具有一体两面性，儿童需求与决策路径存
　　　　　在事实上的偏差，儿童消费售后保障、参与评价渠道和机制尚不健
　　　　　全，儿童消费中的主动管理和被动管理之间存在预期差。为此，本
　　　　　报告从倡导儿童优先、促进消费公平、注重家庭陪伴引导、强化消
　　　　　费安全监管和消费教育、推动共育共治等方面提出几点工作建议。

关键词：　儿童青少年　消费安全　投诉　权益保护

* 汤哲，中国消费者协会消费监督部干部，主要研究方向为社会治理、消费心理、消费维权；
李志，中国消费者协会投诉部干部，主要研究方向为消费维权；姚璇，中国消费者协会政策
研究部干部，主要研究方向为消费维权；高桑，中国消费者协会消费监督部干部，主要研究
方向为消费维权。

一 儿童消费安全议题的提出

儿童是国家的未来、民族的希望。党和国家始终高度重视儿童群体的健康成长，不断完善相关法律法规、政策制度、规范标准，加强建设有利于儿童健康成长的环境，营造利于儿童健康成长的文化和社会氛围。"十四五"发展规划指出，要坚持儿童优先发展，切实保障妇女、未成年人、残疾人等群体发展权利和机会。深入实施儿童发展纲要，优化儿童发展环境，切实保障儿童生存权、发展权、受保护权和参与权；完善儿童健康服务体系。党的二十大报告指出，要增进民生福祉，提高人民生活品质，坚持男女平等基本国策，保障妇女儿童合法权益。

我国儿童群体数量庞大，未成年网民基数大、分布广、发展快。国家统计局第七次全国人口普查数据显示，2020年，我国总人口达到14.1亿人，其中0~14岁少儿人口约占总人口的17.95%[1]。中国互联网络信息中心发布的信息显示，截至2022年12月，我国网民规模达10.67亿，互联网普及率达75.6%。10岁以下网民占比约为4.2%，10~19岁网民占比超过13.5%。[2]

儿童时期，是人生开启社会化的重要阶段。联合国《儿童权利公约》规定，每个儿童都有其固有的生命权和健康权，自身发展不受危害的、被保护的权利，充分发展其全部体能和智能的权利，参与家庭、文化和社会生活的权利，并有权对影响他们的一切事项发表自己的意见。这些权利的实现，事关儿童身心健康成长、顺利融入社会。

消费是最终需求，也是生产的最终目的和动力。每个人都是消费者，儿童也不例外。在儿童社会化进程中，消费扮演重要角色，从衣食住行用，到

---

[1] 国家统计局：《第七次全国人口普查主要数据》，http：//www.stats.gov.cn/tjsj/pcsj/。

[2] 中国互联网络信息中心：第50次、第51次《中国互联网络发展状况统计报告》，https：//www.cnnic.net.cn/n4/2023/0303/c88-10757.html。

医疗、教育、文化体育、休闲娱乐、保健和照护各方面提供全方位支持。近年来，儿童消费问题和安全事件时有发生，儿童消费安全议题越发受到家长和全社会关注，敏感度高、耐受度低，涉及儿童权益的消费投诉相对多发。

《中华人民共和国消费者权益保护法》（以下简称"消法"）第六条规定，保护消费者的合法权益是全社会的共同责任。目前，中国保护消费者权益体系逐渐形成了四个不同层次的稳定结构，一是立法保护，二是司法保护，三是行政保护，四是社会保护。中国消费者协会（以下简称"中消协"）和各级消费者协会是依法成立的对商品和服务进行社会监督的保护消费者合法权益的社会组织，根据消法赋予的公益性职责开展工作。受理消费者投诉并对投诉事项进行调查、调解，是各级消协组织依法履职的重要内容和直接体现。

二 儿童消费投诉数据及分析

尊老爱幼是中华民族的传统美德，也是各项社会活动的重要准则之一。随着"儿童经济""银发经济"蓬勃发展，家庭照护、鼓励生育等政策和细则陆续出台，"一小一老"消费持续升温，在家庭消费中占据重要地位。与此同时，一些不法商家利用儿童群体认知能力弱、自我保护意识不强的特点，通过虚假宣传、诱导消费等方式设置陷阱和"套路"，使得"一小一老"消费投诉问题逐渐多发。近年来，涉及儿童消费的投诉总量不断攀升。

（一）儿童商品类消费投诉总量持续上升

从全国消协组织投诉统计划分类目看，有关儿童用品的投诉被归口至"日用商品类"投诉。儿童用品进一步细分，包括儿童玩具（含毛绒玩具、机械玩具、塑胶玩具、机械玩具等）、童鞋、童装、儿童车（儿童自行车、儿童三轮车、儿童电动车等）、儿童家具、儿童卫生用品（滋润品、洗面乳、洗发水、痱子粉等）、婴儿用品（奶嘴、牙胶、奶瓶、婴儿车、婴儿纸尿裤等）、婴幼儿奶粉①、婴幼儿辅助食品、其他儿童用品 10 个细类。

日常生活消费和受理投诉工作中，涉及的儿童商品类别可能还包括文具、餐具、儿童眼镜、儿童化妆品/美妆、儿童视听产品等，按照统计口径和数据披露方式，本文主要以全国消协组织公开分类数据为基础展开分析和论述。

1. 儿童用品投诉量持续上升，整体占比出现微小降幅

从投诉数量和占比情况看，除个别年份外，2015～2022 年日用商品类投诉量整体呈现上升态势；儿童用品投诉在日用商品类投诉中的比重大致在 12% 上下浮动，2016 年时占比最高即 18.23%（见图 1）。

整体来看，除个别年份外，儿童用品投诉数量自 2015 年以来呈现增多趋势，但在日用商品投诉中的比重自 2020 年以来呈现微幅下降趋势。

图 1　2015～2022 年儿童用品与日用商品投诉数量及占比

2. 从儿童用品投诉性质看，质量问题、售后服务、虚假宣传位居前三

从投诉性质看，质量问题、售后服务、虚假宣传类投诉整体居于儿童用

---

① 注：根据中消协投诉统计类目调整，2018 年及以后的"婴幼儿奶粉"相关投诉纳入"食品类"投诉统计，不再计入"日用商品类"。

品类投诉前三位，在历年投诉事项中占比较大，分别对应着售前至售后环节。另外，关于合同问题的投诉数量也呈上升态势。

2015~2022年涉及儿童用品投诉性质的分类数据详见表1。

表1 2015~2022年儿童用品投诉分类

单位：件

年度	总计	质量	安全	价格	计量	假冒	合同	虚假宣传	人格尊严	售后服务	其他
2015	3632	2234	20	60	6	27	177	89	—	666	353
2016	8577	4043	438	534	49	342	417	461	15	1801	477
2017	5891	2486	184	237	50	189	638	655	23	1250	179
2018	6594	2934	255	240	36	199	672	793	88	1217	160
2019	7044	2915	247	364	44	194	707	682	21	1635	235
2020	9834	2427	143	282	17	157	1153	3218	18	2085	334
2021	11054	4661	707	307	31	256	1153	478	83	2851	527
2022	13636	5635	378	448	48	246	1721	434	140	3771	815

（二）从具体商品类别看，儿童玩具、童装投诉量持续增多、占比高

2015年至2022年投诉统计数据显示，儿童玩具、童装的投诉量持续增多，在儿童用品大类中的投诉比重相对较高。2017年及以后，儿童玩具投诉在儿童用品类投诉中的比重绝大多数年份超过20%（2018年为接近20%），童装类投诉占比大致在10%以上（仅2020年为9.25%）。相关品类投诉数据情况及占比变化见图2至图6。

1.儿童玩具投诉数据及占比变化

儿童玩具投诉数量和比重自2015年来长期居于儿童用品大类首位，即使是占比最低的2016年也超过10%，2017年起绝大多数年份比重超过20%，2020年度儿童玩具投诉占到儿童用品的近50%。

儿童玩具投诉占比最高值与最低值之间的差值为38.77个百分点。

2.童装投诉数据及占比变化

自2015年以来，童装投诉总量呈阶梯式上涨趋势，在儿童用品投诉中

图2　2015~2022年儿童玩具投诉数据及占比变化

的占比长期居于第二位。2017年起绝大多数年份比重超过10%，2018年、2019年两年童装类投诉占比相对最高，分别为14.10%、14.28%。

童装投诉占比最高值与最低值之间的差值为7.78个百分点。

图3　2015~2022年童装投诉数据及占比变化

3.儿童卫生用品投诉数据及占比变化

儿童卫生用品投诉数据在2015年以来的占比总体稳定，在儿童用品类别中的占比基本在3%~10%浮动。其中，2019年度投诉占比最高，为

9.81%；2016 年度占比最低，仅为 3.39%。

儿童卫生用品投诉占比最高与最低的差值为 6.42 个百分点。

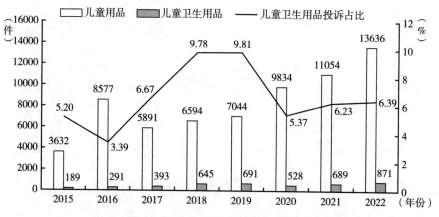

图 4　2015~2022 年儿童卫生用品投诉数据及占比变化

4. 儿童车投诉数据及占比变化

2015 年以来，儿童车投诉大致呈现"几"字形走势，2018 年度投诉占比相对最高，为 10.75%，这也是唯一一次占比超过 10% 的年份。

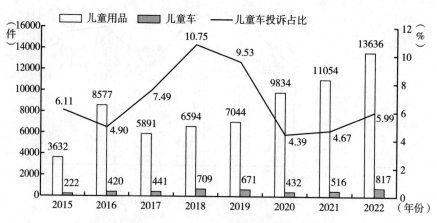

图 5　2015~2022 年儿童车投诉数据及占比变化

5. 童鞋投诉数据及占比变化

2015 年以来，童鞋投诉变化大致呈现"N"字形走势，2016 年至

2019 年度投诉占比持续走高，并在 2019 年时达到峰值（12.18%）。2020 年时占比整体有较为明显的下降，2020 年至 2022 年又呈现上升趋势。

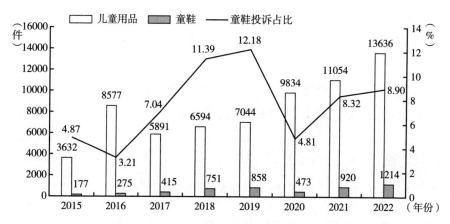

图 6　2015~2022 年童鞋投诉数据及占比变化

6. 婴儿用品投诉数据变化

横向对比历年投诉事由，"质量"问题占婴儿用品投诉的首位，因"售后服务"引发的投诉占比相对次之。

纵向比较这八年投诉数据，"质量"和"售后服务"引发的婴幼儿用品投诉整体呈上升趋势。婴幼儿用品细分品类中，消费者对于合同、价格和假冒问题也有一定数量的投诉，关于计量、人格尊严方面的投诉相对较少（见表 2）。

表 2　2015~2022 年婴儿用品投诉分类

单位：件

年度	总计	质量	安全	价格	计量	假冒	合同	虚假宣传	人格尊严	售后服务	其他
2015	992	542	—	11	—	9	42	20	—	308	60
2016	1121	641	92	63	—	31	53	51	—	170	20
2017	1141	475	38	26	5	34	144	157	1	231	30
2018	1546	715	78	34	7	39	211	176	13	237	36

年度	总计	质量	安全	价格	计量	假冒	合同	虚假宣传	人格尊严	售后服务	其他
2019	1322	594	61	49	11	35	163	113	—	246	50
2020	1356	609	46	37	2	14	281	55	1	223	88
2021	1560	649	76	49	7	33	176	60	2	407	101
2022	2042	771	82	65	13	41	268	59	16	623	104

7. 婴幼儿奶粉消费投诉总体平稳，安全比较有保障

2015~2020 年，婴幼儿奶粉投诉数量呈现上升态势，2021 年下降后又上升。

表3　2015~2022 年婴幼儿奶粉投诉分类

单位：件

年份	总计	质量	安全	价格	计量	假冒	合同	虚假宣传	人格尊严	售后服务	其他
2015	205	132	—	2	—	2	28	5	—	5	31
2016	533	322	45	36	6	26	16	24	5	33	20
2017	681	212	19	26	7	38	174	55	7	124	19
2018	1060	391	50	25	41	49	190	132	14	143	25
2019	1200	492	91	70	32	55	57	220	4	117	62
2020	1432	604	103	80	5	50	39	329	8	116	98
2021	1083	391	114	70	19	45	103	74	3	213	51
2022	1472	484	119	111	17	26	210	139	14	295	57

从这八年投诉数据来看，婴幼儿奶粉投诉量最低时为 2015 年的 205 件，最高时为 2022 年的 1472 件，绝对数量均未超过 1500 件。整体来看，婴幼儿奶粉投诉占日用商品类投诉（2015 年至 2017 年）和食品类投诉（2018 年至 2022 年）的比重处在低位，总体而言安全比较有保障，能够让消费者安心。

具体从投诉事由来看，因"质量"问题引发的投诉连续占据首位，消费者对于"合同""售后服务"和"安全"的投诉占比也相对靠前。2018 年、2019 年、2020 年，消费者对于婴幼儿奶粉"虚假宣传"问题的投诉有所增多。

（三）儿童服务类消费典型问题

从全国消协组织披露数据及案例信息看，儿童服务类消费问题多发、高发，呈现一定的行业性和周期性特点。因部分问题同时涉及儿童、青少年、未成年人等群体，此处一并讨论。

1. 违法违规向儿童提供服务或开展销售服务

部分商家为谋取利益，在明知或未经核实服务对象是否为儿童消费者的情况下，擅自为其提供相关服务。

主要问题：一是部分经营者违法向儿童消费者提供烟酒制品（烟、酒或电子烟）销售服务，不利于儿童人身健康；二是任由儿童消费者出入游戏机厅、网吧、KTV等场所，或为该服务提供便利；三是未核验服务对象真实年龄和身份，甚至在明知服务对象是未成年人的情况下违法向其提供文身等服务。

2. 涉嫌诱导误导儿童消费的行为时有发生

儿童从生理到心理都处于成长发育期，抵抗不良诱惑的能力差，容易被不良商家诱导。

主要问题：一是利用儿童的好奇心强、爱攀比、容易跟风等心理，以"饥饿营销"手法热炒游戏卡牌、盲盒消费，涉嫌诱导儿童购买盲盒、抽卡、抽奖，甚至鼓动借款、主动借款供其消费，部分产品实际价值低廉。二是鼓吹"粉丝经济""饭圈文化"，诱导追星，致使儿童深陷其中，耗时费力还花钱又伤神。三是某些主播涉嫌诱导儿童参与直播打赏，提供所谓陪玩、陪聊"擦边"服务，毫无道德底线。四是儿童私自消费后被家长察觉，因退费规则不清或理解不一致与商家发生纠纷。由于儿童消费者、监护人、经营者的立场、动机和诉求不同，如何在保护消费者合法权益的前提下，兼顾交易当事人的合理预期，是当下面临的新问题。

3. 服务消费中的安全事件仍有发生

日常消费和公共场所中，安全隐患难以消除，儿童安全事件仍有发生，有些伤害具有未知性、突发性和不可逆性。

主要问题：校园周边商品销售历来备受关注，部分地区劣质文具、"三无"产品、"五毛"食品等问题曾引发风波。婴幼儿因不合理使用游泳圈而呼吸困难或溺水，儿童因误吞磁力珠、硼砂类"网红"玩具造成身体损伤，因装修污染而住院导致的投诉并不少见；夏季游泳嬉水、春节燃放烟花鞭炮、乘坐电梯甚至翻越护栏导致儿童伤亡的事故时有发生。

4. 涉及儿童网络游戏投诉纠纷多、部分投诉金额较大

网络游戏产业发展迅速，带动了文化和娱乐消费，但由此带来的消费投诉也不断增加。新冠疫情期间，"宅经济"迅速发展，云视听、网络游戏成为居家娱乐休闲主要方式，儿童触网玩游戏、过度消费等问题更加突出，投诉时有发生。

主要问题：一是儿童为玩网络游戏私自充值，部分案例金额涉及数万元甚至数十万元；二是儿童充值容易退费难，引发大量纠纷；三是网络游戏防沉迷系统和青少年保护模式容易被绕过，部分平台的身份验证、时间管理等权限形同虚设；四是部分网络游戏内容低俗，暗含色情、暴力等元素，影响儿童身心健康；五是部分网络游戏因促销规则不合理、涉嫌虚假宣传、"停服"等问题，引发不满和群体性投诉。

数据显示，网络游戏投诉数量从 2015 年的 11609 件增加至 2022 年的38120 件。根据监测估算，历年网络游戏投诉中涉及儿童青少年群体的投诉占比在 30%~45%。其中，涉及合同、售后服务的纠纷在网络游戏投诉中的占比相对最高，且持续攀升。网络游戏投诉中，涉及安全、价格、人格尊严等问题的投诉比例也呈现上升趋势。

5. 充值办卡等预付式消费违约跑路及退费难

预付式消费纠纷是近年来消费者权益保护工作的重点难点之一。受新冠疫情冲击和经营不善等多重因素影响，部分儿童服务连锁品牌/机构跑路违约，预付式消费纠纷及维权事件频发，有的甚至发酵成为社会舆情事件。

主要问题：一是商家无故拖延或拒不办理消费者合理退订要求；二是商家设置不合理退费条件并收取高额手续费；三是商家因经营不善，转让、倒闭时违约"跑路"，未妥善处理债权债务；四是消费者缴费容易退款难，商家服务态度前后不一致，由此引发的不满甚至涉及人格尊严的投诉显著增多。

6. 儿童校外教育培训退款难问题突出

一是学科类培训机构转为素质发展类培训机构的过程中，宣传承诺履行不到位、课程设计不合理、师资配备跟不上，价格和价值转化不及预期；二是部分非学科类机构假借"双减"政策关门停业、拒不退款，甚至卷款跑路；三是部分机构存在虚假宣传、保证性承诺等违法事实，如虚构师资力量、夸大教学效果、编造用户评价；四是部分机构服务质量参差不齐，单方变更服务、增加收费项目，经营场所不合规；五是部分培训机构催促家长签约续费，诱导家长办理"培训贷""分期贷"，财务风险、信用隐患极大。

数据显示，教育培训领域合同类纠纷数量从 2015 年的 1566 件暴增至 2022 年的 37679 件，占比从 26.95% 升至 54.48%。售后服务类纠纷数量从 2015 年时的 460 件暴增至 2021 年的 25968 件，占比从不到 10% 上升至超过 30%，2022 年售后服务类纠纷数量有所回落，但该部分占比仍高达 26.62%（见表4）。

表4 2015～2022 年教育培训投诉数据一览

单位：件

年份	总计	质量	安全	价格	计量	假冒	合同	虚假宣传	人格尊严	售后服务	其他
2015	5811	1197	22	127	—	8	1566	91	15	460	2325
2016	6646	1722	158	357	5	154	1686	377	11	1541	635
2017	10338	746	151	322	5	167	3690	710	53	4161	333
2018	20521	1831	308	615	15	348	9674	1323	121	5565	721
2019	39486	5515	673	1806	24	795	15794	2731	76	10477	1595
2020	56165	3200	194	2961	51	298	24153	3553	159	18048	3548
2021	80528	3901	804	3067	96	313	35813	5918	287	25968	4361
2022	69164	2101	269	1586	20	165	37679	3198	368	18413	5365

注：此表为教育培训投诉大类统计呈现，并非儿童群体投诉最终数据。

根据监测估算，历年教育培训投诉案例中，涉及儿童群体的消费投诉约占30%。其中，涉及合同和售后服务的投诉占比攀升，涉及服务质量的投诉比重近年有下降趋势，涉及虚假宣传、价格的投诉比重总体有所上升，一定程度上表明消费者在购买服务时，对于定价的合理性、款项的安全性和服务的一致性越发重视。

（四）消费维权舆情热点多发，儿童消费安全引发关注

自2017年起，中消协每年都会梳理发布"年度十大消费维权舆情"。盘点历年榜单，涉及热点多、领域广，既有屡遭吐槽的"老毛病"，也有新时期的"新问题"，其中不少与儿童消费安全直接相关，部分舆情发展态势与全国消协组织投诉统计数据增长趋势高度吻合（见表5）。

一是经营性互联网服务类相关舆情事件多发，儿童群体线上线下过度消费与安全引发关注，儿童沉迷网络游戏、私自充值、直播打赏后退款难等问题频出；二是涉及规则规范类的问题容易导致理解偏差，因规则不清晰、不合理等信息不对称导致纠纷；三是涉及儿童校外教育培训跑路多、消费者损失惨重，服务合同中不公平格式条款让退费和维权难上加难；四是预付式消费成顽疾，自2017年来几乎从未缺席舆情曝光席。

消费舆情的发生，具有一定偶然性，但也有其必然性。对于经营者而言，无论舆情风险暴露与否，消费者体验不佳、权益受损的事实已然发生，及时应对处理、吸取经验教训是应对之道，否则只会愈演愈烈甚至再次发酵。

表5　2017～2022年儿童消费安全相关舆情

年度	典型舆情
2017	校园贷；共享单车；预付卡消费；红黄蓝幼儿园被爆"虐童"等
2018	个人信息保护缺失；大数据杀熟普遍；预付式消费现"套路贷"；移动支付安全漏洞；销售广告诚信问题
2019	"直播带货"中消费问题频现；培训机构跑路，学员退费无门还陷"套路贷"；炒作经济热潮下存在消费侵权隐患；"网红"玩具隐患多
2020	防疫产品价格和质量问题突出；"直播带货"新问题层出不穷；在线培训服务乱象频现；未成年人网游充值、打赏退款难

年度	典型舆情
2021	教培机构频现跑路及退费风波;未成年人线上线下过度消费问题频出;餐饮品牌门店食品安全事件受关注;消费者个人信息"裸奔"问题突出;"网红"商品被指过度营销;河南"中学营养餐"事件
2022	"价格刺客"有违明码标价诚信原则;"科技与狠活"折射消费者对食品非法添加的担忧;"密室逃脱""剧本杀"等沉浸式娱乐形式隐藏不安全因素;网络游戏停服删档引发虚拟财产侵权争议

三 新时期儿童消费安全面临的问题与挑战

（一）儿童消费法治保障逐渐完善但仍面临现实挑战

"十四五"发展规划、儿童发展纲要先后就儿童健康成长做出一系列擘画。《未成年人保护法》《消费者权益保护法》《广告法》等法律法规制修订,对市场主体行为规范提出明确要求。市场监管、教育、文旅、公安、网信等部门针对校内外食品安全、培训辅导、网络游戏和安全科普、网络素养提升开展系列执法和宣教行动,共同为儿童消费和成长保驾护航。

在有法有罚、能管善管的背景下,仍有不法经营者为牟取私利任性妄为。例如,《未成年人保护法》第五十九条规定,禁止向未成年人销售烟、酒、彩票或者兑付彩票奖金,《电子烟管理办法》明令禁止向未成年人出售电子烟产品,但少数经营者并未严格落实。再如,为规避"不得一次性收取超过3个月费用"的规定,部分校外培训机构采取各种方式变相提高单次课程或培训总费用,尽管家长有权提出异议,但通常收效甚微。此外,儿童用品质量、安全强制性标准越发清晰、严格,但仍有一些标准和概念被混用、滥用,成为少数经营者制造焦虑的"吸金"惯用手法。

（二）网络信息发展投射在消费议题上具有一体两面性

从"95后"开始，Z世代儿童群体就成长在互联网环境当中，"05后"则几近完全在移动互联网语境下长成，接触网络、使用电子设备的机会更多、时间也更早。从积极意义上讲，这有助于儿童群体开阔眼界、增长学识，了解世界的多样性。

然而，网络信息纷繁复杂，各种内容真假对错难分，价值观导向尺度不一，儿童群体避险经验、应急能力稍显不足，加上好奇心重，对某些风险、问题可能难以辨识。因儿童"触网"引发的系列消费纠纷和家庭纠纷，不断警醒着家长务必留意儿童触网和"网瘾"行为低龄化的趋势。

随着移动互联网的普及，网络交互和舆情传播呈现更加即时、快捷、去中心化的态势。如何让儿童群体既能够健康用网、接收有效讯息，创造平等学习和消费机会，同时又做好安全防护和信息筛选，避免他们的隐私过度暴露、被动卷入及其他隐形伤害，这对于今后的网络环境、监管规则乃至价值伦理等，均提出更高要求。

（三）儿童需求与决策路径存在事实上的偏差

儿童群体的成长，需要通过饮食、加强锻炼来摄取营养、促进身体健康发育；儿童还有情感、社交和心理方面的需求，通过生活和学习掌握新技能、新知识，获取内外部系统的支持。成长的过程涉及衣食住行用等方方面面，在时间跨度、消费领域以及品质追求等议题上，安全消费和消费安全都不容有失。

目前，儿童消费在家庭消费中所占比重高、重要程度高，中国儿童产业中心早前公布的数据显示，在80%的家庭中，儿童支出占家庭总支出的比重为30%~50%[①]。基于健康和安全考量，很大程度上都是由父母代为决策

---

① 《儿童消费市场不断升级》，http：//life.china.com.cn/web/qzqg/detail2_2023_01/31/3810648.html。

而非孩子自主决策，如挑选培训课程、选择旅游出行方式及目的地等。

部分儿童试图自主决策的活动如网络游戏、盲盒消费、直播打赏，则是家长们尤为担心且问题相对多发的"重灾区"。家长们会认为儿童的消费主张尚不理性，容易冲动消费，缺乏自主判断能力，自我保护意识和能力不足。为了减少被拒绝的阻力，儿童会根据成长经验察言观色提出需求，而非以自身真实想法为中心提出需求，以至于表达有限、选择受限，但消费实际体验、其中的风险或问题，最终仍由儿童直接面对。

（四）儿童消费售后保障、参与评价渠道和机制尚不健全

对线上线下购买、使用的商品或服务做出主观真实评价，是消费者享有的正当权利。但儿童消费者自我表达能力和自主表达机会相对欠缺，很多时候难以如实评价。

一是由于采购主体和使用主体的不一致，在是否评价和评价操作上（网络设备、消费账户、订单查阅等）难以自主决策；二是网络交易中的技术手段有时会对儿童消费者做出评价形成阻碍，如青少年模式中消费者的自主选择权和评价权可能会受到约束；三是一些网络平台为消费者设置的可评价时间期限不合理，导致儿童消费者发现问题并向父母表达评价诉求时可能已经错过评价时间。

不容忽视的是，儿童群体维权意识和维权能力相对较弱，不少人遭遇消费纠纷或上当受骗后也不敢向家长（长辈）说明，担心被指责。值得关注的是，儿童群体为网络游戏、玩具、盲盒等产业发展提供了巨大的市场，一些企业在争议中取得产品的成功、收益的增长，缺乏动力落实售后安全保障义务。

（五）儿童消费中的主动管理和被动管理之间存在预期差

中国式"4-2-1"家庭结构下，以儿童和青少年为中心的消费取向、消费策略持续升温。在"单独二孩""鼓励三胎"等政策倡导下，儿童取向的消费预计还将持续发力。

一方面，社会资本为了更多、更早地抢占市场份额，会通过营销营造"游戏""节日"和"上进""成功"等场景预期，让儿童的成长和消费更加"内卷"，家长的焦点和焦虑会转移到下一代身上。父母在衣食住行用等方面"给孩子更（最）好的"，在教育、社交上舍得花销，都是对于成长预期的管理，主动或被动导致许多家庭负担加重。

另一方面，儿童青少年阶段生理、心理状态迅速发展，想法多样、诉求多变，探索尝试过程中产生模仿性消费，如模仿家长（口红、烟酒、餐饮浪费等）、模仿朋辈群体（儿童手表、新款电子产品、装扮造型等），模仿影视剧或社会形象（"恋综"、文身、电子烟等），在理性可控的范围内讨论探索倒也无可厚非，一旦支持系统失灵、监督系统失位、自我调节失范，儿童的价值观和消费观容易出现偏差，帮扶、矫正的难度大、成本高。

四　思考与建议

儿童消费是家庭消费的重要构成，儿童安全是消费安全中敏感性最强、优先级最高的议题之一。保护儿童消费安全，对于儿童群体健康成长、家庭和谐稳定具有重要意义，长远来看也有助于稳定家庭消费预期和扩大内需。

党的二十大报告旗帜鲜明地指出，"必须坚持在发展中保障和改善民生"，不断完善社会治理体系，健全共建共治共享的社会治理制度。2023年政府工作报告明确指出，保障基本民生和发展社会事业，保障妇女、儿童、老年人、残疾人合法权益。因此，要深刻理解和把握儿童消费安全所蕴含的政治属性、民生属性、道德属性及经济属性，坚持儿童为本，突出安全底色，注重陪伴引导，推动精准施策、共育共治。

（一）明晓法制规范，坚持儿童为本

一是坚持儿童为本，倡导儿童优先，强化法制规范建设。要持续完善促进儿童优先发展的制度体系，大力推动儿童友好型社会建设，共建安全、舒适、有益的可持续消费环境；在儿童友好城市和儿童友好社区创建中，适度增加儿童友好型消费环境创建评价指标。主动听取儿童群体意见，鼓励和支持儿童参与家庭、社会和文化生活，鼓励自主表达和决策，使其拥有更多参与感和话语权。

二是坚持适度强化特殊弱势消费群体的权益保护，更大范围地促进消费实质公平。在推进基础性、普惠性、兜底性民生保障供给时应充分考虑儿童群体的特殊性，特别是要重点关注残疾儿童、农村留守儿童、流动打工子弟等群体的公平参与权、自主选择权，共促温暖消费。

（二）强化消费监管，突出安全底色

一是持续构建更加完善、有效的消费安全保障体系，净化儿童消费环境。重点查处相关虚假宣传、"套路"营销违法案件，重点整治预付费式消费违约跑路和侵害儿童身心安全的问题，重点打击各类涉嫌诱导、误导儿童消费者的不良营商手法。

二是聚焦儿童商品和服务消费安全，进一步强化法制监管、信用监管、智慧监管，推动企业落实主体责任，在保护儿童安全议题上守底线、拉高线，降低安全风险和损伤；切实保障儿童消费售后权益，针对儿童消费侵权多发的问题和重点领域，探索公益诉讼代理制度和惩罚性赔偿制度。

三是加强广告监测和网信舆情监测，规范与儿童消费相关的广告和商业性活动，建设风清气正的营销环境和网络环境；完善涉儿、涉幼消费舆情监测处置机制，及时妥善调处各类维权投诉。

（三）家长以身示范，注重陪伴引导

最好的教育在家庭，最好的老师是父母。家庭是儿童消费安全的第一道关，家长的陪伴和正向引导对于塑造未成年人的亲密感、安全感、成就感至关重要。

首先，要持续优化家庭教养，为儿童健康发育、快乐学习和自由思考提供必要条件和有力保障，兼顾物质上的需要和情感上的支持，引导其探索、理解、厘清自身真实想法和消费诉求。其次，要发挥父母榜样和示范作用，在家庭生活和亲子互动中平等沟通、鼓励表达、让爱流动，培育形成良好的

休闲方式和消费趣味，丰富儿童现实生活，让儿童在家庭的关爱滋养中茁壮成长。最后，要培养儿童群体树立正确的人生观、消费观，提升安全消费意识和自护能力，理性参与各类付费、充值消费活动，切勿擅自行动。

（四）加强消费教育，推动共育共治

一方面，鼓励"家校联动"，强化家内外、校内外陪伴引导，不断培育锻炼儿童群体树立安全意识、责任意识和是非观念，养成良好的消费观念和消费习惯，遇到纠纷问题依法维权、理性维权；大力推动消费教育进法条、进课本、进社区、进家庭，通过案例式、场景式、体验式互动提升其消费素养，引领儿童消费观念不断从感性认识向理性认识转变。

另一方面，共育共治的关键在于家庭和课堂之外的善治善为，发挥社会组织和大众媒介作用，从社会倡导、社会监督、技术应用等层面做好支撑和风险筛除，传递积极正向价值，缓解公众焦虑情绪；不断推动社会各界共同关心、关爱儿童健康成长，净化网络空间和消费环境，完善儿童保护和支持体系，更好地满足其成长所需。

参考文献

国家统计局：《中国统计年鉴2022》，中国统计出版社，2022。

中国消费者协会：《2015年至2022年全国消协组织受理投诉情况分析报告》，https：//www. cca. org. cn/。

彭新民、汤哲等：《中国居民消费投诉变动趋势调查报告》，载李培林、陈光金、王春光主编《2023年中国社会形势分析与预测》，社会科学文献出版社，2022。

2017~2022年国产婴幼儿配方乳粉行业发展报告

陈 娟 朱嘉心 王浩哲 曹明路*

摘 要： 作为儿童早期喂养的重要营养来源之一，婴幼儿配方乳粉关系
儿童早期的生长发育和身体健康，攸关亿万家庭幸福和国家民
族未来，一直备受社会各界关注。习近平总书记强调，要下决
心把乳业做强做优，让祖国的下一代喝上好奶粉。本文通过分
析产品合格率、国产婴幼儿配方乳粉产品市场占有率的变化，
发现近年来国产婴幼儿配方乳粉的品质、竞争力和美誉度不断
提升。本文总结分析了近几年发展改革、工业和信息化、农业
农村、卫生健康、市场监管等政府部门在加强婴幼儿配方乳粉
行业监管、支持产业发展上采取的主要政策措施，以及国内乳
企为更好满足消费者对婴配乳粉产品品质持续提升的需求，在
提升产品品质、增强质量管控能力、强化科技研发等方面所做
的努力。在此基础上，对下一步工作提出了建议：提高产品美
誉度，增强产业链韧性，提升国际竞争力等。

关键词： 婴幼儿配方乳粉 消费信心 国际竞争力

---

* 陈娟，中国电子信息产业发展研究院科技与标准所副所长，主要研究方向为工业质量提升和
品牌建设、行业管理信息化等；朱嘉心，中国电子信息产业发展研究院科技与标准所项目经
理，主要研究方向为食品产业研究；王浩哲，中国电子信息产业发展研究院科技与标准所研
究人员，主要研究方向为食品行业政策研究、数据分析等；曹明路，中国电子信息产业发展
研究院科技与标准所研究人员，主要研究方向为工业质量提升和品牌建设。

习近平总书记强调,儿童健康事关家庭幸福和民族未来。婴幼儿时期是儿童生长发育的关键时期,婴幼儿配方乳粉(以下简称"婴配乳粉")是婴幼儿的主要食物来源之一,部分家庭甚至将其作为婴幼儿的唯一营养和能量来源,其安全和高品质是婴幼儿身体健康的重要保障。

2017年1月24日,习近平总书记到君乐宝旗帜乳业考察时做出重要指示,强调"要让祖国的下一代喝上好奶粉","要下决心把乳业做强做优,生产出让人民群众满意、放心的高品质乳业产品,打造出具有国际竞争力的乳业产业,培育出具有世界知名度的乳业品牌"。近五年来,政府有关部门出台多项指导性政策,支持产业发展;实施配方注册,加强行业监管;加快构建追溯体系,落实企业质量主体责任,提高产品质量安全保障水平。在各方努力下,近五年我国婴配乳粉行业发展迅速,产品质量不断提升,产品种类不断丰富,消费者对国产婴配乳粉的消费信心不断增强,国内乳企的世界影响力显著提升。

一 婴配乳粉行业近年来发展情况

(一)产品品质稳步提升,消费者信心逐渐恢复,国内市场占有率不断提高

儿童食品质量监管是儿童健康的协同支持体系的重要一环,婴配乳粉作为列入食品安全监管重点的高风险品种,其质量安全一直是社会各界持续关注的热点。2008年的"三聚氰胺事件"重创国内婴配乳粉行业,本土品牌深陷信任困境,市场占有率骤然下滑。在各方的共同努力下,国内婴配乳粉行业逐渐走出阴影,步入健康快速发展时期。近年来,婴配乳粉企业普遍加大了智能传感器、在线采集装置、投料控制系统等生产数字化、智能化技术手段的应用力度,极大提升了企业的质量管控能力和产品质量稳定性。

2017~2021年,我国婴配乳粉质量稳步提升,产品抽检合格率始终保持在99.5%以上,显著高于同期食品安全抽检平均合格率(见图1)。2021年婴配乳粉合格率达到99.88%,在34类抽检食品中合格率排名第二,高出食

品平均合格率 2.57 个百分点。曾备受关注、给国产奶粉带来重创的三聚氰胺已连续 12 年零检出。

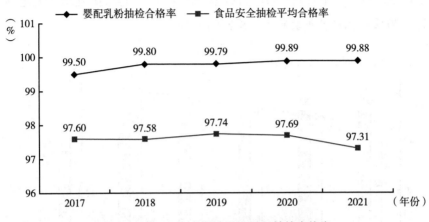

图 1   2017~2021 年国产婴配乳粉抽检合格率

资料来源：原国家食品药品监管总局，国家市场监督管理总局。

国产婴配乳粉产品的质量成就得到各界的广泛认可。2018 年，伊利、君乐宝获得第三届中国质量奖①提名奖的殊荣，这是乳制品企业首次获得该奖项，且伊利在 2021 年再次获得第四届中国质量奖提名奖。伊利、飞鹤在 2019 年获得第十八届全国质量奖②鼓励奖，伊利在 2021 年获得了第十九届全国质量奖。国际上，君乐宝在 2019 年荣获亚洲质量创新奖③，成为首家获得该荣誉的食品企业。

随着产品质量的提升，本土品牌在研发、工艺、质量控制和发展战略等方面日渐成熟，加之近年来国外品牌婴配乳粉食品安全问题频发，消费者对国内品牌的婴配乳粉购买意向不断增强，本土品牌的国内市场占有率稳步提

① 中国质量奖：是经中央批准设立，由我国政府部门组织评选的最高质量类奖项。该奖设中国质量奖和中国质量奖提名奖，每两年评选一次。

② 全国质量奖：是经中央批准设立，由中国质量协会承办的质量评奖领域的重要荣誉。

③ 亚洲质量创新奖：由亚洲质量功能展开协会（AQFDA）颁发，该奖项每年评选一次，采用诺贝尔推荐制，由相关专家或理事会单位推荐，经亚洲质量创新奖评审委员会严格遴选，由知名质量专家审议产生。

升。2017~2021 年，本土品牌市场份额从 44% 增加至 60%（见图2），并在 2020 年首次超过外资品牌市场份额，当年市场份额排名前十的品牌中有 5 个是本土品牌，其中飞鹤的市场占有率全国第一①。据中国乳制品工业协会估计，2022 年国产婴配乳粉市场份额约为 68%。

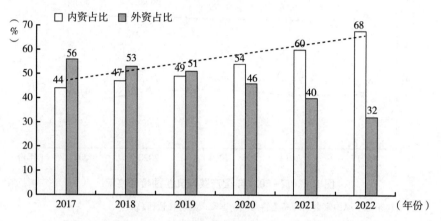

图 2 2017~2022 年我国婴配乳粉市场内外资品牌占比情况

资料来源：前瞻产业研究院、中国乳制品工业协会。

（二）研发实力不断增强，产品更丰富多元，更强调功能性

随着消费者消费能力的不断提升和对美好生活品质的不断追求，营养健康、精细化日益成为婴幼儿喂养的主要趋势，驱动我国婴配乳粉产品向多样化、功能性方向发展。

近年来，各企业纷纷加大研发投入，充实自身研发实力、填补细分领域空白，建设母乳数据库，研制更适合中国儿童的产品，积极满足不同体质儿童的生长发育需求以及中国家庭多元、细分的消费需求。免疫球蛋白含量更高、更易被消化吸收的婴幼儿配方羊奶粉市场规模不断扩大，已从 2016 年的 50 多亿元增长到 2022 年的 80 亿元左右，更好地满足了抵抗力差、肠胃

---

① 华经产业研究院：《中国婴配奶粉行业竞争格局及投资前景展望报告》，https：//www.sohu.com/a/593896617_121397068，最后检索时间：2023 年 1 月 16 日。

较弱的婴幼儿群体的喂养需求。各大婴配乳粉企业纷纷进军有机奶粉领域，大大减少了婴幼儿对食品添加剂的不必要摄入，更好地满足消费者对于产品安全的追求以及对于高品质奶粉消费升级的需求。2016年《特殊医学用途配方食品注册管理办法》出台后，特配奶粉有了正式的身份，各企业纷纷加大对特配奶粉的研发力度，针对性解决婴幼儿食物蛋白过敏、乳糖不耐受、早产或低体重、氨基酸代谢障碍、营养不良等多种临床问题，以满足特殊体质婴幼儿群体早期的营养摄入需求（见表1）。

表1 世界乳品创新奖（World Dairy Innovation Awards）① 国内婴配乳粉品牌获奖情况

年份	品牌	获奖产品	奖项
2019	宜品	蓓康僖启铂婴幼儿配方羊奶粉3段	最佳过敏友好型乳品
2020	宜品	宜品怡贝部分水解配方	最佳零乳糖乳品
2022	澳优	佳贝艾特悠装Pro幼儿配方羊奶粉	最佳婴儿营养乳品

资料来源：据公开资料整理。

（三）海外布局加速深化，世界影响力持续增强

近年来，国内婴配乳粉企业积极"走出去"开展对外投资和国际合作，建立海外研发中心、生产基地及奶源基地，充分整合海内外优势资源，构建全球资源体系和全球创新网络，实现优势互补、要素资源协同（见表2）。

表2 国内乳企海外建厂及收并购案例

年份	案例	案例类型
2017	贝特佳在新西兰投资建厂	海外建厂
2017	澳优收购澳洲ADP奶粉工厂及OzFarm Royal Pty Ltd公司	海外收并购
2019	宜品收购西班牙Euroserum奶粉工厂	海外收并购
2019	欧比佳爱尔兰爱姆瑞（EmeRf）乳粉工厂建成	海外建厂
2019	澳优在荷兰投资建设的Pluto工厂和Hector工厂正式投产	海外建厂

① 世界乳品创新奖：由英国权威行业媒体FoodBev发起，旨在发掘全球乳品行业最前沿的创新产品，已成为全球乳业创新风向标。

年份	案例	案例类型
2019	伊利收购新西兰第二大乳品公司 Westland	海外收并购
2019	蒙牛收购澳大利亚贝拉米公司	海外收并购

资料来源：据公开资料整理。

　　借助海外投资项目，国内龙头乳企不断应用国际产业资源，增强自身综合实力，为全球消费者提供更高品质的产品。以伊利为例，伊利在新西兰建立了全球最大一体化乳业基地，并与新西兰林肯大学合作成立大洋洲研发中心；在欧洲，伊利与荷兰瓦赫宁根大学共建海外研发中心，在乳制品创新研发、人才交流、资源共享、项目合作等方面深化合作；在美国，伊利与顶尖高校、科研院所合作共建中美食品智慧谷。

　　随着国内外市场的持续扩张和全球化产业布局的日益完善，我国企业的世界影响力也在不断提升，在多个国际权威排名中名列前茅。在 2017~2022 年间，伊利与蒙牛两家企业一直保持在"全球乳业品牌 20 强排行榜"① 前十行列，且排名不断提升（见表3）。在"品牌金融"（Brand Finance）② 食品品牌排行榜中，伊利、蒙牛的排名均稳中有进（见表4），尤其是近三年来，伊利一直保持排名第二的位置，蒙牛始终稳定在排名前十的范围。

表3　2017~2022 年伊利、蒙牛"全球乳业品牌 20 强排行榜"排名情况

年份	伊利排名	蒙牛排名
2017	8	10
2018	9	10
2019	8	10
2020	5	8

---

① 全球乳业品牌 20 强排行榜：由荷兰合作银行公布，是目前全球乳业最权威的排行榜单之一。

② 品牌金融（Brand Finance）：是来自英国的全球领先的品牌估值咨询公司，是目前品牌价值评估国际标准 ISO10668、品牌评价标准 ISO20671 的核心制定者。

续表

年份	伊利排名	蒙牛排名
2021	5	9
2022	5	7

资料来源：据公开资料整理。

表4 2017~2022年伊利、蒙牛"品牌金融"（Brand Finance）食品品牌排行榜排名情况

年份	伊利排名	蒙牛排名
2017	7	18
2018	3	13
2019	3	6
2020	2	7
2021	2	8
2022	2	9

资料来源：据公开资料整理。

二 近年来采取的政策措施

（一）出台纲领性文件，指引行业发展方向

2017年，国务院办公厅印发《国民营养计划（2017—2030年）》，提出"生命早期1000天营养健康行动"，要求提高婴幼儿食品质量与安全水平，推动产业健康发展。2018年，国务院办公厅发布《关于推进奶业振兴保障乳品质量安全的意见》，明确提出"到2020年，婴幼儿配方乳粉的品质、竞争力和美誉度显著提升"的要求[①]。2019年，国家发展改革委、工业和信息化部等七部委联合印发《国产婴幼儿配方乳粉提升行动方案》，提出实施国产婴配乳粉"品质提升、产业升级、品牌培育"行动计划，从标准

---

① 《关于推进奶业振兴保障乳品质量安全的意见》（国办发〔2018〕43号），http://www.gov.cn/zhengce/content/2018-06/11/content_5297839.htm，最后检索时间，2023年1月16日。

完善、质量追溯、检验检测、产品抽检、奶源建设、企业升级、品牌宣传等方面推动实现婴配乳粉行业做强做优①。

按照党中央、国务院决策部署，相关政府部门立足职能职责，强化协同联动，扎实推动各项工作落实落细。工业和信息化部引导企业加强新工艺和新产品的研发，满足多样化消费需求，加快追溯体系和诚信体系建设，助力提振消费信心；农业农村部加强生鲜乳质量安全监管，促进行业上游高质量发展，严把源头质量关；国家卫生健康委修订完善婴儿配方食品标准，以更高要求引领婴配乳粉品质提升；国家市场监督管理总局严控婴幼儿配方乳粉生产环节，落实企业主体责任，强化配方注册管理。

（二）实施配方注册制度，落实"四个最严"②监管

2016年10月，原国家食品药品监督管理总局制定《婴幼儿配方乳粉产品配方注册管理办法》（以下简称《办法》）③，这是全球范围内首次对婴配乳粉配方实行注册制，在我国婴配乳粉监管工作中具有里程碑式的意义。

《办法》要求，国内生产和进口的婴配乳粉产品都要经国务院食品药品监督管理部门注册批准，并证明配方的科学性、安全性。婴配乳粉生产企业要符合粉状婴幼儿配方食品良好生产规范要求（GMP），实施危害分析与关键控制点体系（HACCP），重点对生产过程、产品质量、标签标识和配方等方面严格管控，对出厂产品按照有关法律法规和婴配乳粉食品安全国家标准规定的项目实施逐批检验。

为更好适应产业发展和监管所需，配方注册制度自建立以来，持续不断

---

① 《关于印发〈国产婴幼儿配方乳粉提升行动方案〉的通知》（发改农经〔2019〕900号），http：//www.gov.cn/xinwen/2019-06/03/content_5397128.htm，最后检索时间，2023年1月16日。

② "四个最严"即最严谨的标准、最严格的监管、最严厉的处罚、最严肃的问责。来源：习近平：《中国乳企要争气让祖国下一代喝上好奶粉》，http：//health.cnr.cn/chinamilk/news/2017 0204/t20170204_523555066.shtml，最后检索时间：2023年1月28日。

③ 国家食品药品监督管理总局令（第26号）《婴幼儿配方乳粉产品配方注册管理办法》，http：//www.gov.cn/gongbao/content/2016/content_5145569.htm，最后检索时间：2023年1月28日。

健全完善。2017 年原国家食品药品监督管理总局公布《婴幼儿配方乳粉产品配方注册标签规范技术指导原则（试行）》，明确了相关的产品标签规范要求；2019 年国家市场监督管理总局发布《婴幼儿配方乳粉产品配方注册管理办法（征求意见稿）》，提高了配方注册的要求，并对原《办法》进行了实操性优化；2021 年国家市场监督管理总局发布《关于进一步规范婴幼儿配方乳粉产品标签标识的公告》，进一步对产品标签的表述严谨性提出了要求，以避免虚假或者夸大性的产品功能展示对消费者造成欺骗或误导。

在配方注册制度的推行实施下，婴配乳粉行业竞争环境稳步改善，市场主体活力持续迸发。更多企业走上了配方差异化之路，更注重母乳成分的研究、细分领域的探索、产品结构的布局，更好地满足了我国婴幼儿的个性化、精细化营养需求，回应了人民群众对高品质生活的新期待。

（三）建设应用追溯体系，提升产品信息透明度

为引导婴配乳粉企业提高生产过程和产品质量安全信息的透明度，增强消费信心，工业和信息化部自 2013 年起在国产婴配乳粉行业开展追溯体系建设工作。伊利、飞鹤、君乐宝等全部的龙头骨干企业和绝大多数的中小企业，以及美赞臣、雀巢、雅培等在国内生产的外资企业均已按照工信部要求建立婴配乳粉追溯体系。截至 2022 年底，共 99 家企业接入工信部追溯体系，覆盖国内婴配乳粉生产企业户数的 83%、总产量的 90% 以上，追溯数据量达到 19 亿条。

工信部的追溯体系为国内婴配乳粉生产企业建立了行业统一的追溯查询入口、追溯系统建设规范、信息类型、追溯数据格式和数据展示形式，帮助企业规范生产流程，优化内部管理模式，提升了企业内部质量管控能力和水平。另外，在政府建立的追溯平台公开产品检验报告等关键质量信息，彰显了生产企业对产品质量的自信心，从而提高了消费者的信任度。

为满足消费者方便、快捷的查询需求，工信部婴配乳粉追溯体系建设了多渠道查询矩阵，除了自建官方网站、"婴配乳粉追溯"微信和抖音小程序外，还在中国政府网、国务院微信小程序、国家政务服务平台等权威政务平

台、微信公众平台、京东自营商城等社会影响力较大的第三方平台以及孩子王、育儿网、爱婴室、妈妈帮等专业母婴平台设立了追溯查询入口。

经过多年努力，工信部婴配乳粉追溯体系有力地保障了消费者的知情权和选择权，许多消费者也已把能否在工信部追溯平台查询作为采购婴配乳粉产品的重要参考因素，消费者的安全感和对国产奶粉的消费信心不断提升。

（四）多元主体协同共治，促进行业规范发展

婴配乳粉行业近五年取得的历史性发展成就既离不开政府的引导和行业企业的努力，也离不开行业协会、媒体、第三方机构及消费者等社会各界的监督和支持。

中国乳制品工业协会、中国奶业协会等行业协会作为政府与行业的纽带，在新技术推广、技术咨询、政策宣传、行业内交流培训等方面发挥了重要作用。相关协会积极反映企业诉求，组织行业标准制修订，举办培训、交流、评奖等活动，引导企业在质量控制、科学研究、品牌培育等方面加大投入，促进行业健康发展。

媒体及社会公众的监督共治在营造产业发展良好舆论环境、增进消费者信任中起到了非常重要的促进作用。一方面，媒体的宣传加强了婴配乳粉相关知识的普及，提高了消费者对婴配乳粉营养性、安全性的科学认知，同时通过对国产婴配乳粉行业治理和产品品质提升工作成效的传播，提升了消费者对国产婴配乳粉的信任度。另一方面，各类传统媒体及新媒体，与广大消费者形成社会全覆盖的监督体系，对不法行为产生强大的威慑作用，督促婴配乳粉企业更加珍爱品牌声誉，严格约束生产经营行为。

第三方机构在指导帮助婴配乳粉企业诚信管理体系建设、降低产品质量安全风险方面发挥了重要的支撑服务作用。在第三方机构的辅导和支持下，截至2022年底，共有101家婴配乳粉工厂通过食品工业企业诚信管理体系评价并获得证书，占全国婴配乳粉工厂总数的84%。诚信管理体系的建设和有效运行，全面提升了婴配乳粉企业的质量安全意识，推动婴配乳粉质量安全责任关口前移，督促企业内组织和个人切实落实质量主体责任。

三 婴配乳粉企业的典型实践

婴配乳粉企业肩负着保证婴配乳粉产品品质，为儿童健康保驾护航的重要任务。五年来，在国家一系列政策指导下，我国婴配乳粉企业致力于产品创新和质量安全，从儿童成长的实际需求出发，不断提升技术装备水平、科技研发能力和企业管理水平，在和国外乳业巨头同台竞技过程中，逐步形成了一批以君乐宝、伊利、飞鹤、蒙牛雅士利等为代表具有国际竞争力的婴配乳粉龙头企业。企业在质量管理、技术创新等方面的成绩也获得了不少国内外荣誉。

（一）发挥全产业链条优势，构建纵向一体化发展新格局

近些年来，国内婴配乳粉企业纷纷打造"农牧工"三位一体的全产业链，从原料产生、原料加工到成品保存、运输等各环节可控可追溯，为我国婴配乳粉高质量发展打下了坚实的基础。

君乐宝始终牢记习近平总书记 2017 年视察时的嘱托，坚持把创新作为企业发展的原动力，建立了"两个模式"以全面保障产品质量安全：一是全产业链一体化模式，即牧草种植、奶牛养殖、生产加工全产业链一体化生产经营，确保产品的安全放心；二是"五个世界级"模式，用世界级水平的研发、世界级先进的牧场、世界级领先的工厂、世界级一流的合作伙伴和世界级食品安全管理体系，确保产品的高品质。2022 年，君乐宝凭借"种养加零距离一体化"产业模式和"鲜奶密闭输送系统"专利技术，获评联合国工业发展组织全球科技创新大会颁发的"全球科技创新奖金奖"。飞鹤等企业为避免生牛乳与空气接触，将鲜奶直接导入密闭管道，并在 0~4℃ 环境低温冷却，确保营养物质不流失；检测合格后的生牛乳，通过恒温运输快速抵达企业智能工厂进行生产加工。

（二）坚持科技创新，持续增强企业核心竞争力

婴配乳粉企业坚持把科技创新作为推动企业发展的原动力，围绕关键原

辅料攻关，不断创新突破，提升乳制品全产业链的自主可控能力。

君乐宝投入重金打造奶业创新研究院，从牧草种植、奶牛遗传育种、乳品工艺技术到新产品开发进行全产业链研究，建立了拥有1000余株乳酸菌的菌种库，打造了从菌种资源采集、功能菌株选育、生产工艺构建到特色产品开发的科研体系，研发出具有自主知识产权的副干酪乳杆菌N1115①，打破了国外此类产品的垄断。作为我国最早的奶粉企业之一，飞鹤一直以来专注于对中国宝宝体质特点及需求开展研究，经过6年的持续攻关，2022年建成我国第一条乳铁蛋白智能化生产线，打破了国外对于乳铁蛋白的垄断。2019年以来，飞鹤共申请484项专利，其中发明专利137项，内容涵盖乳粉原料、生产工艺、包装技术及生产设备等方面。伊利专注母乳研究21年，建立了我国首个母乳研究企业数据库，积累上千万条母乳分析数据，为婴幼儿配方奶粉的母乳化精准开发提供支持。伊利还在亚洲、欧洲、大洋洲和美洲设立了15个创新中心，围绕国际乳业研发的重点领域，整合海内外研发资源，从全球视角布设了一张涵盖全球领先研发机构的全球创新网络。截至2022年底，伊利全球专利申请总数、发明申请总量位居世界乳业十强第二名，已获得74项婴配奶粉相关专利，研制出以"α-乳清蛋白和β-酪蛋白的婴儿配方奶粉及其制备方法""有核苷酸和OPO结构脂的母乳化0~12月婴配方奶粉及其制备方法""有核苷酸的母乳化0~12月婴儿配方奶粉及其制备方法""有核苷酸和膳食纤维的1~3岁幼儿配方奶粉及其制备方法"及"核苷酸组合物及其在食品中的应用"等核心发明专利为代表的中国的专利配方。

（三）严格风险管控，不断提升产品质量水平

产品品质是企业的生命线，婴配乳粉企业高度重视供应链各环节风险管控，实现全产业链全面质量管理。

为保障产品品质，君乐宝建立了专业的质检中心，统一给集团30多个

---

① 利用副干酪乳杆菌N1115制备的婴幼儿奶粉能够有效预防结肠炎。

工厂/牧场提供技术服务、检测方法开发等支持。2017~2019年，君乐宝旗下的旗帜奶粉连续3年获得世界食品品质评鉴大会特别金奖，2019年获"亚洲质量创新奖"，是亚洲食品行业首家获得该奖项的企业。伊利建立了"全员、全过程、全方位"质量管理体系以及"集团—事业部—工厂"三级食品安全风险监测防控体系，覆盖80多个检验单元，检验项目总数达1000多项，实现了从源头到终端的每一个食品安全和质量控制关键点的监测、分析、把控和风险预防。蒙牛雅士利以"制药级"标准实施全程质量控制，参照制药行业的GMP标准设计和建造国内外生产基地，以ISO 9000质量管理体系和ISO 22000食品安全管理体系为基础，对生产工艺、人流及物流的控制、分区的管理、洁净设计等各个环节都规定了详细要求。蒙牛雅士利先后通过了BRCGS FOOD①、FSSC 22000②、SQF③等国际体系认证，并采用《食品欧盟标准评估实施细则》和《食品欧盟标准审核技术规范》，成为国内首家通过欧盟产品认证的婴配乳粉企业。

（四）推进智能化建设，赋能全流程管理

婴配乳粉企业近年来积极应用数字化、网络化和智能化技术，增强产品全生命周期、供应链全流程质量管理能力，提高产品品质。

君乐宝建立了自动化灌装生产线、智能立体库仓储管理系统及智能化质量管控系统，不仅提升了从产品设计、工艺管理、生产制造、质量检测到物流营运等环节的全生命周期管理的信息化、智能化水平，还实现了从原奶到成品的自动化加工，产品质量效益不断优化。飞鹤自2020年以来逐步落实"组织+流程+绩效"三位一体的供应链管控模式，并从运营管理和数字化建设两个层面推进实施供应链工业4.0解决方案，缔造出"新鲜、安全、敏捷"的供应链体系，提升生产效率和品控的精细度。伊利建立了全链条覆

---

① BRCGS FOOD：是全球公认的食品安全标准之一，涵盖食品制造组织内拟实行的食品安全、质量和操作标准等食品安全管理各方面的内容。

② FSSC 22000：是一项全球性的、可审核的食品安全管理体系标准。

③ SQF：源自澳大利亚农业委员会为食品链相关企业制定的食品安全与质量保证体系标准。

盖、全场景渗透、全方位互动、全品类共享的"四全数字化运营体系",金领冠奶粉已实现从原材料采购、生产包装、流通运输、终端售卖到消费的全过程追溯系统建设,消费者一键扫码即可查看奶粉生产日期、配料表及质检报告等信息。蒙牛雅士利一方面对奶源基地管理、产品研发、供应商审核与管理、原料控制、生产过程、流通渠道及消费的全过程实行质量风险分析,另一方面,投入千万元打造产品追溯体系,实现生产、出厂、经销、门店到消费者的全程可溯源,切实保障消费者权益。

四 形势分析与对策展望

儿童健康是全民健康的起点与基础,是提升劳动力素质与人口质量的关键环节,在迈向全面建设社会主义现代化国家的新征程上,要贯彻以人民为中心的发展思想,为儿童健康成长提供良好的发展环境和充分的营养基础。婴配乳粉是新生儿安全与健康的重要保障,其安全和高品质是实现儿童健康权利的必然要求,婴配乳粉行业的良性发展是儿童健康成长的重要保障。

过去几年,在政府、企业和社会各界的共同努力下,我国婴配乳粉行业蓬勃发展,国产婴配乳粉的品质、竞争力和美誉度均有较大程度提升。当前,婴配乳粉行业仍处在成长关键期,受政策环境、市场竞争格局、国内外形势以及消费需求等变化的影响,产业发展的风险和机遇并存。

(一)形势分析

从政策层面分析,婴配乳粉行业未来仍然将处于强监管态势。《婴幼儿配方乳粉生产许可审查细则(2022版)》进一步强化企业食品安全主体责任,对婴配乳粉原料管控、质量追溯、生产设备风险防控提出了更高要求。婴幼儿配方食品系列新国标于2023年2月正式实施,对各年龄段婴幼儿配方标准划分更为精确,对部分成分含量和营养指标的要求更为严格,婴配乳粉品质要求进一步提升。

从市场层面分析,婴配乳粉行业市场竞争将更为激烈。一是市场集中度进一步提升。近年来婴配乳粉行业兼并重组活跃，伊利入主澳优、飞鹤收购小羊妙可、君乐宝收购银桥乳业、达能收购欧比佳，美赞臣收购美可高特，资源向头部企业集中趋势明显，中小企业的发展空间被进一步压缩。二是市场需求面临巨大收缩压力。根据国家统计局数据，我国生育率近年来持续下降，2022年我国新增人口数量创下1962年以来的新低，人口出生率仅为6.77‰。新生儿数量不断减少直接导致婴配乳粉消费量的下降，将给行业发展带来持续而深远的影响。

从供给层面分析，婴配乳粉产业链供应链水平有待提高。一是核心原料进口依存度高。我国婴配乳粉上游供应链较为脆弱，乳清粉、复合维生素等原辅料自给能力弱，近几年受疫情、局部冲突、地缘政治及能源价格上涨等因素影响，原料供给减少、到货延迟、价格攀升等现象屡见不鲜，严重影响了我国婴配乳粉供应链稳定。二是生鲜乳供应不稳定。一方面，我国生鲜乳产量受季节影响较大，且牧场南北分布严重不均衡，在淡季时南方乳企的原料供应保障存在风险；另一方面，我国生鲜乳生产成本较高，且价格波动较大，增加了乳企原料供应管理和成本控制的难度。

从消费层面分析，我国婴配乳粉市场仍有较大潜力。一是我国居民随着生活水平不断提高，对高端产品的需求会进一步扩大；二是随着消费观念升级，婴配乳粉的消费市场不再集中在城市，而将向农村市场不断下沉，婴配乳粉消费目标群体和市场有望进一步扩大；三是以"90后"为代表的新一代年轻消费群体对国产品牌的认可度与日俱增，打破了"只有进口奶粉才是好奶粉"的传统刻板印象，转而更看重产品本身的品质，国产婴配乳粉有望与国外品牌在更加公平的消费环境中竞争。

（二）对策建议

婴配乳粉作为母乳的替代品，关系儿童生命之初的安全，担负着为儿童健康成长提供口粮和营养的任务，一旦产品供应出现问题，将引发激烈社会反应，我国的"三聚氰胺事件"和2022年美国发生的奶粉短缺事件都说明了保障奶粉供应安全稳定的特殊重要性。为打造具有国际竞争力的婴配乳粉

产业，保障我国婴配乳粉持续安全稳定供应，更好地满足中国儿童的生长发育需求，我们提出以下四点建议。

1. 加大新品种研发力度

不断研发质量有保障、生产功能有特色的产品，是企业在未来激烈市场竞争中立于不败之地的关键。企业应加强母乳和生命早期应用需求研究，在新产品研发上求突破、求创新，研发生产出具有特色的产品，如无乳糖配方奶粉、羊奶粉、有机配方奶粉、特殊医学用途配方奶粉等，提升产品核心竞争力。加强细分领域研究，丰富完善产品组合与矩阵，进行多元化布局，为消费者提供品种更丰富、品质更高、营养更全面的产品。

2. 加快关键核心技术攻关

婴配乳粉生产企业应加强关键核心技术攻关，全面提高原料供给能力和水平，提升婴配乳粉产业链供应链的韧性和安全水平，增强行业核心竞争力。相关科研机构和婴配乳粉产业链上下游企业应加强对母乳及生命早期营养研究，充分发挥国际国内两种创新资源优势，研发更适合儿童成长发育所需的营养素，持续提升婴配乳粉产品质量，增强企业竞争力，推动产业迈向价值链中高端。

3. 积极推进产业绿色低碳转型

婴配乳粉行业应加快转变生产方式，推进资源节约高效利用，推广资源循环利用，避免过度包装，减少和限制塑料包装的使用，并适时打造完整的农、牧、工降碳链条，将绿色低碳实践融入产业链全过程。走绿色可持续发展道路，实现产业发展与碳减排协同推进，多角度、深层次、全方位满足人民群众对高品质生活的需求。

4. 增强市场风险防控能力

婴配乳粉企业应高度关注市场环境变化，加强对宏观经济、国际政治、经贸政策、原辅料价格波动趋势、消费舆情以及原料奶购销、原料库存等内外部情况的监测，及时发现风险隐患，精准研判产业发展走向，并及时果断推出应变措施，提升生产经营管理的内部稳定性和外部适应性，牢牢掌握市场竞争的主动权。

B.10
"双减"背景下素质教育的发展

王　建*

摘　要： 素质教育是教育的核心，"双减"政策集中指向和推动素质教育发展，具体来说，学校教育减负提质，全面实施素质教育；校外培训规范运行，转型发展素质教育；家庭教育依法而行，履行素质教育责任。一年多来，"双减"工作扎实推进，初见成效。但发展素质教育具有长期性、复杂性、艰巨性，受教育系统内外部多种因素制约，尤其是因理论研究不足、应试教育顽疾、教育评价偏差与传统考试方式惯性的影响还未能走出困境。新时代新征程，发展素质教育成为推动教育高质量发展的战略主题，必须加快补齐短板，探索"五育"融通整合；聚焦核心素养，引领育人方式改革；促进教育公平，提供适合的教育；注重科技赋能，推进教育数字化。

关键词： "双减"政策　素质教育　发展路向

2021年7月，中共中央办公厅、国务院办公厅印发《关于进一步减轻义务教育阶段学生作业负担和校外培训负担的意见》（以下简称《双减意见》），要求"有效减轻义务教育阶段学生过重作业负担和校外培训负担"（以下简称"双减"）。作为全面贯彻党的教育方针、落实立德树人根本任务的重大教育改革，推进"双减"政策落地成为新时代发展素质教育的有效途径和有力抓手，带来了中国基础教育的深刻改变。

---

* 王建，中国教育科学研究院教育财政研究所所长、研究员，主要研究方向为教育战略与政策、教育财政。

一 新时代发展素质教育的目标、内涵与方略

素质教育是我国20世纪80年代后期主要针对"片面追求升学率"的"应试教育"弊端提出来的教育改革策略，后来相继写入国家教育政策法律文件，全面实施素质教育成为我国教育改革发展的战略主题。党的十八大以来，以习近平同志为核心的党中央高度重视发展素质教育。2016年9月，习近平总书记视察北京市八一学校时指出，"素质教育是教育的核心，教育要注重以人为本、因材施教，注重学用相长、知行合一，着力培养学生的创新精神和实践能力，促进学生德智体美全面发展。"[①] 2017年10月，习近平总书记在党的十九大报告中提出"要全面贯彻党的教育方针，落实立德树人根本任务，发展素质教育，推进教育公平，培养德智体美全面发展的社会主义建设者和接班人"。[②] 2022年10月，习近平总书记在党的二十大报告中再次提出要"全面贯彻党的教育方针，落实立德树人根本任务，培养德智体美劳全面发展的社会主义建设者和接班人。坚持以人民为中心发展教育，加快建设高质量教育体系，发展素质教育，促进教育公平"。[③] 从"实施素质教育"上升为"发展素质教育"，不仅仅是话语的转换，更重要的是反映了新时代发展素质教育的新内涵新要求，习近平总书记关于教育的重要论述为新时代发展素质教育提供了根本遵循和行动指南。

（一）发展素质教育的历史使命是培养时代新人

中国特色社会主义进入新时代，服务中华民族的伟大复兴是教育的重要

---

① 《习近平在北京市八一学校考察时强调　全面贯彻落实党的教育方针　努力把我国基础教育越办越好》，http://www.gov.cn/xinwen/2016-09/09/content_ 5107047. htm，最后检索时间：2016年9月9日。

② 习近平：《决胜全面建成小康社会　夺取新时代中国特色社会主义伟大胜利——在中国共产党第十九次全国代表大会上的报告》，http://www.gov.cn/zhuanti/2017-10/27/content_ 5234876. htm，最后检索时间：2017年10月27日。

③ 习近平：《高举中国特色社会主义伟大旗帜　为全面建设社会主义现代化国家而团结奋斗——在中国共产党第二十次全国代表大会上的报告》，http://www.gov.cn/xinwen/2022-10/25/content_ 5721685. htm，最后检索时间：2022年10月25日。

使命，培养担当民族复兴大任的时代新人成为发展素质教育的出发点和落脚点。2018年9月，习近平总书记在全国教育大会上指出，"培养什么样的人，是教育的首要问题"，明确"我们的教育必须把培养社会主义建设者和接班人作为根本任务"。① 2019年3月，他在学校思想政治理论课教师座谈会上强调，"努力培养担当民族复兴大任的时代新人，培养德智体美劳全面发展的社会主义建设者和接班人"。② 在新时代定位素质教育的价值、内涵和使命，要破除将发展素质教育机械地等同于摒弃"应试教育"的传统认识，而要与更为高远的目标指向联结起来，即担负起培养时代新人的重大使命。从培养规格来说，是培养德智体美劳全面发展的社会主义建设者和接班人；从发挥的作用来看，是着眼于服务中华民族伟大复兴，成为有理想、有本领、有担当的时代新人。

（二）发展素质教育的战略任务是构建全面培养体系

新时代发展素质教育，要凸显育人为本，不断促进人的全面发展，努力提高全民综合素质，培养更多对社会有用的人。2018年9月，习近平总书记在全国教育大会上首次将劳动教育与德育、智育、体育、美育并列，强调"要努力构建德智体美劳全面培养的教育体系，形成更高水平的人才培养体系"。③ 2020年3月，在同教育文化卫生体育领域专家代表座谈时指出，要"深化学校思想政治理论课改革创新，加强和改进学校体育美育，广泛开展劳动教育"。④ 2021年9月，在陕西绥德实验中学考察时指出，"德智体美劳全面发展，字字千金，都是经过多年总结摸索才得出来的。孩子们要全面发

① 《习近平出席全国教育大会并发表重要讲话》，http：//www.gov.cn/xinwen/2018-09/10/content_ 5320835.htm，最后检索时间：2018年9月10日。
② 《习近平主持召开学校思想政治理论课教师座谈会》，http：//www.gov.cn/xinwen/2019-03/18/content_ 5374831.htm，最后检索时间：2019年3月18日。
③ 《习近平出席全国教育大会并发表重要讲话》，http：//www.gov.cn/xinwen/2018-09/10/content_ 5320835.htm，最后检索时间：2018年9月10日。
④ 习近平：《在教育文化卫生体育领域专家代表座谈会上的讲话》，http：//www.gov.cn/xinwen/2020-09/22/content_ 5546157.htm，最后检索时间：2020年9月22日。

展，做社会主义建设者和接班人，成为对社会有用的人，成为国之栋梁"。①
习近平总书记发展和完善了党的教育方针，明确了全面发展教育所涉及的素
质内涵与内容结构，有利于教育工作者更全面准确地把握新时代发展素质教
育的根本任务与策略。

（三）发展素质教育的根本途径是深化教育综合改革

发展素质教育，必须全面深化教育综合改革，特别是要以教育评价改革
为牵引，统筹推进育人方式、办学模式、管理体制和保障机制改革，支撑教
育高质量发展。2016 年 9 月，习近平总书记视察北京市八一学校时指出，"要
深化办学体制、管理体制、经费投入体制、考试招生及就业制度等方面的改
革，深化学校内部管理制度、人事薪酬制度、教学管理制度等方面的改革，
深化人才培养模式、教学内容及方式方法等方面的改革，使各级各类教育更
加符合教育规律、更加符合人才成长规律"。② 2018 年 9 月，他在全国教育大
会上说，"素质教育提出 20 多年了，取得了一定进展，但总的看，各地区成
效不够平衡。说到底，是立德树人的要求没有完全落实到体制机制上，教育
的指挥棒在中小学实际上是考试分数和升学率，在高校主要是科研论文，关
于德育、素质教育的应有地位和科学评价体系没有真正确立起来。这是一个
必须解决的老大难问题"。③ 为此，深化新时代教育评价改革，必须着力构建
以发展素质教育为导向的科学评价体系，健全立德树人系统化落实机制。

（四）发展素质教育的重要保障是构建协同育人机制

发展素质教育是全社会共同的责任，离不开良好的教育环境和教育生

---

① 《习近平勉励中学生：全面发展，成为国之栋梁》，http：//politics. people. com. cn/n1/2021/
0915/c1024-32227741. html？ ivk_ sa=1024320u，最后检索时间：2021 年 9 月 15 日。
② 《习近平在北京市八一学校考察时强调　全面贯彻落实党的教育方针　努力把我国基础教
育越办越好》，http：//www. gov. cn/xinwen/2016-09/09/content_ 5107047. htm，最后检索
时间：2016 年 9 月 9 日。
③ 中央宣传部（国务院新闻办公室）、中央文献研究院、中国外文局：《习近平谈治国理政》
（第三卷），外文出版社，2020，第 348~349 页。

态。2016 年 9 月,习近平总书记视察北京市八一学校时指出,"基础教育是全社会的事业,需要学校、家庭、社会密切配合。学校要担负主体责任,对学生负责,对学生家庭负责。家长要尊重学校教育安排,尊敬老师创造发挥,配合学校搞好孩子的学习教育,同时要培育良好家风,给孩子以示范引导。各相关单位特别是宣传、文化、科技、体育机构要积极为学生了解社会、参与实践、锻炼提高提供条件"。① 2018 年 9 月,他在全国教育大会上明确指出,"办好教育事业,家庭、学校、政府、社会都有责任。家庭是人生的第一所学校,家长是孩子的第一任老师,要给孩子讲好'人生第一课',帮助扣好人生第一粒扣子。教育、妇联等部门要统筹协调社会资源支持服务家庭教育。全社会要担负起青少年成长成才的责任。各级党委和政府要为学校办学安全托底,解决学校后顾之忧,维护老师和学校应有的尊严,保护学生生命安全"。② 发展素质教育需要建立健全学校家庭社会协同育人机制,构建以政府为主导、学校为主体、社会为依托、家庭为基础、媒体为手段,学校、社会、家庭、网络四个方面力量有机结合、紧密衔接的育人共同体。

二 "双减"政策开启发展素质教育新契机

"双减"工作是贯彻落实习近平总书记关于教育的重要论述的生动实践,着眼于建设高质量教育体系,强化学校教育主阵地作用,深化校外培训机构治理,构建教育良好生态,有效缓解家长焦虑情绪,促进学生全面发展、健康成长。"双减"政策以校内校外双管齐下为工作思路,要求学校教育、校外教育和家庭教育协同改革,全覆盖、全链条综合治理,促进素质教育提速发展。

---

① 《习近平在北京市八一学校考察时强调 全面贯彻落实党的教育方针 努力把我国基础教育越办越好》,http://www.gov.cn/xinwen/2016-09/09/content_5107047.htm,最后检索时间:2016 年 9 月 9 日。

② 《习近平出席全国教育大会并发表重要讲话》,http://www.gov.cn/xinwen/2018-09/10/content_5320835.htm,最后检索时间:2018 年 9 月 10 日。

（一）学校教育减负提质，全面实施素质教育

学校是实施素质教育的主阵地，课堂是开展素质教育的主战场。推进"双减"，对于学校教育来说，是减中有增、增中有提、改字为要，"减"的是作业负担，"增"的是课后服务，"提"的是教学质量，"改"的是教育评价。

1. 提高作业管理水平，减轻学生过重作业负担

过重的作业负担，占用了学生正常的锻炼、休息、娱乐时间，其本身反过来影响学生的学习兴趣、效率和质量，影响了学生的身心健康成长。《双减意见》要求全面压减作业总量和时长，小学一、二年级不布置家庭书面作业，小学三至六年级书面作业平均完成时间不超过 60 分钟，初中书面作业平均完成时间不超过 90 分钟。发挥作业育人功能，系统设计和布置符合学生年龄特点和学习规律、体现素质教育导向的基础性作业，鼓励布置分层、弹性和个性化作业。如重庆市教委 2021 年 9 月下发《关于印发义务教育阶段语文等 12 个学科作业设计与实施指导意见的通知》，对小学、初中 12 个学科作业在控制作业总量、把握作业难度、丰富作业形式等方面作出具体要求，得到广大师生和家长的一致认可。

2. 提高课后服务水平，满足学生多样化需求

《双减意见》要求学校充分利用资源优势，有效实施各种课后育人活动，对学习有困难的学生进行补习辅导与答疑，为学有余力的学生拓展学习空间。如河北省教育厅 2022 年 12 月印发《河北省义务教育课后服务大纲（试行）》和《河北省义务教育课后服务工作指南（第一版）》，提出将课后服务纳入"五育"融合教育体系，课后服务内容分为作业辅导和素质拓展活动两部分，其中作业辅导部分包括自主作业和学业补习与拓展等内容，素质拓展活动部分包括科普类、文化艺术类、体育类、劳动类、阅读类、德育实践类、校外活动类及其他活动等内容，满足学生个性化需求和促进学生全面发展。

3. 提高学校教育教学水平，确保学生校内学足学好

落实"双减"，最根本的是提升学校育人水平，关键在于构建基于学生核心素养发展的"五育"并举全面培养体系。2022 年 4 月，教育部印发《义务教育课程方案和课程标准（2022 年版）》，明确各门课程基于培养目标，以核心素养为统领，九年一体化设计，注重学段衔接，强化课程育人功能。2022 年 6 月，第十三届全国人大常委会通过新修订的《体育法》（2023 年 1 月 1 日起实施），提出坚持体育和教育融合，文化学习和体育锻炼协调，体魄与人格并重，促进青少年全面发展，规定学校必须"开齐开足"体育课，保障学生在校期间每天参加不少于一小时体育锻炼。2022 年 9 月，中共中央办公厅、国务院办公厅印发《关于新时代进一步加强科学技术普及工作的意见》，要求学校加强科学教育，将激发青少年好奇心、想象力，增强科学兴趣和创新意识作为素质教育重要内容，建立科学家有效参与基础教育机制。2022 年 10 月，教育部印发《关于进一步加强新时代中小学思政课建设的意见》，强调中小学思政课在立德树人中的关键地位，推进学校"小课堂"、社会"大课堂"和网络"云课堂"协同育人，大力提升思政课育人质量。加快义务教育优质均衡发展和城乡一体化。2021 年 11 月，教育部办公厅下发《关于开展县域义务教育优质均衡创建工作的通知》，组织开展义务教育优质均衡先行创建工作，充分发挥创建示范引领作用。2022 年 5 月，教育部公布了义务教育优质均衡先行创建县（市、区、旗）名单，全国共135 个县区入选，提出了 20 条攻坚清单，着力破解重点难点问题，探索优质均衡实现路径和有效举措，形成一批可复制、可推广的典型经验，带动各地加快推进县域义务教育优质均衡发展。

4. 整体构建基础教育评价体系，撬动综合改革纵深推进

健全以发展素质教育为导向的质量评价体系，相继出台义务教育、普通高中学校、幼儿园、特殊教育四个办学质量评价指南，明确教育质量评价的重点内容、关键指标和考查要点，部署推动各地各校对标研判、依标整改，持续提升办学质量水平。切实加强考试管理工作，2021 年 8 月，教育部办公厅印发《关于加强义务教育学校考试管理的通知》，要求各地各校大幅压

减考试次数、规范考试命题管理、实行考试等级评价、合理运用考试结果，切实降低学生考试压力。2022 年 4 月，教育部办公厅印发《关于做好 2022 年中考命题工作的通知》，指导各地进一步提高中考命题质量，切实做到依标命题、难易适度、学考衔接，坚决不考高中阶段、校外培训和社会竞赛内容，促进"双减"有效落地。完善中小学生综合素质评价体系，2022 年 11 月，教育部办公厅下发《关于开展信息技术支撑学生综合素质评价试点工作的通知》，拟遴选 30 个左右的区域开展试点工作，探索开展学生各年级学习成长情况全过程纵向评价、德智体美劳全要素横向评价，形成数据驱动的学生综合素质评价解决方案。严格规范招生管理秩序，实现义务教育免试就近入学全覆盖，完善基于初中学业水平考试成绩、结合综合素质评价的高中阶段学校招生录取模式。2022 年，北京市在东城区和西城区的部分普通高中开展登记入学试点，符合条件的学生凭其综合素质评价情况申请，被录取的学生将不再参加中考志愿填报。截至 2022 年，全国已有 29 个省份启动实施新高考综合改革，新方案赋予学生选科和学习自由选择权，并将综合素质评价作为高校录取的重要参考，从单纯"看分"走向也要"看人"。

（二）校外培训规范运行，转型发展素质教育

按照"源头治理、系统治理、综合治理、依法治理"的思路，教育部单独或会同有关部门密集出台 20 余个《双减意见》配套文件，从严治理、全面规范校外培训行为。在政策层面，对培训材料和从业人员管理、实行政府指导价、预收费监管、上市公司清理整治、加强非学科类培训监管等方面明确了具体要求；在操作层面，对学科类培训范围界定、"营转非"、"备改审"、查处隐形变异培训、广告管控、强化风险应急处置等方面作出实操性指导，推动校外培训机构转变以往以提分、应试为卖点的经营模式，向非学科素质教育培训转型。

1. 规范校外培训时间，切实解决"校内减负、校外增负"问题

《双减意见》要求严格执行《未成年人保护法》有关规定，校外培训机构不得占用国家法定节假日、休息日及寒暑假期组织学科类培训；线上

培训要注重保护学生视力，每课时不超过 30 分钟，课程间隔不少于 10 分钟，培训结束时间不晚于 21 点，充分保证未成年学生的睡眠、娱乐和体育锻炼时间，不得加重其他学习负担。2022 年 3 月，北京师范大学中国教育与社会发展研究院发布的《全国"双减"成效调查报告》显示，83.5% 的学生未参加校外学科类培训，63.3% 的学生未参加非学科类培训；68.2% 的家长认为孩子的睡眠时间明显增加，小学平均为 9.3 小时，初中为 8.5 小时。[①]

2. 规范校外学科类培训，切实解决"扰乱学校正常教育教学秩序"问题

《双减意见》要求各地不再审批新的面向义务教育阶段学生的学科类校外培训机构，现有学科类培训机构统一登记为非营利性机构。严把培训材料这一育人载体的关口，2021 年 9 月，教育部办公厅印发《中小学生校外培训材料管理办法（试行）》，随后下发《关于坚决查处变相违规开展学科类校外培训问题的通知》，2022 年 11 月，教育部办公厅等十二部门印发《关于进一步加强学科类隐形变异培训防范治理工作的意见》，要求加强培训材料编写、审核、选用、备案等全流程管理，强调不得出现超标超前问题，坚决查处学科类校外培训隐形变异问题，严防其"形成国家教育体系之外的另一个教育体系"。

3. 规范校外非学科类培训，推动其为学生发展兴趣特长、提升综合素质发挥积极作用

体育（或体育与健康）、艺术（或音乐、美术）学科以及综合实践活动（含信息技术教育、劳动与技术教育）等按照非学科类进行管理。2022 年 11 月，教育部等十三部门印发《关于规范面向中小学生的非学科类校外培训的意见》，要求各地要明确非学科类培训主管部门、设置标准和准入流程，各地根据需求可以适当引进非学科类培训机构参与学校课后服务。2022 年 4 月，山东省教育厅印发《关于进一步规范引入第三方参与校内课后服

---

① 冯琪：《北师大发布"双减"成效调查报告：超八成学生未参加校外学科培训》，《新京报》2022 年 3 月 2 日。

务工作的通知》，明确能够参与学校课后服务的第三方主要包括机构和社会专业人员两个类型，机构应具有独立法人资格，为非学科类培训机构，具备进入义务教育学校提供课后服务所需的设施、人员和专业技术能力，如企事业单位的公益组织，社会其他文化、体育、科技、实践类团体机构等；人员应具有进校组织、开展课程教育活动相应专业技术能力，如非遗传承人、民间手工艺人及文艺、体育专业人士、科技工作者等，引入其参与学校课后服务，对学校素质教育实施形成有益补充。

（三）家庭教育依法而行，履行素质教育责任

父母或者其他监护人承担对未成年人实施家庭教育的主体责任。《双减意见》强调，"引导家长树立科学育儿观念，理性确定孩子成长预期，努力形成减负共识"。2021年10月，第十三届全国人大常委会审议通过《家庭教育促进法》（2022年1月1日起施行），推动家庭教育由"家事"上升为"国事"，规定"未成年人的父母或者其他监护人应当与中小学校、幼儿园、婴幼儿照护服务机构、社区密切配合，积极参加其提供的公益性家庭教育指导和实践活动，共同促进未成年人健康成长"，"县级以上地方人民政府应当加强监督管理，减轻义务教育阶段学生作业负担和校外培训负担，畅通学校家庭沟通渠道，推进学校教育和家庭教育相互配合"。2023年1月，教育部等十三部门联合印发《关于健全学校家庭社会协同育人机制的意见》，明确学校家庭社会协同育人责任，强调完善社会家庭教育服务体系，提高家庭教育水平，形成学校积极主导、家庭主动尽责、社会有效支持的协同育人机制，促进学生全面发展、健康成长。

（四）"双减"工作扎实推进，助力素质教育破局

推进"双减"是贯彻落实新时代党的教育方针的必然要求，是教育发展理念的回归、教育服务供给格局的调整和教育生态的重塑，促进基础教育去功利化、回归公益化，去应试化、回归素质化，去焦虑化、回归理性化，

让孩子全面发展、健康成长。① 2022 年 10 月 28 日，教育部长怀进鹏受国务院委托就"双减"工作向全国人大常委会汇报时指出，经过各方不懈努力，校外培训市场"虚火"大幅下降，野蛮生长现象得到有效遏制，校内减负提质受到普遍欢迎，全社会支持和认可"双减"改革的良好氛围逐步形成。一是学生过重作业负担和校外培训负担有效减轻。87.8%的学生认为作业量明显减少，90%以上的学生能在规定时间内完成书面作业；课后服务基本实现"5+2"全覆盖，92%以上的学生自愿参加了课后服务，88.3%的学生表示喜欢学校的课后服务；义务教育阶段线下学科类培训机构数量由原来的 12.4 万个压减至 4932 个，压减率 96%，线上学科类培训机构由原来的 263 个压减至 34 个，压减率 87.1%，绝大多数学生校外培训时长较"双减"前减少了 50%以上。二是家庭教育支出和家长相应精力负担有效减轻。学科类培训收费在政府指导价标准出台后平均下降 4 成以上，非学科类培训价格总体平稳。三是教育观念正在发生积极转变。广大教师更加注重实施素质教育、促进学生全面发展，广大家长更加关心孩子身心健康成长，"健康第一"的育儿理念逐渐深入人心，盲目报班趋势得到扭转。②

三　新时代发展素质教育的困局与路向

当前"双减"政策实施正在走实走深，取得了一定成果，但是切实减轻中小学生过重的课业负担、发展素质教育具有长期性、复杂性、艰巨性。当前"双减"所创造的公平学习环境在一定程度上缓解了家长教育焦虑，但面对升学压力，家长仍担心减少校内作业、不上校外培训班影响孩子学习成绩，补习愿望和需求仍然较强。由于学科类校外培训受到严格限制，校内

---

① 王绍绍：《校外培训机构治理显成效　专家：推动教育回归初心》，http：//sc. people. com. cn/BIG5/n2/2022/0627/c345515-40011766. html，最后检索时间：2022 年 6 月 27 日。

② 怀进鹏：《国务院关于有效减轻过重作业负担和校外培训负担，促进义务教育阶段学生全面健康发展情况的报告——2022 年 10 月 28 日在第十三届全国人民代表大会常务委员会第三十七次会议上》，http：//www. npc. gov. cn/npc/c30834/202210/71d4c80e30824de1b157a26f3f1be50b. shtml，最后检索时间：2022 年 10 月 29 日。

提质增效还存在差距，课后服务质量还不够高，供需矛盾突出导致出现校外学科类培训隐形变异问题，这在一定程度上也反映了发展素质教育面临的困境。

（一）发展素质教育面临的困境

减轻中小学生过重课业负担、实施素质教育既是我国基础教育界"老生常谈"的政策议题，又是长期以来收效不彰的改革实践。事实表明，学生负担过重和家长教育焦虑不仅是一个教育问题，更是一个有着复杂历史与文化根源和现实经济考虑的社会问题，它并不源自教育系统本身，它是由教育系统外部的劳动力市场就业竞争压力、收入分配差距过大和社会用人制度不完善等系列社会问题传导到教育系统所引发的，显然需要加快劳动人事、收入分配和社会保障等诸多方面的制度改革，为发展素质教育创造条件。当然，"双减"政策实施和专项治理为从源头上减负提供了时间和空间，就教育内部来说，更需要消除对素质教育存在的认知误区和实践偏差，力求在教育系统力所能及和有效作为的范围内取得实质性突破。

1. 理论研究不足导致实践指导力缺失

素质教育是改革开放以来形成的中国特色的教育思想，最基本内涵是全面贯彻党的教育方针，面向全体学生，促进学生全面发展。多年来，国家教育部门与各方教育人士作出了很多努力，在不断阐释素质教育时代含义的同时，也筹划着实施框架和推进策略。但总的来说，有关素质教育的理论研究还不够成熟，现有理论观点几乎都是建立在经验判断和定性分析的基础上，改革实践仍处于探索阶段，许多改革方法也存在较大争议，理论说服力和实践指导力相对欠缺。素质教育的提出自然同"应试教育"有关，随着素质教育讨论的深入，学界对"应试"和素质教育的关系也有一些不同认识，对素质教育的理解出现了浅表化、细碎化和片面化现象：一些人紧抓"实施素质教育就是反对应试教育"这一逻辑，从表面上把素质教育理解为不考试的教育，导致了浅表化理解素质教育的问题；有的把"素质"当作一个大筐，把只要是看起来有助于学生从事实践活动的内容都放进去，这样的做法只能导致认识的细碎化；还有的把素质教育理解为淡化传统考试科目内容、重视非传统考试科目内容的教育，这种认识在很大程度上缩小了素质的内涵与范围。① 事实上，素质教育并不是没有考试的教育，重视素质教育并非轻视学科知识教育，素质教育不等同于艺体教育等各种认知亟待澄清和说明，素质教育总体上说是一种教育模式，一种教育理念、教育思想，抑或就是当今时代的教育方针本身，对这些基本问题也需要深入研究和厘清。

2. 功利主义取向的"应试教育"顽疾

教育是国之大计、党之大计，为党育人、为国育才，其根本任务是立德树人，培养德智体美劳全面发展的社会主义建设者和接班人。但是，我国现行中小学教育受到应试教育的严重干扰，"唯分数""唯升学"，陷入"短视化、功利化"教育的困境。习近平总书记指出，"义务教育最突出的问题之一是中小学生负担太重，短视化、功利化问题没有根本解决"。② "教育，无论学校教育还是家庭教育，都不能过于注重分数。分数是一时之得，要从一生的成长目标来看。如果最后没有形成健康成熟的人格，那是不合格的"。③ 在短视化、功利化应试教育的驱动下，中小学教育围绕升学考试科目，大量增加学生的上课、作业、考试和校外培训时间，导致学生单一的考试升学负担日益沉重，严重影响了学生的身心健康和学习、生活质量。④ 事实上，我国中小学生学业负担并不是全面过重，问题是在与考试升学直接相关的语、数、外等学术性科目方面，学时长、课时数多、知识难度高、家庭作业量大、课外拔高班多；而像艺术、体育及社会综合实践等科目，几乎没有学习负担；作业中重复机械性的书面练习任务偏重，实验、动手与探究性活动任

① 余清臣：《素质教育的现实真意与时代发展》，《群言》2021 年第 11 期。
② 《习近平主持召开中央全面深化改革委员会第十九次会议》，http：//www.xinhuanet.com/politics/leaders/2021-05/21/c_ 1127476498. htm，最后检索时间：2021 年 5 月 21 日。
③ 习近平：《在教育文化卫生体育领域专家代表座谈会上的讲话》，http：//www.gov.cn/xinwen/2020-09/22/content_ 5546157. htm，最后检索时间：2020 年 9 月 22 日。
④ 张志勇：《"双减"背后教育观念的大变革》，《中国教育报》2021 年 8 月 7 日。

务偏轻。[1] 考什么，就教什么、学什么，学生学习时间分配不均衡和学习任务结构不合理导致片面发展、畸形发展。

3. 教育评价偏差与传统考试方式的惯性思维

教育评价事关教育发展方向，推进以发展素质教育为导向的教育评价体系改革，关键是改进结果评价，强化过程评价，探索增值评价，健全综合评价，改变简单以考分排名评老师、以考试成绩评学生、以升学率评学校的导向和做法。虽然中考和高考考试内容和方式在不断变革，考试作为评价、衡量教育和人才的有效方法，却并未根本改变"分数至上""一考定终身"的高风险测试和单一的总分录取模式。社会上有些人认为中考和高考无论有多么不科学，但依然是相对最公平的制度，而发展素质教育只会是"锦上添花"地助力"上层精英"或城市孩子，"堵死了贫寒子弟上升的唯一通道"。同时，近年来，为强调重视学生素质的全面培养，部分地区探索将体育、美育评价的"软要求"变成"硬指标"，将体育和艺术科目纳入初中、高中学业水平考试范围等，但有的地区为确保公平性和选拔性，测试内容和方式比较单一和简单化，且分值或权重不断加大，忽视了加强过程性考核和注重对学生运动习惯和艺术素养培养的要求，"考考考，教师的法宝""一考就灵"，把本不可量化的素质教育也拉到考试中来，结果可能会制造新的教育焦虑，诱使学生和家长被动参加校外培训并增加负担。

（二）新时代新征程发展素质教育的路向

党的二十大报告对加快建设教育强国、办好人民满意的教育作出全面而系统的部署，发展素质教育成为推动新时代新征程教育高质量发展的战略主题，需要不断推进素质教育理论与实践创新，推动将党和国家的教育方针落地落实落细。

1. 加快补齐短板，探索"五育"融通整合

人的全面发展是素质教育的根本指向，在党和国家的教育方针中，全面

---

[1] 马健生、吴佳妮：《为什么学生减负政策难以见成效？论学业负担的时间分配本质与机制》，《北京师范大学学报》（社会科学版）2014 年第 2 期。

发展的直接内涵被确定为德智体美劳五个方面，"五育"并举、"全面培养体系"是素质教育内涵与实施方略的新发展。但是，德智体美劳"五育"不是相互割裂、机械叠加的关系，而是辩证统一、相辅相成的关系。"五育"并举即全面发展、不可偏废，尤其是对过去不太重视的体育、美育、劳动教育，必须加大投入，补齐短板，在师资配备、资源拓展、课程建设、教材开发、教学创新、评价改进等方面进行重点探索实践。在此基础上，围绕落实"立德树人"根本任务，对"五育"进行深层次联结和有机整合，促进"五育"融合成一个全方位、全过程的育人体系，进而更有效地把学生培养成全面发展的人，成为合格的社会主义建设者和接班人，成为能够担当民族复兴大任的时代新人。①

2. 聚焦核心素养，引领育人方式改革

发展素质教育作为党和国家教育方针的贯彻落实机制，重要的是要落实到人才培养过程操作层面，即通过培育学生核心素养落地。2020 年和 2022 年教育部颁布的《普通高中课程方案（2017 年版 2020 年修订）》和《义务教育课程方案和课程标准（2022 年版）》，涉及普通高中 20 科和义务教育 16 科的课程标准，各科课程标准均基于基础教育阶段时代新人培养的目标要求，将党的教育方针具体化细化为本课程应着力培养的学生核心素养，进而建构起以学科核心素养为纲的"目标一族"——课程目标、内容要求与学业质量，从而为教材编写、教学实施、考试评价等提供依据。认真落实国家新课程方案和课程标准，让学科核心素养"从课标到课堂"，引领教学实践及教学评价从核心素养视角来促进和观察学生的全面发展，推动育人方式深度变革。

3. 促进教育公平，提供适合的教育

素质教育强调面向全体学生，以学生的全面发展为旨归，注重以人为本、因材施教，让每个学生都能接受公平而有质量的、适合自己的教育。在基础教育进入高质量发展新阶段，从"有学上"到"上好学"，教育公平内

---

① 吴国平：《发展素质教育　培育时代新人》，《中国教育报》2020 年 1 月 22 日。

涵和实现机制需要升级，即追求有质量的教育公平，实现学生的差异化发展。在尊重学生个体差异的前提下，创造和提供适合学生个性化发展的教育场景、教育资源和教育方式，既要为满足弱势群体的特殊需要提供补偿性教育，如为贫困儿童、随迁子女、留守儿童提供特别帮助等，做到"补偿性公平"；又要基于个体差异尤其是先天差异区别对待，如为身体残疾、智力低下、智力超常等儿童提供个性化教育，做到"差异性公平"。① 基础教育阶段特别是高中阶段是创新素养培养、创新人才成长的关键时期，要大力推动高中阶段学校多样化办学、特色化发展，重视拔尖创新人才的早期发现和培养。适合的教育才是最好的教育，引导学生找到适合自己的成长成才路径，需要构建政府、学校、社会、家庭多方联动的格局。② 政府要落实好教育优先发展战略，提供丰富和多样化的教育资源；学校要积极探索符合规律和富有特色的办学之路，推进以学生为中心的教育教学改革；家长要从子女的兴趣、特长出发，引导和尊重其选择；全社会有效参与和支持，提供和创造人人皆可学、人人能成才的资源、平台、环境和氛围，服务于立德树人、服务于素质教育。

4. 注重科技赋能，推进教育数字化

随着现代信息技术尤其是互联网、大数据和人工智能的发展，信息化、智能化已逐渐渗入教育领域。围绕数字中国建设，教育部加快实施国家教育数字化战略行动，大力推动教育数字化转型，改变教育生态、学校形态、教学方式，以教育信息化支撑和引领教育现代化。发挥数字化助学、助教、助研、助管作用，赋能教师和学习者在智慧课堂、双师课堂、智慧作业、线上答疑、网络教研、个性化学习、过程性评价等多场景应用，完善教育教学过程性大数据采集和分析，服务精准分析学情、因材施教，支撑教育评价改革和教育治理方式变革。创新测评方法与技术，贯彻落实幼儿园、义务教育、普通高中和特殊教育办学质量评价指南，深入开展信息技术支撑学生综合素

---

① 汪明：《坚持以人民为中心发展教育》，《中国教育报》2023年3月30日。
② 葛道凯：《"适合的教育"才是最好的教育》，《光明日报》2017年12月14日。

质评价试点工作，进一步完善德育评价、体育评价、美育评价和劳动教育评价，建设中小学生综合素质发展基础数据库，形成数据驱动的学生综合素质评价解决方案，并将综合素质评价作为招生录取的重要参考或依据。中考和高考改革要由传统的"知识立意、能力立意"评价向"价值引领、素养导向、能力为重、知识为基"综合评价转变，将素质教育目标与考查内容对接，将素质教育评价维度与考查要求对接，促进人工智能等新一代信息技术与传统考试的融合应用，包括在智能题库、智能语言测试、智能化机考、智能评卷、智能化考试管理等场景中的应用，形成考试治理的新业态新生态，[1] 助力发展素质教育。

---

① 汪张龙、李俊杰：《新基建背景下教育考试数字化转型的路径与前景》，《中国考试》2022年第 7 期。

B.11
中国特色儿童福利服务体系建设的
社会创新

——儿童主任制度的运行机制及经验启示

张柳 郑红*

摘　要： 实现现代化是近代以来中国人民的长久愿望，党的二十大提出
"以中国式现代化全面推进中华民族伟大复兴"，对我国儿童工
作提出了新的更高要求。长期以来，我国儿童福利服务体系存
在责任划分不明确、落实困难和部门间缺少沟通协作等问题。
儿童主任从项目实践上升为国家制度，注重建设协调机制、信
息机制、激励机制和动员机制，其实践经验可为中国特色儿童
福利服务体系高质量发展提供借鉴。儿童主任制度实践的成功
之处，在于坚持社会主义制度应当造福全体人民的目标导向，
构建起面向所有儿童的福利服务递送模式，形成了多元主体协
同治理和资源配置的运行机制，发挥了政府与社会之间创新活
力，为每一名儿童共享国家发展成果提供了基本途径与制度
保障。

关键词： 儿童主任　儿童福利　服务递送　协同治理　社会创新

---

* 张柳，北京师范大学中国公益研究院儿童福利与保护研究中心主任、北京师范大学社会发展
与公共政策学院博士研究生，主要研究方向为儿童福利、社会政策、性别研究；郑红，北京
师范大学中国公益研究院儿童福利与保护研究中心副主任，主要研究方向为儿童福利、社会
工作、社会政策。

党的二十大报告提出以中国式现代化全面推进中华民族伟大复兴[①]，儿童人口的现代化实现质量，将关系到全面建设社会主义现代化国家的进度和成色。建立健全儿童福利服务体系是保障儿童权益和促进儿童全面发展的重要举措[②]，随着全面建设社会主义现代化强国新征途的开启，儿童福利事业转型升级的发展路径正从"破旧"转换到"立新"上来。中国式现代化既强调各国现代化的共同特征，更要发扬基于国情的中国特色，这对我国儿童工作提出了新的更高要求。被联合国儿童基金会评为中国经验"赤脚社工"的儿童主任模式，成为每一名儿童共享国家发展成果的社会创新的典型案例，也是儿童福利服务体系协同治理的典型案例。

一 发展阶段：增进对基层儿童工作协同治理的再认识

2010 年以来儿童主任制度在实践中诞生、创新中发展的演变历程，展现出中国特色儿童福利与保护体系高质量建制、可持续发展的创新智慧，揭示了将儿童工作融入国家现代化进程和共同富裕大格局之中的发展规律。

（一）示范探索阶段（2010~2014 年）：中国儿童福利示范项目

2004~2009 年间，联合国儿童基金会与民政部合作开展了"艾滋病预防与关怀项目"，在贵州、云南、河南等地为艾滋病感染者提供免费治疗，特别注重向受艾滋病影响儿童的家庭提供支持。针对现实中儿童福利政策落实不畅的实际问题，2010 年，民政部、联合国儿童基金会和北京师范大学中国公益研究院三方联合发起了"中国儿童福利示范项目"，探索以政府部门为主导、社区为中心、儿童需求为导向、"儿童福利主任"为工作力量的

[①] 习近平：《高举中国特色社会主义伟大旗帜　为全面建设社会主义现代化国家而团结奋斗——在中国共产党第二十次全国代表大会上的报告》，《人民日报》2022 年 10 月 26 日，第 1~5 版。

[②] 闫晓英、张柳：《我国儿童主任制度升级：结构需求与发展思路》，《社会治理》2022 年第 6 期。

儿童福利服务项目模式。[1] 在项目示范探索阶段，呈现以下特点。

一是在项目设计之初，项目地区选在了艾滋病高发地区，主要针对受艾滋病影响儿童的生存发展问题。"中国儿童福利示范项目"设在山西省、河南省、四川省、云南省和新疆维吾尔自治区5个省（自治区）12个县的120个行政村，每村配备一名"儿童福利主任"[2]，每月发放工作补贴，通过"儿童福利主任"对本村儿童及家庭普及儿童权利知识和相关福利政策内容，为有困难的儿童提供支持、协助和保护等服务。

二是在组织管理方面，项目逐步建立起了由专家委员会、项目总协调办公室、儿童福利示范县办公室以及儿童福利主任组成的组织架构。项目在县级成立领导小组，以县政府为组长，以民政局为执行和协调单位，开展儿童福利服务工作，在县级民政局专人负责的基础上，部分地区加设乡镇专干，在所有村设立儿童福利主任和儿童之家，将各方面资源和儿童对接，打通儿童福利服务"最后一公里"，探索"县政府牵头，多部门联动"的合作机制。儿童福利主任接受县民政局的审核督导，同时将需求信息向相关部门汇报并按各部门受理程序为儿童申请政策保障，初步形成基层儿童福利信息体系。

三是为了提升儿童福利主任队伍业务能力和专业素养，儿童主任上岗培训体系初步形成。项目地区的儿童福利主任队伍力量较弱，这120名儿童福利主任以小学初中学历、40岁以下的女性为主。项目对儿童福利主任的岗位职责界定进行了初步探索，为了提高儿童福利主任的综合素质、增强其服务意识，项目设计了培训活动，帮助其掌握儿童工作的基础知识。

（二）推广普及阶段（2015~2019年）：儿童主任制度确立

2015年，"中国儿童福利示范项目"被联合国儿童基金会评价为中

---

① 高玉荣：《缩小差距　推进公平　让困境儿童福利零距离——"中国儿童福利示范项目"实施情况介绍》，《中国民政》2015年第19期。

② 《中国儿童福利示范区项目建设启动》，《社会福利》2010年第8期。

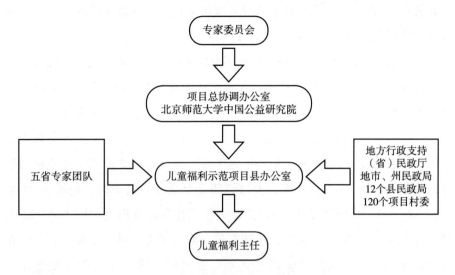

图1　中国儿童福利示范项目组织架构

国儿童"赤脚社工"经验而编入《世界儿童状况报告》，向全球进行宣传推广。① 在这一阶段，项目覆盖地区从 120 个村拓展至"千村"，并写入了政策文件。2016 年 2 月，国务院印发《关于加强农村留守儿童关爱保护工作的意见》提出，"各地区、各有关部门要加强农村留守儿童关爱保护工作队伍建设，配齐配强工作人员，确保事有人干、责有人负"。② 同年 6 月，国务院出台《关于加强困境儿童保障工作的意见》，进一步提出了村（居）民委员会要设立儿童福利督导员或儿童权利监察员③。2019 年 4 月，民政部等十部门印发的《关于进一步健全农村留守儿童和困境儿童关爱服务体系的意见》提到了"儿童主任"是村（居）负责儿童关爱保护服务工作的工

① 闫晓英、张柳：《我国儿童主任制度升级：结构需求与发展思路》，《社会治理》2022 年第 6 期。
② 《国务院关于加强农村留守儿童关爱保护工作的意见》，http：//www. gov. cn/gongbao/content/2016/content_ 5045947. htm，最后访问日期：2023 年 4 月 13 日。
③ 《国务院关于加强困境儿童保障工作的意见》，http：//www. gov. cn/zhengce/content/2016-06/16/content_ 5082800. htm？ivk_ sa＝1024320u，最后访问日期：2023 年 4 月 13 日。

作人员①。自此，儿童主任被正式写入政策文件，一项制度形成了。这一阶段与示范探索阶段相比，呈现以下特点。

一是儿童主任服务对象拓展到更多有需求的儿童。随着儿童主任队伍被写入政策文件、被赋予更大职责，儿童主任服务对象范围逐渐向农村留守儿童、困境儿童等更多儿童拓展，不限于受艾滋病影响的儿童和孤儿。

二是儿童主任队伍规模快速扩大。民政部2015年启动全国基层儿童福利服务体系建设，"中国儿童福利示范项目"升级为"全国基层儿童福利服务体系建设试点工作"。升级后项目点拓展至全国百县千村，新增89个县（市、区）的890个村（社区），儿童主任工作队伍规模也由原来的120人扩大到1000人。2019年4月，民政部等十部门《关于进一步健全农村留守儿童和困境儿童关爱服务体系的意见》提出村（居）委员会要设立儿童主任。

三是儿童主任能力培养工作制度化。2019年，民政部印发了《儿童督导员工作指南》（指导版）和《儿童主任工作指南》（指导版），规范了儿童主任和儿童督导员培训教材。2015年，北京师范大学中国公益研究院开发《中国儿童福利服务工作指南》丛书，探索为项目区"儿童福利主任"提供专业化、标准化的儿童福利服务指导。

四是社会力量助力儿童主任队伍建设。更多社会组织开始参与到基层儿童保护与儿童福利服务模式探索中来，例如，中国乡村发展基金会"童伴妈妈"项目、爱佑慈善基金会"爱佑安生项目"、世界宣明会—中国"童心同行项目"等。

（三）巩固提升阶段（2020年以来）：在社区治理中大有可为

2020年以来，儿童主任制度优越性凸显，儿童主任在社区治理中的作用被进一步激活，为落实国家民政事业发展规划、提升儿童保护关爱水平

---

① 《关于进一步健全农村留守儿童和困境儿童关爱服务体系的意见》，http://www.gov.cn/zhengce/zhengceku/2019-10/16/content_ 5440604.htm，最后访问日期：2023年4月13日。

提供了重要人员支持。2020 年新修订的《中华人民共和国未成年人保护法》在"社会保护"章第四十三条和"政府保护"章第八十一条都提到了居民委员会、村民委员会应当设置专人专岗负责未成年人保护工作。2021 年 6 月,《国务院未成年人保护工作领导小组关于加强未成年人保护工作的意见》更提出,每个村(社区)至少设立一名儿童主任,儿童数量较多的村(社区)要增设、补充儿童主任。这些规定为加快推进基层儿童工作队伍发展提供了重要法律依据。这一阶段儿童主任队伍呈现以下特点。

一是儿童主任队伍规模上实现了基层全覆盖。随着各级政府部门贯彻落实相关政策,儿童主任队伍规模快速扩张,2020 年 6 月底,全国已建成 4.8 万名乡镇(街道)儿童督导员和 66.3 万村(居)儿童主任队伍,基层儿童工作队伍实现全覆盖。[①] 2010 年至 2020 年,儿童主任队伍从 120 人扩展到 66.3 万人。

二是儿童主任岗位工作职责更加明确。儿童主任要建立社区内所有儿童工作信息台账,掌握农村留守儿童、困境儿童和散居孤儿等儿童福利对象的基本信息,定期走访了解不同类型儿童群体实际需求,通过发挥政策链接和资源整合等作用为其解决实际困难。根据 2020 年 12 月民政部、公安部、财政部《关于进一步做好事实无人抚养儿童保障有关工作的通知》的要求,乡镇(街道)儿童督导员负责指导村(居)儿童主任定期开展摸底排查。根据 2021 年 5 月民政部等 14 部门《关于进一步推进儿童福利机构优化提质和创新转型高质量发展的意见》的规定,儿童福利机构转型为未成年人救助保护机构后,负责牵头开展区域内农村留守儿童、社会散居孤儿和困境儿童关爱服务工作,指导开展儿童主任业务培训。

三是儿童主任践行强制报告制度。儿童主任是儿童身边的保护者和风险

---

① 《民政部组织开展全国农村留守儿童和困境儿童关爱保护"政策宣讲进村(居)"活动》,http://www.gov.cn/xinwen/2020-05-31/content_5516319.htm,最后访问日期:2023 年 2 月 28 日。

"吹哨人"，当发现儿童无人监护、疑似遭受家庭暴力或不法侵害等情形时履行强制报告职责，上报公安机关及其派出机构并协助相关部门提供援助。2020年最高检、国家监委、教育部、公安部等9部门发布的《关于建立侵害未成年人案件强制报告制度的意见（试行）》中规定了性侵、虐待、欺凌、拐卖等九类应当报告情形。新修订的《未成年人保护法》在总则第十一条第二款也提到了包括儿童主任在内的"密切接触未成年人的工作人员"在工作中发现儿童受到侵害或疑似受到侵害情形的，必须立即向公安等有关部门报告。

特别值得一提的是，在新冠疫情期间，各地儿童主任在政府部门指导下，加强走访，及时发现报告在疫情影响下监护缺失的儿童，为疫情期间的基层儿童保护工作做出了突出贡献。

尽管已进入巩固提升阶段，但问题和挑战依然严峻。现阶段，我国儿童主任队伍9成以上为民政工作人员或者村（居）民委员会成员，在负责社保、民调、社会服务、残联、妇联等工作的同时，还要兼顾儿童工作，行政性事务负担重，儿童主任工作职责难以充分履行①。

二 运行机制：以社区家庭为中心的多主体协同治理

我国福利保障改革与发展实践的不足之处，在于缺乏系统性、协同性和国家层级的顶层设计②，导致实践中功能难以全面发挥、综合效能受到影响。长期以来，儿童福利事业存在责任划分不明确、落实困难和部门间缺少沟通协作等问题，在管理体制、运行机制方面亟待理顺。儿童主任从项目实践上升为国家制度，注重沟通协调、经费保障、长效激励、信息台账和社会动员等运行机制方面的建设，地方实践中也出现多样化探索。

---

① 闫晓英、张柳：《我国儿童主任制度升级：结构需求与发展思路》，《社会治理》2022年第6期。

② 郑功成：《面向2035年的中国特色社会保障体系建设——基于目标导向的理论思考与政策建议》，《社会保障评论》2021年第1期。

（一）沟通协调机制

儿童主任队伍在我国儿童福利服务体系中发挥越来越大的作用，顶层制度设计和多部门协调联动机制是建立联盟、消除争端、破除藩篱的重要保障。儿童主任在社区中开展持续且专业的服务，以组织体系作为保障，在本土化实践中以县级民政部门为核心，纵向形成了"未成年人保护中心—乡镇儿童督导员—村居儿童主任—自然村组儿童主任协理员"的四级信息递送和服务落实的行政管理体系，横向建立了多部门联系制度，专家提供专业技术支持，社会组织参与专业服务和管理工作。

"佛冈"模式：以个案促会商，推动多部门联动会商制度发挥实效

佛冈县 2018 年被列入广东省未成年人救助保护机构能力建设试点单位，在统一调度和联动机制方面，形成了独特模式。县级政府成立了由县委宣传部、县委政法委、县公安局等 30 个单位组成的未成年人保护工作领导小组，设立县级未成年人救助保护中心、镇级未成年人保护工作站和村（居）未成年人保护工作点，形成起县、镇、村三级未成年人保护工作机制。① 当个案发生时，以个案促会商，形成多部门协作，打破部门壁垒，邀请成员单位一同兜底保障。与此同时，建立个案分级管理机制，分清各个层级的职能，撬动县、镇、村三级未成年人保护体系闭环。各成员单位和各级服务机构人员在协商如何服务具体个案过程中实现了联动。②

（二）经费保障机制

壮大儿童主任队伍需要政策保障和经费支持，为此亟须建立儿童主任薪

---

① 《佛冈县以共治思维织密"四张网"护航未成年人健康成长》，http：//www.fogang.gov.cn/ywdt/zwdt/content/post_ 1600525.html，最后访问日期：2023 年 2 月 28 日。
② 《未保经验专题丨李姣：积极探索，勇于创新，争当困境儿童的守护人》，http：//www.gdqy.gov.cn/qymzj/gkmlpt/content/1/1596/post_ 1596507.html#9155，最后访问日期：2023 年 2 月 28 日。

酬制度和社会保障制度，推动将儿童主任工资酬劳纳入财政预算，根据不同地区的经济发展水平，由中央和地方按照适当的比例统筹承担，保障人员基本薪酬和福利待遇。湖南、广西、宁夏、浙江等部分省份已建立省级层面儿童主任津贴制度，补贴标准分别是每人每月 200 元、100 元、300 元、300 元①，国家层面的津贴制度仍有待进一步建立。

"肥东"模式：创建未成年人保护工作专职队伍机制

安徽省肥东县以政府购买服务方式，在每个村、每个乡镇设置留守儿童专干和儿童督导员，专人专干直接负责农村留守儿童关爱保护和困境儿童保障工作，将儿童主任全面纳入基层儿童工作干部体系。自 2019 年 6 月起，肥东县留守儿童关爱保护专干和儿童督导员的工资标准提高至每人每年 5 万元。② 所需人员经费全部由肥东县财政承担，年投入超千万元购买的服务覆盖 300 多个村，村村都有留守儿童保护专干。③

（三）长效激励机制

儿童主任队伍建设过程中，人才管理制度、专业化培训体系与长效激励机制是重中之重，包括人员选拔、考核、评价、激励、督导等。儿童主任专业化培训，涵盖儿童主任岗前和上岗任职全过程，为此亟须打造儿童主任上岗培训，儿童主任初、中、高级理论与实务培训，儿童主任骨干力量培训等专业化培训体系。地方政府和公益项目探索建立专门的儿童主任实训基地，加强业务能力培训，通过持续开展职业培训、引入专业社会工作者、抓典型

---

① 《社会引领 | 湖南、广西、宁夏率先建立儿童主任津贴制度》，http：//www.bnu1.org/list_ 246.html，最后访问日期：2023 年 2 月 28 日。
② 《肥东县：政府购买服务构建儿童成长"乐土"》，http：//www.fdwmw. gov.cn/Article/ show/id/20508.html，最后访问日期：2023 年 2 月 28 日。
③ 《安徽肥东：年投入超千万元购买服务 覆盖三百多个村 村村都有留守儿童保护专干》，https：//www.nwccw.gov.cn/2018-01-23/content_ 194499.htm，最后访问日期：2023 年 2 月 28 日。

树榜样等方式，推动儿童主任专业化、职业化发展。

"漯河"模式：建立社工学院，打造本土化儿童主任培训基地

2021年以来，漯河市民政局等部门出台《关于加强漯河市社会工作人才队伍建设 加快推进社会工作发展的意见》《漯河市乡镇（街道）社会工作服务站项目实施方案》等一系列文件，统筹整合资金近千万元，开展乡镇（街道）社工站项目服务购买，建立市、县、乡三级社工站，探索漯河特色的乡镇（街道）社工站项目实施模式。成立了"漯河中原社工学院"，承担起儿童主任与儿童督导员的培训、督导等职责，助力儿童主任队伍能力提升，促进漯河市儿童主任队伍建设，成为基层儿童关爱与保护工作发展的有效创新。①

（四）信息台账机制

依托于儿童主任队伍搭建起来的信息台账机制，促进了从被动受理向主动发现的儿童服务模式的转变。儿童主任通过入户家访，推动儿童福利政策进村入户，惠及儿童群体，提高福利政策的知晓率。儿童主任收集村居所有儿童信息，按不同类型分类后建立档案，以便下一步开展针对性服务。各类困境儿童每一个个案都具有特殊性、多面性，且情况复杂，儿童主任在工作过程中的应急处置、监护干预、帮扶服务等多个环节均可发挥重要作用，进而提升儿童个案服务对接的精准化。

"北碚"模式：智慧系统提升信息排查和干预发现效能

2022年重庆市北碚区智慧未成年人保护系统投入使用。系统配备智能腕表，串联未保热线，33个成员单位、17个街镇、190个村（社区）全部

---

① 《社工学院助力提升河南漯河儿童福利主任专业能力》，https://www.cyu.edu.cn/xwzx/hzjl/202001/t20200108_96462.html，最后访问日期：2023年2月28日。

启用。智慧平台与儿童安全风险 ABC 分类关爱制度融合，综合考虑风险程度和紧急程度，结合定期走访摸排，自动分析生成评估结果，智能匹配帮扶措施，平台各单位通过工单形式发布、认领保护任务。根据《北碚区未成年人保护工作个案会商制度（试行）》，系统将个案会商纳入平台管理，相关部门、街镇、村（社区），线上+线下一体联动，从监测发现、线索报告、风险评估、干预处置、跟踪督促等方面，形成"一站式"服务。①

（五）社会动员机制

专业化社会力量在关爱儿童保护和助力儿童主任制度实践中发挥了重要作用。儿童主任模式正是专业化社会组织、智库等发挥各方优势的典型案例，它做到了广泛动员全社会力量，利用专业化社会组织在儿童保护与儿童福利领域积累的有效经验，搭建交流平台，寻求专业技术支持与项目合作。这也提示了我们，要鼓励地方政府与专业化社会组织开展合作研究，形成长期交流机制，推动儿童主任理论研究与基层儿童工作实践相结合。

"童伴妈妈项目"：公益力量+专业团队，助力儿童主任服务落地

2015 年 10 月，中国乡村发展基金会（原中国扶贫基金会）联合政府部门、研究机构、公益组织和爱心企业共同发起农村留守儿童关爱项目"童伴妈妈项目"，整合社会公益资源和专业团队力量技术支持，为村级留守儿童建立安全监护网，为"儿童主任制度"的服务落地提供重要参考和可借鉴经验，积极探索农村留守儿童福利与保护工作有效途径。

---

① 《北碚：智慧赋能　全方位关爱保护未成年人》，http：//www.cq.gov.cn/zwgk/zfxxgkzl/fdzdgknr/zdmsxx/shbz/shbz_ssqk/202210/t20221011_11179250.html，最后访问日期：2023 年 2 月 28 日。

三　社会效果：担负走完儿童福利服务"最后一米"的重任

基层儿童主任队伍提供的服务保障，链接起儿童与政府资源和社会资源，瞄准了因自主寻求服务能力不足和缺少专业化资源服务末梢递送者导致的儿童及其家庭无法获得基本服务的现实问题，儿童主任队伍担负起走完儿童福利服务"最后一米"的重任。"中国儿童福利示范项目"2016～2017年项目数据显示，儿童主任的服务，帮助儿童获得了发展机会，享受了政策保障，参与了社区活动，儿童主任的工作取得良好社会效果。

（一）儿童享受福利保障比例提高

对于因为身体、经济或语言等困难，无力为儿童申请津贴和服务的家庭，儿童主任主动担当责任，为儿童办理户口和医保手续、申请孤儿证和困难补助等。项目区困境儿童的政府救助政策，在覆盖范围和质量方面得以扩大和提升，儿童主任积极协助儿童办理户口，儿童得到国家提供的基本保障，为进一步解决其他困难做好铺垫。项目区未及时上户口的儿童比例从5.3%降至1.8%。2016～2017年，在儿童主任的协助下，2772名儿童进行了户籍登记①。

（二）儿童医疗健康状况改善

儿童主任在儿童医疗救助和保障方面，积极为儿童解决问题和链接资源。2016～2017年，项目区177名儿童办理了民政医疗救助，70名儿童办理了残疾证，18011名儿童办理了"新农合"医疗保险，10624名儿童参与了基本健康医疗服务②。儿童及其家庭获得各种社会救助，主要用于基本生

---

① 北京师范大学中国公益研究院编《福祉改善：基层儿童福利与保护服务体系建设项目报告2019》。

② 北京师范大学中国公益研究院编《福祉改善：基层儿童福利与保护服务体系建设项目报告2019》。

活、教育和医疗，从经济上脱贫，改善了儿童身体发育、健康和教育状况，因经济压力给家庭带来的心理和社会关系问题也得以缓解。对残疾儿童开展康复和医疗救助，不仅能够减轻残疾程度、预防并发症和继发残疾的发生，还能最大限度地修复其生理和心理上的损伤，促进残疾儿童充分融入和参与社区生活的各个方面。社会中依然对残疾人存在一定程度的偏见和歧视，在优化救助、医疗、康复、教育等各方面资源配置的同时，重视工作人员队伍素质提升同样重要。

（三）儿童辍学率降低

通过儿童主任的努力工作，项目区辍学率呈现明显下降趋势。相较于2010年，2016年学龄期辍学儿童比例从7.1%下降至1.1%，外出打工儿童比例从1.6%下降至1.3%。2016~2017年，儿童主任帮助1060名辍学儿童重返校园，帮助553名儿童申请教育救助[①]。2021年，全国九年义务教育巩固率达到95.4%，但受办学条件有限、交通困难、家庭贫困和个人厌学等多种因素影响，一些地区特别是老少边穷的农村地区仍不同程度地存在失学辍学现象。《关于进一步健全农村留守儿童和困境儿童关爱服务体系的意见》中规定了儿童主任负责定期随访失学辍学儿童，协助提供监护指导、精神关怀、返校复学、落实户籍等关爱服务。

（四）儿童多方面受益，与社会资源有效链接

更多情况下，儿童和家庭面临的困境往往是多维度的，了解并满足困难儿童和家庭多样化和多层次需求，实现从单一的现金救助向现金加服务的多维度保障升级，从基本生活救助向综合性服务延伸，恰恰是下一步工作面临的巨大挑战。面对一个复杂的儿童个案，儿童主任需要同时提供多种服务并链接多项资源，既需要清晰判断个案需求，又要具备解决复杂个案的专业能力。

---

① 北京师范大学中国公益研究院编《福祉改善：基层儿童福利与保护服务体系建设项目报告2019》。

四　经验启示：儿童福利服务高质量发展的
社会创新之旅

现代化的本质是人的现代化①，党的二十大对培养德智体美劳全面发展的社会主义建设者和接班人、保障儿童合法权益、加强家庭家教家风建设、建立生育支持政策体系、健全学校家庭社会育人机制等儿童工作提出了明确要求。迈向"十四五"和 2035 年儿童福利服务体系建设的新时代，应当遵循党的二十大关于民生领域工作的总体部署，在推进我国社会创新和治理现代化的前提下，中国儿童福利服务体系迎来高质量发展的全新历史阶段。面对新机遇与新挑战，儿童主任制度的创新案例提供了本土化经验，其成功之处在于坚持社会主义制度应当造福全体人民的目标导向，构建起普惠型儿童福利服务体系，形成了多元主体协同治理和资源配置的运行机制，发挥了政府与社会创新活力，为每一名儿童共享国家发展成果提供了基本途径与制度保障。

（一）在共治与自治之上实现善治

儿童主任制度第一个重要经验启示是作为一项制度安排，整合了辖区内的各种政策服务和社会资源，促进了社区层面儿童服务的资源合理配置。儿童主任制度突破了行政部门科层体制、条块分割、各自为政、分散管理、信息孤岛的弊端，推动了各方协同治理，形成了良性互动。社会管理创新强调多方参与、交流合作的互动过程，破旧立新，打破组织边界和管辖权，解决真正需求和社会问题。善治要求在最大限度增进公共利益的前提下，民主协商，共同治理，兼顾效率与公平，实现多元主体对公共事务的协同治理。

---

① 习近平：《高举中国特色社会主义伟大旗帜　为全面建设社会主义现代化国家而团结奋斗——在中国共产党第二十次全国代表大会上的报告》，《人民日报》2022 年 10 月 26 日，第 1~5 版。

儿童福利服务体系建设是一项复杂的系统工程，包括了政策法规制定、协调联动机制、财政及人力资源的投入、规范的预防及应对服务、专业的服务人员队伍、社区参与、监督和评估等。新时代儿童福利服务高质量发展，需要推动配套政策法律体系顶层设计的改造优化，注重在体制、机构、基础设施和财政预算等方面的制度安排，构建国家主导和全社会参与的儿童福利服务运行机制。

（二）普惠与特惠之间动态平衡

"公平普惠"是社会保障的目标指向，如果结果偏离，不仅难以解决社会问题，而且可能导致新的矛盾。[①] 儿童是实现高质量发展的关键资源、宝贵财富和重要后备军，在实现共同富裕和社会主义现代化过程中要让每一名儿童受益。儿童主任制度的第二个重要经验启示是以回应全体儿童需求为目标，既要优先回应特别困难儿童的紧迫需求，又要面向所有儿童，一个也不能少。儿童主任通过主动上门家访，收集辖区内每一名儿童信息并建立档案，为重点帮扶的孤儿、留守儿童、困境儿童提供"一对一"关爱服务。自 2010 年以来，儿童主任服务对象从孤儿向全体儿童扩展，服务内容从生活保障向关爱服务延伸，从需求出发，瞄准问题，重视预防，全方位呵护儿童成长。

"十四五"时期，我国儿童福利与保护体系建设将面向全体儿童，以孤儿、事实无人抚养儿童、农村留守儿童、病残儿童、单亲家庭儿童为重点关注群体，提升儿童福利与保护设施供给能力，建立专业化儿童服务体系，搭建儿童福利与保护智能化平台。共同富裕新阶段的儿童福利与保护体系面向全体儿童福祉，强化政府责任，注重公平发展与机会均等。

（三）政府与社会之间创新活力

儿童主任制度源于公益项目，在实践中诞生、创新中发展，展现了社会

---

① 郑功成：《面向 2035 年的中国特色社会保障体系建设——基于目标导向的理论思考与政策建议》，《社会保障评论》2021 年第 1 期。

创新的无限活力。第三个重要经验启示是在强化政府社区治理和儿童基本公共服务主导作用的同时，注重激发社会创新力量的巨大活力。儿童主任制度在探索儿童福利服务递送工作模式的过程中，发挥政府"元治理"作用，更重要的是激发了各方主体的参与意识和主动性，以社区儿童资源配置的公平与效率为基础，以儿童及家庭需求为起点，在多元主体之间寻求协调与创新，维护公共利益，保障儿童利益最大化和儿童优先。

一直以来，以社会组织和志愿者为代表的社会力量开展了卓有成效的创新探索，为儿童福利工作注入了创新动能和社会资源。为此，应大力引入社会组织参与基层儿童福利和保护服务，持续加大政府购买儿童社会组织服务的比重，明确各部门分工，建立合作机制，发挥各自优势。社会组织可以提供专业的儿童保护个案评估和干预服务，动员社会力量为儿童提供个性化服务，补充政府基础保障和儿童主任基础服务的不足。高校学者专家及智库可以提供监测评估，对政策制定、机制改革、服务提升进行研究分析。

B.12
2022年中国儿童保护法律制度研究报告

佟丽华 于旭坤*

摘 要: 2022年,中国儿童保护法律制度进一步完善,《法律援助法》《家庭教育促进法》正式实施,我国还就未成年人文身治理、未成年人网络直播打赏、算法推荐服务、剧本娱乐经营等进行规定,进一步调整、细化有关未成年人犯罪记录封存、中小学法治副校长、人身安全保护令、电子烟管理等制度,为深入开展儿童保护工作提供了重要制度保障。但也要看到,为了更好开展儿童保护工作,尚需要进一步研究制定具有可操作性的制度,并在更好发挥政府相关部门的作用、提升专业服务水平以及公众倡导等方面持续发力。

关键词: 儿童保护 法律制度 专业服务力量

　　近年来,继新修订的《未成年人保护法》和《预防未成年人犯罪法》正式实施后,国务院未成年人保护工作领导小组、最高人民检察院、教育部等均发布了相关政策,为推动儿童①保护工作做出了积极努力。2022年度,我国在中小学法治副校长、文身治理、剧本杀以及未成年人犯罪记录封存等方面发布了相关规定,创新发展了一些有关儿童保护的法律制度。本报告将梳理2022年度的相关工作制度,并结合工作实际提出问题和工作建议。

---

* 佟丽华,北京青少年法律援助与研究中心主任、北京市法学会未成年人法学研究会会长,国务院妇儿工委办公室儿童与法律智库组组长,主要研究方向为青少年权益保护、公益法律服务、社会组织发展等;于旭坤,北京青少年法律援助与研究中心执行主任、律师。
① 如无特殊说明,本文的"儿童"与"未成年人"同义,均指不满十八周岁的公民或者自然人。

一　2022年中国儿童保护法律制度的创新与发展

2022 年 1 月 1 日，《家庭教育促进法》和《法律援助法》正式实施，为更好地开展家庭教育和未成年人法律援助工作提供了法律支撑。此外，围绕备受关注的未成年人文身治理、人身安全保护令、犯罪记录封存、电子烟管理、直播打赏、互联网信息服务算法推荐等问题，国家有关部门进行了专门规定，为更好地开展儿童保护工作提供了制度依据。

（一）进一步完善未成年人法律援助制度

作为我国第一部关于法律援助的综合性法律，于 2021 年 8 月 20 日发布、2022 年 1 月 1 日正式实施的《法律援助法》与《未成年人保护法》《刑事诉讼法》等相关法律进行了有效衔接，进一步完善了未成年犯罪嫌疑人、被告人以及未成年被害人申请法律援助的相关制度。

一是如果未成年犯罪嫌疑人、被告人没有委托辩护人，则应当为其提供法律援助。未成年人法律知识储备不足，其相关诉讼权利应当得到保障。根据《法律援助法》第 25 条和第 36 条规定，如果刑事案件中的未成年犯罪嫌疑人、被告人没有委托辩护人，那么，人民法院、人民检察院、公安机关应当在三日内通知法律援助机构指派律师担任辩护人，法律援助机构应当在三日内指派法律援助律师。

二是可以为刑事公诉案件的未成年被害人提供法律援助。未成年人是刑事公诉案件（尤其是性侵害犯罪案件）的被害群体之一，特别需要法律援助律师为其提出代理意见、刑事附带民事赔偿、刑事和解等。为此，我国《法律援助法》第 29 条规定，刑事公诉案件的被害人及其法定代理人或者近亲属因经济困难没有委托诉讼代理人的，可以向法律援助机构申请法律援助，这为未成年被害人提供了一个申请法律援助的渠道。

三是免予核查未成年人的经济困难状况。绝大部分未成年人没有固定生活来源，因此，《法律援助法》第 42 条第 1 项规定，在无固定生活来源的

未成年人等特定群体申请法律援助时，应当免予核查其经济困难状况。

四是遭受虐待、遗弃或者家庭暴力的未成年受害人在主张相关权益时，可以不受经济困难条件的限制。在实践中，未成年人有可能受到来自父母或者其他监护人的性侵害、出卖、遗弃、虐待、暴力伤害等，《法律援助法》第32条规定，遭受虐待、遗弃或者家庭暴力的未成年受害人等主张相关权益时，不受经济困难条件的限制，要保障其获得法律援助。

（二）明确了家庭教育制度

于2022年1月1日正式实施的《家庭教育促进法》将传统"家事"上升为新时代的"国事"，全面贯彻落实了习近平总书记关于注重家庭家教家风建设的重要论述，为有效提升家庭教育质量提供了法律依据。从制度建设来说，家庭教育既是父母或者其他监护人的责任，同时也需要国家支持、社会协同。《家庭教育促进法》在建立健全家校社协同育人机制、工作联动机制等方面作出了明确规定。

一是各级政府要建立健全家校社协同育人机制。《家庭教育促进法》专门提到，要建立家校社协同育人机制①。2023年1月13日，教育部等十三部门发布《关于健全学校家庭社会协同育人机制的意见》，这是对《家庭教育促进法》以及《未成年人保护法》的细化落实，针对性地从学校的协同育人主导作用、家长家庭教育的主体责任和社会全面育人的支持体系等角度作出规定②，具有较强的指导意义。

二是建立家庭教育工作联动机制。实践中，司法机关处理的很多涉未成年人案件都存在不同程度的家庭教育缺失问题。2021年5月31日，最高人民检察院会同全国妇联、中国关心下一代工作委员会印发《关于在办理涉未成年人案件中全面开展家庭教育指导工作的意见》，将涉案未成年人、失管未成

---

① 详见《家庭教育促进法》第6条："各级人民政府指导家庭教育工作，建立健全家庭学校社会协同育人机制。"

② 姚凤：《家社校三位一体 童心圆同心助力》，http://www.moe.gov.cn/jyb_xwfb/moe_2082/2023/2023_zl02/202301/t20230119_1039754.html。

年人家庭教育指导以及预防性家庭教育指导作为主要任务来抓。在实践探索的基础上,《家庭教育促进法》将联动机制上升到法律层面进行规制①。

(三)建立未成年人文身治理制度

未成年人身心发育不成熟,一时文身可能会后悔终生。为了加强未成年人文身治理工作,2022年6月6日,国务院未成年人保护工作领导小组发布《未成年人文身治理工作办法》(以下简称《办法》)。该《办法》明确了文身治理的管理机制、工作要求等,回应了社会现实以及家长呼声,产生了良好影响。

一是禁止向未成年人提供文身服务。《办法》规定,父母不能放任未成年人文身,要及时劝阻未成年人②;文身服务提供者要在显著位置标明不向未成年人提供服务,必要时,可以查验未成年人的身份证件。2023年3月,河北承德老板拒绝为三名16岁未成年少女文身,引发网友怒赞。③ 2022年6月10日,民政部儿童福利司答复了网民关于《未成年人文身治理工作办法》的一些疑问,明确表示即使父母同意许可或者在父母自己经营的文身店内,未成年人仍然不能文身④,无余地推进文身禁令的实施。

二是各相关部门要健全工作机制,强化源头管控。文身治理涉及审批、监管等不同部门,因此,《办法》第6条用5款细化了卫生健康部门、市场监管部门等应当履行的工作职责。

三是明确了投诉、举报渠道。《办法》规定⑤,只要发现向未成年人提

---

① 详见《家庭教育促进法》第8条:"人民法院、人民检察院发挥职能作用,配合同级人民政府及其有关部门建立家庭教育工作联动机制,共同做好家庭教育工作。"

② 详见《未成年人文身治理工作办法》第3条:"未成年人的父母或者其他监护人应当依法履行监护职责,教育引导未成年人进行有益身心健康的活动,对未成年人产生文身动机和行为的,应当及时劝阻,不得放任未成年人文身。"

③ 刘毅、谢茂:《"16岁不能纹身,没有为啥"3名少女欲纹身被老板怼》,《极目新闻》2023年3月27日报道,凤凰网转载。详见 https://news.ifeng.com/c/8OUgn2jMzI0。

④ 民政部儿童福利司答复网友"关于《未成年人文身治理工作办法》的一些疑问",https://lyzx.mca.gov.cn:8443/consult/showQuestion.jsp?MZ=7137328355。

⑤ 详见《未成年人文身治理工作办法》第10条:"任何企业、组织和个人发现向未成年人提供文身服务的,可以向民政、商务、卫生健康、市场监管等部门报告,接到报告的有关部门应当及时受理、处置。"

供文身服务的，任何人都可以向民政等部门报告，而接到报告的有关部门都应当进行受理、处理，形成了较强的威慑力。

（四）细化人身安全保护令制度

为了加大对家庭暴力受害人的保护力度，《反家庭暴力法》专章规定了"人身安全保护令"制度。2022年3月3日，最高人民法院、全国妇联等联合发布《关于加强人身安全保护令制度贯彻实施的意见》，进一步细化了人身安全保护令制度。其中，具有未成年人保护特色的内容有：一是注意保护未成年人的隐私，原则上不得公开人身安全保护令。二是发现未成年人遭受或者疑似遭受家庭暴力的，学校、幼儿园应当依法履行强制报告义务，同时加强心理疏导、干预。三是考虑未成年人身心特点，未成年子女作为证人提供证言的，可以不出庭作证等。四是可以引入第三方服务机制。社会工作和心理疏导有利于缓解受害人以及未成年子女的心理创伤，在具体工作中可以探索第三方介入。

上述规定既注重尊重未成年人的合法权益，同时又关注到未成年人在家庭暴力案件中的身心健康，有利于对未成年人的全面保护。

（五）细化规定未成年人犯罪记录封存制度

《刑事诉讼法》第286条对未成年人犯罪记录封存制度进行了规定[①]，但由于缺乏统一的细化规定，各地执行标准并不一致，违背了设置这一制度的初衷。为了进一步规范未成年人犯罪记录封存工作，给予失足未成年人改过自新的机会，2022年"六一"节前夕，《关于未成年人犯罪记录封存的实施办法》正式实施。该《办法》由最高人民法院、最高人民检察院、公安部、司法部联合发布，共26条，基本上解决了目前未成年人犯罪记录封存中遇到的主要问题。

[①] 详见《刑事诉讼法》第286条第1款："犯罪的时候不满十八周岁，被判处五年有期徒刑以下刑罚的，应当对相关犯罪记录予以封存。"

一是细化了封存的内容和范围。《办法》第2条、第3条规定，封存的内容包括从侦查到刑事执行全流程的案卷材料和电子档案信息，不但包括不予刑事处罚、不追究刑事责任、不起诉、采取刑事强制措施的记录，而且对涉罪未成年人的有关社会调查、帮教考察、心理疏导、司法救助等一并封存。

二是规定了较为严格的查询程序。根据《办法》的规定，一方面，司法机关因为办案需要，可以书面申请查询，同时单位应当出具公函[1]；另一方面，查询犯罪记录的单位及相关人员不得超出查询目的和使用范围，严格履行保密义务。[2]

三是明确了申请开具无犯罪记录证明的流程和要求。实践中，一些单位或者个人对犯罪的未成年人存在歧视心理，使这些未成年人就学、就业、生活保障等方面受到影响。《办法》充分考虑了未成年人的现实需求，作出了针对性规定：在入伍、就业时，免除犯罪记录被封存的未成年人的报告义务[3]；未成年人本人或者其法定代理人可以申请出具无犯罪记录证明，受理单位应当在三个工作日内出具[4]。

（六）发展和完善中小学法治副校长制度

2003年，中央社会治安综合治理委员会、最高人民法院、最高人民检

---

[1] 详见《关于未成年人犯罪记录封存的实施办法》第16条第1款："司法机关为办案需要或者有关单位根据国家规定查询犯罪记录的，应当向封存犯罪记录的司法机关提出书面申请，列明查询理由、依据和使用范围等，查询人员应当出示单位公函和身份证明等材料。"

[2] 详见《关于未成年人犯罪记录封存的实施办法》第17条第1款："对于许可查询被封存的未成年人犯罪记录的，应当告知查询犯罪记录的单位及相关人员严格按照查询目的和使用范围使用有关信息，严格遵守保密义务，并要求其签署保密承诺书。不按规定使用所查询的犯罪记录或者违反规定泄露相关信息，情节严重或者造成严重后果的，应当依法追究相关人员的责任。"

[3] 详见《关于未成年人犯罪记录封存的实施办法》第9条第1款："未成年人犯罪记录封存应当贯彻及时、有效的原则。对于犯罪记录被封存的未成年人，在入伍、就业时免除犯罪记录的报告义务。"

[4] 详见《关于未成年人犯罪记录封存的实施办法》第15条："被封存犯罪记录的未成年人本人或者其法定代理人申请为其出具无犯罪记录证明的，受理单位应当在三个工作日内出具无犯罪记录的证明"。

察院、公安部、教育部、司法部联合发布《关于规范兼职法治副校长职责和选聘管理工作的意见》（综治委 2003〔25〕号），就法治副校长的任职条件、选聘、职责以及管理制度等作出了明确规定，对法治副校长的工作进行了有力指导。但是，受管理部门不统一、人员流动频繁、专业优势不足、缺乏考评和退出机制等多种因素的影响，法治副校长在整体上发挥的作用还有待进一步提高。为此，2022 年 5 月 1 日，教育部发布并实施《中小学法治副校长聘任与管理办法》，为有效维护未成年人的合法权益做出了积极努力。该办法共 20 条，具有较强的指导意义。①

一是鼓励建立法治副校长工作联席会议制度。该办法第 4 条指出，教育行政部门可以联合人民法院、人民检察院、公安机关、司法行政部门等，统筹推进有关学校法治副校长的聘任与管理工作。

二是支持组建法治副校长工作团队。根据该办法第 9 条、第 10 条的规定，县级以上教育行政部门可以与当地人民法院、人民检察院、公安机关、司法行政部门等共同组建法治副校长工作团队，或者建立法治副校长人员库，从人员库中自主或者根据统一安排选聘法治副校长，服务区域内学校。

三是对法治副校长进行工作评价和考核。一方面，从学校维度对法治副校长工作情况作出评价，具体按年度进行；另一方面，派出机关要将法治副校长工作纳入工作量，对于表现优异的组织和个人，教育行政部门应当会同派出机关给予表彰、奖励。

（七）明确禁止向未成年人销售电子烟

长期以来，国内电子烟市场混乱，产品质量参差不齐，大量产品存在不安全成分添加、烟油泄漏、劣质电池等严重质量安全隐患，我国高度关注电子烟对未成年人的伤害。2018 年 8 月、2019 年 10 月，国家市场监督管理总

---

① 2022 年 2 月 17 日，教育部举行教育新春系列新闻发布会（第二场），教育部政策法规司介绍《中小学法治副校长聘任与管理办法》有关情况，http://www.moe.gov.cn/fbh/live/2022/53969/sfcl/202202/t20220217_ 599941. html。

局、国家烟草专卖局连续下发《关于禁止向未成年人出售电子烟的通告》《关于进一步保护未成年人免受电子烟侵害的通告》，要求各类市场主体不得向未成年人出售电子烟，并采取多种措施积极避免未成年人接触电子烟。

2020年新修订的《未成年人保护法》以法律形式提出对电子烟的规制，开了历史先河，这对于保障未成年人免受烟草伤害具有重要意义。2022年5月1日，国家烟草专卖局发布的《电子烟管理办法》正式生效，该办法进一步明确了电子烟的概念，在第22条重申了《未成年人保护法》的相关规定，规定不得向未成年人出售电子烟产品，同时强化了对电子烟等新型烟草制品的监管。

（八）对未成年人网络直播打赏进行专门保护

2022年5月26日，北京互联网法院发布了《未成年人网络司法保护报告》，报告显示，在该院审理的涉未成年人网络纠纷案中，充值打赏类案件占比超七成，直播打赏案件的平均标的额为69712元，涉案金额最高的某游戏充值案件为61万元[①]。2022年1月，在《检察日报》报道的一个案例中，10岁的乐乐用父亲的手机和账号在某网络直播平台观看游戏直播时，擅自给该平台主播打赏23万元，浙江省宁波市海曙区人民检察院的检察官撰文认为网络直播平台应予退还[②]。我国《未成年人保护法》第74条第2款和第76条针对未成年人使用直播功能以及发布网络直播作出了专门规定，期望能更好地保护未成年人。

2022年1月1日，中央文明办等发布并实施《关于规范网络直播打赏加强未成年人保护的意见》，着重强调了如下内容：一是重申禁止未成年人参与直播打赏、严控未成年人从事主播，要求对利用所谓"网红儿童"直播谋利的行为加强日常监管；二是优化升级"青少年模式"和模式功能配

[①] 张静姝：《北京互联网法院：涉未成年人网络纠纷中，充值打赏类占75%》，载2022年5月27日《新京报》，见 https：//m. bjnews. com. cn/detail/165365414614579. html#: ~: text。

[②] 欧阳玲玲：《未成年人打赏主播的财物是否可以追回？》，载2022年1月12日《检察日报》，见 http：//news. jcrb. com/jszx/202201/t20220112_ 2355578. html。

置,加强高峰时段管理,在每日晚上 10 时以后,强制下线"青少年模式"下的各项服务;三是建立未成年人专属客服团队,按规定办理未成年人打赏退款事宜,从严处置诱导未成年人打赏的经纪机构和网络主播;四是规范重点功能应用,禁止以打赏额度为标准对用户进行排名,不得上线运行以打赏金额作为唯一评判标准的各类功能应用;五是加强网络素养教育,要培育未成年人网络安全意识、文明素养、行为习惯和防护技能。该意见着眼于形成长效工作机制,强调了规范网络直播、加强未成年人保护的极端重要性和迫切性,有利于更好地保护未成年人。

(九)对算法推荐服务进行规制

算法推荐凭借其独特的优势,满足了用户的个性化、定制化需求,但也有可能会限制甚至侵犯用户的权利。未成年人自我保护意识不足、能力偏弱,需要受到特殊、优先保护。2022 年 3 月 1 日,国家互联网信息办公室等联合发布了《互联网信息服务算法推荐管理规定》,在未成年人保护方面,该《规定》向算法推荐服务提供者提出了要求。

一是便于未成年人获取有益身心健康的信息。可以结合未成年人的特点,开发适合未成年人使用的模式或者提供适合未成年人的服务,便于未成年人获取有益身心健康的信息。

二是不得向未成年人推送影响其身心健康的信息。有的信息可能会引发未成年人模仿不安全行为、诱导未成年人不良嗜好等,算法推荐服务提供者不得向未成年人推送这些可能影响其身心健康的信息,避免未成年人受到不良影响。

三是不得利用算法推荐服务诱导未成年人沉迷网络。未成年人沉迷网络会影响其身心健康发展,因此,该《意见》特别规定不能利用算法推荐服务诱导未成年人沉迷网络。

(十)要求剧本娱乐经营场所加强未成年人保护

近年来,以"剧本杀""密室逃脱"为代表的剧本娱乐经营场所快速发展，也出现了一些不利于未成年人健康成长的不良内容及安全隐患。2022年6月25日，文化和旅游部等联合发布《加强剧本娱乐经营场所管理的通知》，要求剧本娱乐经营场所经营者坚守底线，规范经营，将加强未成年人保护工作作为一项重要内容来抓。具体内容如下。

一是不得含有违反《未成年人保护法》等规定的内容。该通知规定，经营者要严格内容管理，对剧本脚本以及有关的道具、场景、服务和表演等进行内容自审，"不得含有《中华人民共和国未成年人保护法》《娱乐场所管理条例》《营业性演出管理条例》等法律法规禁止的内容"。

二是设置适龄提示，标明适龄范围。有一些剧本脚本、场景并不适宜未成年人参与，为此，《通知》要求不得允许未成年人进入此类剧本娱乐经营场所。

三是采取措施防止未成年人沉迷。依据《未成年人保护法》的有关规定，《通知》规定了未成年人参与剧本娱乐活动的时间，只有在国家法定节假日、休息日及寒暑假期才可以。

二　当前存在的问题

从上文可以看出，我国对儿童的保护工作越来越细，关注的内容越来越多，既对未成年人犯罪记录封存、人身安全保护令、中小学法治副校长制度等进行了发展，又建立了未成年人文身治理制度、加大了对剧本娱乐场所的未成年人保护力度等。但是，也要看到，目前尚存在对数字时代的挑战认识不足、一些制度尚需要进一步细化以及专业服务水平有待提升等现实问题。

（一）数字时代的儿童保护工作面临挑战

数字时代在带给儿童新的学习、社交、娱乐机会的同时也带来了网络欺凌、个人信息泄露、不当消费等各种新问题，但各国儿童保护工作普遍没有跟上时代发展的步伐，我国同样面临挑战。一是儿童保护观念以及知识结构的滞后。父母、老师以及儿童保护工作者等在数字时代的知识结构都严重滞后，对儿童保护的基本原则、多方共治中各方责任划分等观念未达成共识。

二是儿童保护领域法律的滞后。虽然我国新修订的《未成年人保护法》增加了"网络保护"专章，但该章主要是原则性规定，难以解决当前儿童网络保护面临的复杂问题。《未成年人网络保护条例》已经两次向社会征求意见，但尚未发布实施，相关政策更多以应急的"打补丁"方式出现，缺乏科学系统的理论基础和内在逻辑。三是儿童保护工作方法的滞后。儿童保护领域的有些传统的工作方法已经不适应新的数字时代的要求，需要探索融入数字时代以达到"事半功倍"的工作方法。

（二）尚需将一些法律政策转化成可操作的制度

如前文所述，我国的儿童保护制度在 2022 年度取得了较好进展。但是，与实践中的儿童保护工作相比，尚需对一些问题进行深入研究，将相关法律政策转化成可操作的制度。比如，我国《未成年人保护法》在"社会保护"专章第 55 条规定生产、销售儿童食品、药品、用品等应当符合国家或者行业标准；《中国儿童发展纲要（2021—2030 年）》在"儿童与法律保护"中提到，要"推动加快家庭教育、学前教育、儿童福利、网络保护等立法进程，适时修订相关法律法规、出台司法解释""落实法律监督、司法建议和法治督察制度"等，这些都需要转化成具体、可操作性强的儿童保护制度，让更多的儿童受益。

（三）制度执行面临一定挑战

制度的有效执行既离不开政府相关部门的积极履职，也离不开对执行情况的评估等。比如《互联网信息服务算法推荐管理规定》第 5 章"法律责任"规定了网信部门和电信、公安、市场监管等有关部门可以依据本部门职责，按照有关法律、行政法规和部门规章的规定予以处理。这就需要政府相关部门认真学习相关制度规定，不断提升儿童保护理念，并推动相关制度落地。此外，还需要对制度执行情况进行评估，制度执行存在哪些不足、面临哪些困难、需要进行哪些改进等，都是制度执行中的现实问题。

（四）后续专业服务力量存在不足

我国《未成年人保护法》共有 13 处提到社会组织，其中第 116 条规定，社会组织、社会工作者可以参与对未成年人的法律援助、心理干预、社会调查、教育矫治等工作。《法律援助法》第 8 条规定："国家鼓励和支持群团组织、事业单位、社会组织在司法行政部门指导下，依法提供法律援助。"除了上述法律以外，其他相关规范性文件也有类似规定，如《关于规范网络直播打赏　加强未成年人保护的意见》提出，"支持社会各界共同开展宣传教育，促进未成年人开阔眼界、提高素质、陶冶情操、愉悦身心"。再好的制度也需要专业的机构和人员推动落实，党和政府不可能增加大量编制和人员开展儿童保护具体服务工作，那么，儿童保护类社会组织是一支可以依靠的重要社会服务力量。但是，我国儿童保护类社会组织等专业服务力量储备不足，一定程度上成为制约中国儿童保护事业的重要瓶颈。

（五）儿童保护相关制度的社会知晓率有待提高

儿童保护工作不仅是关系法律政策和政府部门执法的问题，也需要全社会不断提升意识，共同参与到儿童保护工作中来。但是，从实际情况来看，社会公众对相关制度并不是十分了解。我国《家庭教育促进法》已于 2022 年 1 月 1 日正式实施，在北京青少年法律援助与研究中心接待的咨询或者处理的案件中，仍然有家长在抱怨国家没有建立相关法律制度，不知道《家庭教育促进法》已经明确规定了开展家庭教育的内容以及可以采用的方式方法；我国《反家庭暴力法》和《关于加强人身安全保护令制度贯彻实施的意见》都对人身安全保护令作出规定，但是一些基层公安干警和家长仍然不知道如何利用人身安全保护令保护遭受家庭暴力的儿童；犯罪记录封存制度是对犯罪未成年人进行保护的一种重要法律制度，有利于其更好地改过自新、回报社会，但是很多人仍然对这一制度存在严重误解，儿童保护的意识严重不足。

三 具体工作建议

为了更好推动儿童保护工作，将有关儿童保护制度真正落到实处，建议从重视新问题新挑战、加强行政执法、提升专业服务水平、开展公众倡导等方面持续发力。

（一）高度重视儿童保护工作的新问题新挑战

党的二十大报告特别强调"着力推动高质量发展"以及"强化现代化建设人才支撑"，有效保障儿童权益才可实现人才可持续发展、夯实高质量发展的根基。建议未来将保障儿童权益确立为数字时代国家治理的重大发展战略，并结合儿童保护工作的新问题新挑战开展专题研究，将《未成年人保护法》《中国儿童发展纲要（2021—2030年）》等相关法律政策转化成具有可操作性的制度，尽快出台《未成年人网络保护条例》以及儿童食品标签管理规定等内容。此外，国家有关部门以及司法机关应当采用数字技术手段构建起与数字时代相适应的儿童保护新工作机制，全面提升国家开展儿童保护工作的效能。

（二）进一步强化政府部门的作用

建议政府相关部门尤其是行政执法部门进一步强化儿童保护视角，在关系儿童切身利益的重点领域加大行政执法力度，促进儿童健康成长。在具体工作中，要勇于担当、主动作为，在本部门职责范围内开展行政执法工作，切实推动制度落实落细。一方面，要加强行政执法部门的沟通与协作。政府相关部门要利用互联网、大数据、人工智能等手段，加强部门间信息交流共享，定期沟通相关情况。另一方面，要积极探索涉及儿童的跨领域跨部门综合执法。推动执法重心下移，在某一领域出现部门职责交叉等问题时，可以以某一行政执法部门为主、其他单位予以协助，努力形成部门协作、上下联动的良好工作局面。必要时，检察机关可以依法进行法律监督，督促政府部门积极履职。

（三）培育和发展更多儿童保护类社会组织

培育专业的社会组织，以及依托社会组织培养专业人才是一个复杂的系统工程。为了更好发挥专业社会组织的积极作用，建议支持和鼓励具有法律、心理、社工、教育等工作背景的社会人士依法独立注册儿童保护类社会组织，为其提供必要的场地支持，并帮助、指导其提升专业化服务、规范化管理和社会化运作水平。同时，要加大资金投入力度，通过委托、承包、采购等方式，择优选择承接政府购买服务的社会组织，并根据服务数量和质量向其支付费用，支持其就法律服务、心理咨询、网络素养、社会融入、公众倡导、亲子共建、关爱救助、不良行为矫治等方面提供专业服务，为儿童及其家庭提供更多帮助。

（四）深入开展儿童保护的法治宣传

未成年人的保护工作离不开全社会的共同关注和精心呵护，要通过电视、报纸、广播、网络、手机等多种媒介，不断加大儿童保护工作宣传力度。尤其是在互联网高度发展时代，政府相关部门、司法机关以及学校、社会组织等要以视频、动画、图片、文字等表现手段，宣传我国有关儿童保护的法律制度，不断增强全社会保护儿童的法治观念，营造关心支持、理解尊重儿童保护工作的良好社会氛围。

2022 年度，中国儿童保护的法律制度取得进一步发展，有关未成年人网络直播打赏、算法推荐服务、未成年人文身治理以及对剧本娱乐经营场所进行规制等，都具有鲜明的时代特色。当然，在推进儿童保护工作过程中也存在一定的问题，需要国家、社会、学校和家庭等共同发力，为儿童健康成长保驾护航。

参考文献

中国网络社会组织联合会：《未成年人网络保护现状研究报告》，2022 年 8 月 1 日。

最高人民检察院：《未成年人检察工作白皮书（2021）》，https：//www. spp. gov. cn/spp/xwfbh/wsfbt/202206/t20220601_ 558766. shtml#2，2022 年 6 月 1 日。

中国儿童福利和收养中心编《中国未成年人保护发展报告蓝皮书（2022）》，中国社会出版社，2022。

B.13
2022年中国儿童发展状况
网络洞察分析

屈俊美　李　扬　夏　玥*

摘　要： 2022年，我国儿童发展状况持续向好。从领域看，全网信息中，关于儿童与安全、儿童与家庭的内容占比居高，正面宣传引领主流舆论。从热点话题看，儿童安全问题备受关注，技术发展带来新挑战；疫情对儿童身心健康的影响引发讨论，健康传播尚存发展空间；教育改革成效显现，"学校家庭社会协同育人机制"不断完善；全社会儿童友好的意识提升，未成年人网络保护进一步加强；儿童法律保障更加完善，相关工作亦需与时俱进。总体来看，全网涉儿童的议题热度较高，多方期待提升生育、养育、教育保障水平；舆论热议"后疫情""长新冠"，社会心态与儿童心理同频变化；科技发展推动智能化变革，互联网"原住民"不断成长。

关键词： 儿童发展　网络生态　社会热点

一　总体情况

2022年，我国网民规模超10.51亿人[①]，网络信息持续增多，涉儿童

---

*　屈俊美，人民网舆情数据中心主任舆情分析师，主要研究方向为网络舆情研究；李扬，人民网舆情数据中心主任舆情分析师，主要研究方向为社会民生研究；夏玥，人民网公共政策研究员，主要研究方向为公共政策研究。

①　中国网络空间研究院：《中国互联网发展报告2022》，https：//baijiahao.baidu.com/s？id=1749027978044380976&wfr=spider&for=pc。

内容获较高关注。人民众云大数据平台显示，2022 年 1 月 1 日至 12 月 31 日，全网涉儿童议题中，儿童与安全领域信息占比为 42.1%，居于首位，儿童用品的安全性、涉儿童的突发事件等获较高关注。儿童与家庭领域信息占比为 40.1%，党的二十大报告指出"加强家庭家教家风建设"，引领舆论关注。儿童与法律保护领域信息占比为 6.3%，新未成年人保护法施行一周年、《关于未成年人犯罪记录封存的实施办法》正式施行等获关注。儿童与福利领域信息占比为 5.4%，"丰县生育八孩女子"事件成为年度高热舆情，较多网民借此讨论家庭对儿童的抚养能力问题，并呼吁加大相关社会福利。儿童与教育领域信息占比为 3.1%，"双减"一周年的成效获较多积极评价。儿童与健康领域信息占比为 1.9%，此类信息主要关涉疫情。儿童与环境领域信息占比为 1.1%，多方期待现实环境与网络环境持续优化。

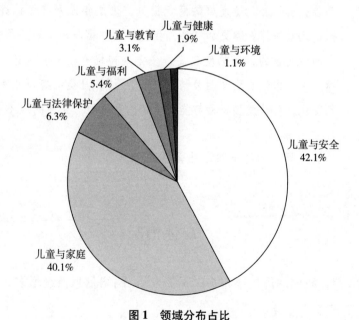

图 1 领域分布占比

资料来源：人民网舆情数据中心"人民众云"大数据平台。

二　热点解读

（一）儿童安全问题备受关注，技术发展带来新挑战

社会各界高度关注儿童安全问题，有关部门也不断加强监管。市场监管总局开展 2022 年儿童和学生用品安全守护行动，通过采取集中整治措施，解决了一些质量突出问题，并赢得了公众的积极评价。此次行动重点关注儿童口罩、儿童护具、儿童玩具、儿童服装、儿童家具和学生文具等产品，加强了对未标明生产日期、生产厂家和生产许可证等"三无"标识的整治，并在校园周边和产业集聚区开展了质量安全专项治理。此外，还加强了对热门"网红"玩具的质量安全治理，特别是在开学季和节假日等关键时间节点，打击销售假冒伪劣、无中国强制性产品认证（CCC）标识产品等质量违法行为，及时发现和处置苗头性风险，多数网民表示赞许和支持。

儿童用品安全是公众关注的焦点，"电热毯""安全座椅"等用品安全的科普周期性出现，技术发展给儿童安全带来挑战更受关注。从有关报告看，儿童安全出行仍存隐忧。金融界引述《2022 儿童安全出行报告》中的调查称，我国是世界上儿童安全座椅制造的主要国家，每年全球约 80% 的儿童安全座椅都在中国生产。然而，相比于制造，我国在儿童安全座椅的实际使用方面却属于"小国"。目前，国内私家车和适龄儿童都有的家庭中，儿童安全座椅的使用率不到 10%。从热点事件看，2022 年 7 月，"小天才智能手表被曝涉黄涉暴、诱导付费"等事件引发热议，儿童智能产品高速发展背后的乱象令网民担忧。江苏省消保委调查报告显示，2022 年，江苏省消保委系统收到关于儿童智能手表的投诉 106 件，江苏消费网舆情监测发现关于儿童手表的敏感舆情信息 19342 条，儿童智能手表存在质量参差不齐、部分产品涉嫌虚假宣传及未经允许违规扣费等问题。舆论期待儿童智能产品市场更加有序，各方切实履行责任，守住产品安全底线。

涉儿童的突发事件易引关注。2022 年，"兰州三岁儿童一氧化碳中毒死

亡""2 岁男童将硬币塞进充电口手被炸黑"等事件获一定关注，涉男童安全的舆情中，自身行为导致安全事故的情况较多，女童则多受外部因素影响，家庭及社会对其的保护仍需加强；另外，夏季儿童溺水事故仍较多，学校和社会的宣传教育、家庭和自身安全意识以及自救能力尚需提升。另外，2022 年 11 月，山东、江西、福建、天津等地出现"人贩子偷抢小孩"的谣言，挑动了家长的不安全感。

（二）疫情与儿童身心健康问题引讨论，健康传播尚存发展空间

2022 年，疫情仍是舆论焦点。在此背景下，儿童的身心健康问题引发关注。一方面，科普类话题获关注，儿童用药等问题被讨论，"儿童感染新冠病程是什么样""哪些儿童是重症高危人群""儿童退烧药问答""如何看待成人抢购儿童药"等引发热议，与儿童相关的防疫举措也颇受关注，较多网民呼吁，医疗资源优先保障儿童和老人。另一方面，疫情对儿童心理健康的影响也获较多关注，有网民认为，近年来不少儿童把防疫期间的特殊举措当作正常举措，与外界的接触减少，交往能力可能下降，内心可能更封闭保守；还有网民指出，居家时间较长，线上学习的效果难以保证，亲子关系中的摩擦增多，叠加学业方面的焦虑，可能加大未成年人的心理压力。

儿童日常生活中的健康问题，也值得关注。中国营养学会发布了《中国学龄儿童膳食指南（2022）》，该指南在一般人群膳食指南的基础上，特别补充了一些适用于学龄儿童的内容。一是更加关注儿童的营养需求，如"多户外活动，少视屏时间，每天 60 分钟以上的中高强度身体活动""定期监测体格发育，保持体重适宜增长"等。从信息传播看，相关内容热度有限，涉儿童的健康传播还有发展空间，儿童饮食、运动、睡眠等常见议题值得持续关注，以适合儿童的语言和形式呈现信息，或会取得更好传播效果。二是舆论对儿童性教育的关切有所升高，"五分钟儿童性教育短片""14 岁以下儿童不建议检查幽门螺杆菌"等话题传播较广，育儿类、科技类、医疗类垂直自媒体账号对此类议题表现出较高兴趣，把握内容尺度、提升认知

水平较为重要。三是是国外儿童健康类事件易引讨论，如"全球已有至少12个国家报告不明原因儿童肝炎"受到舆论聚焦，疫情背景下，公众对儿童健康问题的关注度上升。

（三）教育改革成效显现，"学校家庭社会协同育人机制"不断完善

2022年，儿童教育进一步发展，有关政策稳步推进。一方面，"双减"政策实施一周年，较多网民对成效表示认可。目前，义务教育阶段学生的作业负担和校外培训负担得到了有效减轻，同时家庭教育支出和家长的精力负担也有所降低。这些措施的实施使得学生有更多的时间用于阅读、睡眠、运动和实践等方面，使得素质教育的氛围在全国范围内日益浓厚。教育部部署校外培训"监管护苗"暑期专项行动，覆盖全国31个省份和新疆生产建设兵团，聚焦突出问题，严查学科类培训隐形变异，打击机构和个人以"一对一""高端家政""众筹私教""研学旅行"等名义违规培训，打击学科类培训机构"假注销、真运营"现象，严查非学科类培训恶意涨价行为，化解"退费难"问题，加强对校外培训机构从业人员和培训材料的管理。较多网民表示，"培训乱象"已明显减少，相关举措有助于保障教育公平、缓解家长教育焦虑、促进儿童全面发展。2022年教育部工作要点计划提到，要提高课后服务水平，健全课后服务的经费保障机制和拓宽相关资源渠道。此举获较多家长认可，微博话题#中小学课后服务要与下班时间相衔接#阅读量近9600万次。与此同时，也需关注培训机构"改头换面"、上门家教收费较高、课后延时服务变相收费等问题，舆论期待相关政策更加科学合理、灵活适度，避免出现新的教育不公平问题。

近年来，家庭、家教、家风获得更高关注。党的二十大报告指出，"加强家庭家教家风建设，加强和改进未成年人思想道德建设"。《人民日报》发文称，家庭是社会的基本细胞，家庭的前途命运同国家和民族的前途命运紧密相连。我国目前有4亿多家庭。家庭家教家风建设既是家事，也是国事，关系个人健康成长、社会和谐稳定和国家繁荣发展。党的十八大以来，以习近平同志为核心的党中央高度重视家庭家教家风建设，推动社会主义核

心价值观在家庭落地生根，形成社会主义家庭文明新风尚。2022 年 1 月 1
日，《中华人民共和国家庭教育促进法》正式施行，这是我国首次就家庭教
育进行专门立法，家长热议"依法带娃"，并期待家庭教育工作联动机制进
一步落地。4 月，教育部等 11 部门印发《关于指导推进家庭教育的五年规
划（2021—2025 年）》，将构建覆盖城乡的家庭教育指导服务体系、健全学
校家庭社会协同育人机制、促进儿童健康成长确立为今后一个时期家庭教育
发展的根本目标。网民对此积极评价，并期待家庭家教家风建设更加规范
化、常态化、法治化、专业化。

（四）儿童友好意识持续提升，未成年人网络保护进一步加强

儿童优先理念在公共政策制定、公共设施建设、公共服务供给等方面体
现得日益明显，爱护儿童的社会环境进一步形成。据国家统计局数据，2022
年全年出生人口 956 万人，人口自然增长率为 -0.60‰，我国人口总量有所
减少。如何提高生育率，成为舆论热议的话题，较多网民期待营造更适宜儿
童发展的社会环境。儿童友好城市、友好社区建设不断完善，公共空间和公
共设施"适儿化"改造赢得认可。另外，改善儿童生态环境也至关重要，
营造儿童健康成长的校园及社区周边良好环境、减少环境污染对儿童的伤
害、提高儿童生态环境保护意识等，亦获得一定关注。

网络环境与未成年人发展的问题，也获较高关注。一方面，未成年人网
络保护网越织越密。2022 年，中共中央宣传部举行"中国这十年"系列主
题新闻发布会，中央网信办有关负责人表示，未成年人网络保护问题是社会
关注的热点，也是管网治网的重点、难点问题，主要治理举措可概括为
"有法有罚，能管善管"。当前，未成年人网络环境方面存在三方面突出问
题：一是不良和有害信息问题，如低俗色情、血腥暴力、炫富拜金等内容，
影响青少年身心健康，网络欺凌、人肉搜索等现象，侵害未成年人的合法权
益；二是网络沉迷问题，治理有些成效，但还存在短板，如一些网站平台，
功能设计不够合理，保护机制还不够健全。三是诱导和实施违法犯罪的问
题，如有人利用互联网教唆和引诱未成年人实施暴力、诈骗甚至自杀，还有

人对未成年人实施性引诱、网络猥亵等违法行为。目前，相关日常监管不断加强，网络环境更加清朗。另一方面，提升儿童媒介素养也更加显得重要。对成长于信息时代的儿童而言，互联网不仅是一种工具，更是日常的生活环境，减少其网络接触并非良策，也缺乏现实基础。互联网作为基础设施和生活方式，已成为未成年人学习、生活、娱乐等日常接触的平台。有网民直言，"现在谁还能离开网络生活？"舆论期待，增强儿童自我保护意识及能力，加强儿童科学、信息化、媒介素养教育，保障儿童使用媒介的权利和安全，提升儿童及其监护人媒介素养，加强学龄儿童使用网络分类教育指导。

（五）法律保障更加完善，合法合规标准还需与时俱进

2022年，新未成年人保护法已施行一周年，相关政策法规和制度建设进一步完善。5月，最高人民法院、最高人民检察院、公安部、司法部联合印发的《关于未成年人犯罪记录封存的实施办法》正式施行。据司法机关统计，2017年4月至2022年4月，未成年人犯罪不起诉及被判处五年有期徒刑以下刑罚共计238817人。最高人民法院研究室有关负责人指出，犯罪记录封存制度，是教育挽救犯有较轻罪行的失足未成年人的一项重要法律制度，可以降低轻罪前科对未成年人回归社会的影响，促使其悔过自新、重回正轨。舆论期待，有关举措切实帮助罪错未成年人顺利入学就业、重新回归社会。6月，《未成年人文身治理工作办法》正式出台，要求禁止向未成年人提供文身服务，较多网民对此表示支持。11月，最高法、最高检、教育部三部门联合发布《关于落实从业禁止制度的意见》，就师德师风建设、校园环境净化、未成年人司法保障作出了系列规定。有网民认为，这为未成年人保护增加了"隔离带""防火墙"。北京海淀法院对一猥亵儿童案被告人宣告终身禁业，成为首例对性侵害未成年人的教职人员依法宣告终身禁业的刑事案件，引发舆论关注，网民评论称"判决彰显积极作用及影响""有助于从源头保护儿童权益"。另外，2022年，打击拐卖妇女儿童犯罪行为、对性侵未成年人犯罪零容忍、规范网络直播打赏、禁止对未成年人实施网络欺凌行为等举措，均获较多好评。

新兴事物瞄准青少年群体，"合法合规"的标准也需与时俱进。一是在娱乐活动上，随着"剧本杀"的兴起，"儿童剧本杀"也进入大众视线。当前儿童剧本杀专注于6~14岁人群，剧本更注重科普、教育与故事性。内容涵盖历史类、文学类、成长类、自然科学类等。值得注意的是，目前不少剧本杀存在血腥、暴力、色情、恐怖等内容，并不适合未成年人接触。有网民担忧剧本的不良内容会影响儿童认知；也有网民怀疑部分剧本杀"暗度陈仓"，变相搞教育培训，并且难以监管；还有网民认为"挺好的，这叫儿童剧游，寓教于乐，能提升孩子的综合能力，也给此前教培行业的从业者提供了新的就业机会"。北京市文化和旅游局相关工作人员表示，经营者要建立内容自审制度，对剧本进行评测和适龄提示，若增改内容，应及时上传平台备案。二是在新产品上，部分商家以"网红"包装吸引未成年人购买违规产品，存在多重隐患。未成年人保护法明确规定禁止向未成年人售烟（含电子烟），但多地出现外观为"奶茶杯""可乐罐""玩具熊"等样式的非国标果味电子烟，烟油成分复杂，产品质量堪忧，包装设计类似儿童玩具、新潮食品，具有隐蔽性和欺骗性，对未成年人有诱导性，对此类情况有待进一步治理和规范。

三　总结与展望

（一）涉儿童议题热度较高，多方期待提升生育、养育、教育保障水平

2022年，网民高度关注涉儿童议题，舆论期待有关保障举措持续完善。一是生育方面，人口负增长等情况掀起多重讨论，"少子化"趋势引发担忧。不少网民认为，"三孩政策"的效果有限，育儿成本居高、劳动保障仍存短板、受教育程度提高和现代思潮影响等因素叠加，影响生育意愿，仅调整生育政策，并非治本之策，还需加强政策协调性，营造更加良好的社会环境。二是养育方面，家庭是养育子女的主力，舆论期待涉儿童的社会保障和公共服务进一步提升，缓解幼儿托育、照护等方面供需不平衡等问题。三是

教育方面，"内卷"带来社会焦虑，虽然"双减"有效减轻了课业负担，但部分家长担忧教育培训的隐形费用更加昂贵，贫富差距带来教育差距，并导致新的不公平。另外，受疫情影响，线上学习的学生较多，"双减"的影响或未完全显现。随着防疫措施的优化，各类线下活动复苏，后续素质教育与儿童全面发展的情况更值得关注。

（二）舆论热议"后疫情""长新冠"，社会心态与儿童心理同频变化

目前，较多声音认为，2023年"后疫情时代"启幕，社会发展将出现更多向好的变化。同时，"长新冠"也备受关注，新冠后遗症和病毒变异情况仍然存在不确定性，可能还会在较长一段时间中，对个体健康和公共卫生造成影响。疫情期间的"社交隔离"，一定程度上加大了社会焦虑和不安全感，加剧了抑郁等问题，也给儿童的身心健康带来隐患，乃至造成"疫情疤痕"。《2022年国民抑郁症蓝皮书》数据显示，我国青少年抑郁症患病率已达15%~20%，其中，18岁以下的抑郁症患者约占30%，在校学生约占50%，心理问题出现低龄化、复杂化、严重化的特点。另外，低龄儿童往往不会主动寻求疫情的信息，但若家长和周围的人表现出过度焦虑，部分儿童也会出现行为异常等情况；初高中阶段的青少年应激反应已接近成人，一般会感受到疫情带来的问题，特别是学业压力，叠加居家带来的社交场景变化、生活节奏变化、亲子相处模式变化，这些可能对其心理和认知方面造成长期影响。

（三）科技发展推动智能化变革，互联网"原住民"不断成长

2022年，未成年人网络保护备受关注，多方合力筑起保护网。"强监管"背景下，涉青少年的内容生态不断优化，不良信息明显减少。与此同时，如何使儿童在数字化、信息化、智能化时代更好地成长，是值得深思的问题，单维度的管控并不是可持续的良方。部分家长仍认为"上网"等同于"打游戏"，对互联网娱乐化、工具化的属性十分警惕，对其社会性的认

识有所不足，一味减少乃至制止儿童的网络接触行为，以期加强保护，可能适得其反。当前的儿童是互联网的"原住民"，全面提升其媒介素养更为重要。"元宇宙""人工智能"已成为2022年的热点，未来涉儿童的虚拟现实场景可能增多，相关人工智能产品可能增加，如何更好地使用科技，而不是加大数字鸿沟，是更值得关注的问题。

案 例 篇
Case Chapters

B.14

儿童青少年近视防控的"浙江经验"

樊泽民 周国超 许梅萍 李涛*

摘　要： 2018年8月，习近平总书记作出重要指示指出，我国学生近视呈现高发、低龄化趋势，严重影响孩子们的身心健康，这是一个关系国家和民族未来的大问题，必须高度重视，不能任其发展。教育部等八部门联合印发《综合防控儿童青少年近视实施方案》，近视防控上升为国家战略。浙江等省扎实推进该实施方案落地落实，创造性地推出一系列扎实有效的防控举措，取得重要阶段性进展，为健康中国建设提供了重要支撑。本文介绍了自2018年以来浙江省在综合防控儿童青少年近视方面的实践经验，从全面实施"八个率先"，建立科学防控体系，到坚持以突出问题和目标为导向，

* 樊泽民，教育部体育卫生与艺术教育司副处长、一级调研员，主要研究方向为学校卫生与健康教育；周国超，中国健康管理协会学生视力健康管理分会副会长、教育部综合防控儿童青少年近视防控宣讲团成员，主要研究方向为儿童青少年近视防控科普教育和健康管理；许梅萍，温州医科大学附属眼视光医院斜视与小儿眼科副主任医师，主要研究方向为儿童青少年近视防控；李涛，温州医科大学眼视光学院（生物医学工程学院）附属眼视光医院研究生管理科主任、讲师，主要研究方向为近视防控与公益服务。

合力推进实施"近视普查、近视综合防控试验、健康育人、教卫协同、家庭护眼、健康学校建设、近视综合防控信息化、近视防控科普"等"八大工程",形成了近视综合防控的"浙江模式",为推进"健康中国行动"提供借鉴和参考。

关键词: 儿童 青少年 近视防控 健康中国 浙江省

近视是全球性的公共卫生问题。我国近视情况尤其严峻,儿童青少年近视率超过50%,患病总人数超过6亿人①,呈低龄化、重度化趋势,高度近视发生率持续走高,已成为不可逆致盲的首要因素。2018年以来,习近平总书记多次就此作出重要批示,提出"全社会都要行动起来,共同呵护好孩子的眼睛,让他们拥有一个光明的未来"。经国务院同意,2018年8月30日,教育部、国家卫生健康委等八部门联合印发《综合防控儿童青少年近视实施方案》,近视防控上升为国家战略。

浙江省是最早实施儿童青少年近视防控工作的省份之一,先行先试、大胆探索、统筹谋划、精准施策,扎实推进"近视普查、近视综合防控试验、健康育人、教卫协同、家庭护眼、健康学校建设、近视综合防控信息化、近视防控科普"等"八大工程",初步形成近视综合防控的"浙江模式"。2019、2020、2021年连续三年,浙江省儿童青少年总体近视率每年下降1%以上②。在2019年度、2020年度全国综合防控儿童青少年近视工作评议考核中,浙江省被教育部、国家卫生健康委、体育总局、市场监管总局联合评定为最高等级A级(排名全国前列)。2020年,教育部认定浙江省温州市为全国儿童青少年视力健康管理先行示范区,是全国地市级城市中唯一获批的地区。

---

① 国家卫生健康委员会:《儿童青少年总体近视率为53.6% 我国将更有针对性地开展近视干预》,http://www.nhc.gov.cn/xcs/s7847/201905/11c679a40eb3494c ade977f65f1c3740.shtml。

② 浙江省教育厅、浙江教育报:《我省出台意见防控儿童青少年近视》,http://jyt.zj.gov.cn/art/2019/4/25/art_ 1532836_ 33837925.html。

一 总体思路和具体做法

（一）优化顶层设计，率先建立科学高效防控体系

浙江省委、省政府高度重视儿童青少年近视综合防控工作，将其作为落实习近平总书记重要批示、对标中央要求、回应群众期盼的政治任务和重点事项持续推进。在顶层设计、政策引领等方面，浙江省充分依托温州医科大学眼视光专业全国领先优势，大胆探索，着力创建科学高效的防控体系，做到八个"率先"，即率先建立省级部门联席会议机制、率先成立省级市级近视防控指导中心、率先落实近视防控专项经费、率先组建近视防控专家委员会、率先编制近视防控指南、率先开展校园学习环境改造、率先开发利用近视防控信息系统、率先启动中小学生近视普查试点等。

在一系列"率先"行动有效落地、纵深推进的同时，浙江省形成了信息互通、资源共享、工作互补的综合协调机制，先后出台了《浙江省教育厅等十一部门关于全面加强儿童青少年近视综合防控工作的意见》《浙江省中小学生减负工作实施方案》《浙江省0~6岁儿童眼保健和视力检查工作实施方案》等政策文件，为近视防控提供政策保障。2021、2022连续两年，近视防控被列为浙江省人民政府工作报告重点工作，儿童青少年总体近视率下降情况被列入浙江省委省政府健康浙江建设考核指标体系，未实现近视率下降目标的县（市、区）在省委、省政府对市县政府考核中予以相应扣分。2021年3月，浙江省对11个地市的近视防控工作开展评议考核，有力地推动了各地进一步重视和加强近视综合防控工作。目前，浙江省已经初步形成政府主导、部门合作、社会支持、人人参与的儿童青少年近视防控格局。

（二）落实有效举措，大力实施近视防控"八大工程"

浙江省坚持突出问题导向、目标导向，以高发地区和低年龄段学生为重点，合力推进实施"八大工程"，创造性地推出一系列扎实有效的防控举措。

一是落实一增一减，注重源头防范。紧紧抓住减轻学生学业负担和增加体育活动两个关键环节，研究修订素质教育评价指标，大力治理整顿校外培训机构，严格落实中小学生减负工作40条措施。将"双减"工作列入浙江省教育事业发展"十四五"规划，并开展"双减"工作试点。实施学生体质健康监测及公布制度，发布《关于全面加强和改进新时代学校体育工作的实施意见》，对中小学各个年龄段的每周体育课时数做了明确要求，开齐开足体育与健康课程，确保学生户外活动时间。二是落实视力监测，改善视觉环境。全面推进普查工作，建设全省防控信息平台，争取建立覆盖全省的儿童青少年眼健康档案，做到一人一档，全面实施在校学生近视监测制度，根据监测结果，抓预警、早干预。积极组织实施护眼灯光改造工程，自2019年开始已全面推进校园教室灯光改造工作，印发《中小学校护眼灯光改造工程技术规范》。温州全市及杭州、宁波等8地市多个城区加快实施健康教室改造和近视防控家校项目。至2022年底，全省共改造中小学教室16.8万间。三是落实考核责任，强化防控目标。浙江省人民政府授权省教育厅、省卫生健康委，与全省11个设区市人民政府签订近视综合防控责任书，设区市人民政府与县级人民政府签订责任书，拧紧防控工作的机制"链条"。将儿童青少年近视防控工作纳入市、县两级健康浙江考核指标体系，将儿童青少年近视防控工作纳入各地人民政府履行教育职责考核；将0~6岁儿童近视防控纳入基本公共卫生服务项目并进行考核，三管齐下，强化目标防控。

（三）强化示范引领，全面打造近视防控"浙江经验"

2019年4月，印发《浙江省教育厅等十一部门关于全面加强儿童青少年近视综合防控工作的意见》，明确了近视防控工作目标，提出"到2023年，全省儿童青少年总体近视率以2018年为基数每年降低1个百分点以上；到2030年，实现全省儿童青少年新发近视率和近视程度明显下降，高度近视发生率显著降低"的总体目标。针对儿童青少年近视防控工作的严峻性和长期性，浙江省有计划地打好近视防控攻坚战。2018年下半年，率先确定温州市、杭州市上城区等一市一区作为试点，先行先试。2019年温州市、金华市和杭州市上城区等 2 市 5 区成功入选全国近视防控改革试验区和试点县（市、区），浙江成为全国试点县（市、区）最多的省份。2019 年，浙江省在全国率先实现儿童青少年近视情况两次调查，覆盖全省所有县（市、区），并在全国率先开发建设近视防控信息化平台，累计为 300 余万名中小学生建立电子视觉档案，形成全国最大规模、最科学高效的建档系统。其中，温州市先后完成 9 次全市 110 万中小学生全覆盖近视普查，向 24 万近视发生快、风险高的学生家庭发出预警提示并提供解决方案，真正做到早预防、早发现、早干预，成为近视防控"温州模式"和"浙江经验"的重要组成部分。2021 年，绍兴市等 5 地成功入选第二批全国近视防控试验区和试点县（市、区）；温州市瓯海区等 8 地入选第一批和第二批全国儿童青少年近视防控适宜技术试点县（区）建设；杭州市胜利实验学校等 235 所中小学校入选省级近视防控特色学校，示范引领作用日益显现。

（四）实施专业引领，打造近视普查新模式

为有效推进全省近视防控工作，浙江省充分发挥温州医科大学附属眼视光医院的专业优势，2018 年 10 月，浙江省儿童青少年近视防控工作指导中心在温州医科大学授牌成立，分析研究全省儿童青少年视觉健康问题，为防控近视提供科学有效的解决方案，具体组织和指导全省儿童青少年近视防控工作。2019 年 6 月，设立了浙江省儿童青少年近视综合防控专家指导委员会，在政策制定、医学干预、科学普及和防控模式建设等方面提供专业指导。省科技厅立项近视综合防控浙江省重点研发计划项目，支持近视防控适宜技术研发推广。省卫生健康委开展近视风险监测和高度近视干预等工作，逐步落实 3~6 岁儿童眼健康筛查工作，推动儿童近视防控关口前移。

针对近视普查基数大，设备、人员、技术、时间、成本等问题，温州市政府携手温州医科大学附属眼视光医院设立"明眸皓齿"为民办实事项目，创新设计，实施了可信、可行、可及、可支付的儿童青少年近视普查模式。和传统方法相比，新型普查模式大大降低了普查成本，提高了效率，一个月内高时效顺利完成全市域、超百万的中小学生近视普查，覆盖全市所有中小

学校、所有学段，普查率在 99.5% 以上，此为全国乃至全球的创举。在普查数据的支持下，温州形成了"政府主导、学校主体、教医协同、五方协作、家校联动"的近视防控"温州模式"，被全国各大媒体报道点赞，在全省全面推广，并不断被其他省市借鉴、推广，成为"浙江经验"的重要组成部分。浙江省系统培养了一大批基层近视防控人员。目前，全省已有 1 万多名校医和保健教师参加培训，基层近视防控队伍不断扩大。

（五）创建数字平台，探索科学预警新方法

在开展近视普查的过程中，浙江省开发了全国首个集"筛、防、控、诊、治"于一体的学生视力健康管理信息平台。通过物联网、人工智能、大数据等技术，提供智慧筛查、在线咨询、风险预警、科普宣教、预约挂号和黑白名单等核心服务，实现统一标准、数据共享、部门协同。

该平台采集了"覆盖全市、不可修改、一生一档、档跟人走"的视觉健康档案，精准掌握反映中小学生个体视觉健康的动态数据。通过档案数据分析，有关部门可以精准掌握全市中小学生总体近视率、新发近视率、近视欠矫率等一系列反映中小学生视觉健康现况的本底数据和变化情况。数据平台及时开展信息化预警，学生检测视力时，平台同步发送信息，提醒家长通过手机等电子终端一键查阅孩子视力数据，并第一时间提供一对一的预警和就医指导。近视进展快的学生被列为预警对象，重点关注、定期复查。目前平台已向 24 万近视发生快、风险高的学生发出预警提示并提供解决方案，有效提升学生的矫正率，达到 52.03% 的高位水平①。

目前，该应用在浙里办和浙政钉打造了"一生一档、档随人走"眼健康管理闭环，已基本实现全省覆盖，形成"温州模式、浙江经验"，并获得 2022 年浙江省改革突破奖、2022 年浙江省数字化改革最佳应用、2022 年浙江省数字社会最佳应用，入选第九批省发改委数字社会案例集。

---

① 《温州发布视力工作方案，到 2025 年——学生近视率控制在 50% 以下》，《浙江日报》2021 年 11 月 25 日。

（六）创新近视科普形式，搭建科普宣教新平台

针对当前近视防控普遍存在的"重治轻防"的错误认识，浙江省创新开展"科普基地+志愿队伍"眼健康科普宣教模式，通过喜闻乐见的形式加大科普宣传力度，增强公众科学、正确的近视防控意识，引导全社会共同积极参与综合防控工作。

2018年11月，温州医科大学创办全国首家现代化的眼健康科普馆，全面系统地为儿童青少年提供眼睛保健、近视防控等方面的科普知识，开启了儿童青少年近视防控教育新模式。牵头成立了全国眼健康科普馆联盟，通过线上线下活动，宣教辐射上亿人群。率先创办近视防控专业网站和微信公众号"中国近视防控"，组建浙江省近视防控专家宣讲团，牵头成立全国大学生近视防控宣讲团联盟，不断壮大科普宣讲队伍。由温州医科大学组建的全国大学生近视防控宣讲团联盟已吸引北京大学、复旦大学等全国50所高校加入。组织编写近视防控科普书籍《浙江省近视防控指南》《瞳瞳近视防控日记》《〈综合防控儿童青少年近视实施方案〉解读》等，编写《0~6岁近视防控》教材和近视防控核心信息（包括公众、医疗机构、学校、家庭、学生5个版本），建设《近视防控》在线课程，推动近视防控内容进入中小学健康教育课程。编制与疫情防控相适应的新型眼保健操并试点推广，培训基层教师1万多人，提升一线教师的近视防控能力和水平。以全国爱眼日和"近视防控宣传教育月"等节点为契机，加大科普宣教力度，形成了全民参与近视防控的浓厚氛围。

二 经验启示

（一）专业化引领，先行先试探索防控举措

温州医科大学附属眼视光医院是国内眼科领域唯一同时拥有国家临床医学研究中心、国家重点实验室、国家工程技术研究中心三个国家级平台的医

疗单位，在近视的"预防、控制、诊断、治疗"等领域具有权威和引领作用。浙江省积极配合教育部、国家卫生健康委等部门近视防控工作，参与制定《儿童青少年近视防控工作评议考核方案》《儿童青少年近视防控健康教育核心信息》《学前、小学、中学等不同学段近视防控指引》《寒、暑假中小学生及幼儿护眼要诀》等多项近视防控工作方案与共识，研制全国综合防控儿童青少年近视宣讲团宣讲素材等。

浙江省全面整合优势资源，大胆探索创新，先行先试，推出一系列富有成效的近视防控举措。一是成功申办以近视防控为主题的第660次香山科学会议，是首次以眼科、眼健康为主题的香山科学会议。二是连续重磅发布3个版本的近视防控博鳌宣言，不断优化近视防控共识和举措，持续有针对性、有效地推进近视科学研究和防控工作。三是率全国之先向全省学校代表发放《儿童青少年近视防控指南》，研制温州市中小学及幼儿园教室照明技术规范地方标准、课桌椅设计标准、儿童青少年近视普查标准等，探索构建学生视力防控标准体系。四是积极应对新冠疫情影响，率先发布《关于做好线上教育教学期间中小学生近视防控工作的通知》，提出7条近视防控措施，被全国多省市借鉴。五是牵头主编科普读本《学习网课时如何科学用眼防控近视》，在线传阅量超过2000万人次，成为国务院综合防控儿童青少年近视联席会议机制和国家卫健委近视防控相关文件制定蓝本，被科技部评选为2020年全国优秀科普作品，并译成英文版向全世界推广。

（二）大数据赋能，部门协同推进防控方案的实施

通过不断优化升级，浙江省中小学近视防控智能应用建立了"一平台、三系统、五方管理"的综合防控架构，形成集"筛、防、控、诊、治"于一体的一站式解决方案。通过该平台，可以对全省中小学生近视情况进行多维度的分析，比如上学年龄早晚、学业压力、运动时间、新冠疫情对视力的影响等。其中，温州市疫情前后百万中小学生近视大数据调查报告获得浙江省委省政府主要领导批示并收入国办内参，相关研究成果连续发表在国际眼科顶级期刊 *Ophthalmology*、*JAMA Network Open* 等，产生了一定的国际影响

力。通过对大数据系统分析、科学研判，温州市制定了全国首个《温州市建设"全国儿童青少年视力健康管理先行示范区"工作方案（2021-2025年）》《全省中小学生视力健康普测数据标准》《温州市中小学及幼儿园教室照明技术规范》等规范标准并使用推广。温州的中小学生近视率从 2018 年的 54.5%，下降至 2021 年总体近视率为 51.94%，位居浙江省最低水平，并成功获批成为全国唯一儿童青少年视力健康管理先行示范区[①]。该经验被教育部采纳，依此印发通知，部署全国全面开展每年两次视力监测主要信息报送工作。

（三）阵地化科普，线上线下营造防控氛围

秉持"公益、多赢"的理念，浙江省在温州、杭州、宁波、嘉兴等地创办了 5 家眼健康科普馆，并成立全国眼健康科普馆联盟，在北京、河南、山东、广州等省市指导建设 35 家眼健康科普馆。目前眼健康科普馆联盟单位已累计开展科普体验活动超 3500 批次，接待近 18 万人次，开展"近视防控系列"讲座 700 余场，受益人群过亿人。为克服新冠疫情带来的不利影响，眼健康科普馆联盟支持各地成员单位以全国"爱眼日""近视防控宣传教育月"等节点为契机，通过微信公众号、微博、抖音等新媒体渠道发布爱眼护眼知识；策划组织开展"大专家与小学生面对面""眼科医生讲绘本""六六·六地·六百"爱眼行动等系列活动，为公众提供全面科学的眼健康知识，初步形成了全民参与近视防控的浓厚氛围。依托全国综合防控儿童青少年近视防控专家宣讲团，出版近视防控相关著作、科普图书 22 册，制作动漫素材 200 余集。温医大眼健康科普馆获批"首批全国科普教育基地"，入选 2021 年浙江省"双千"助力"双减"科普专项行动。

（四）全链条发展，集聚产业共谋防控大计

充分利用眼视光科技创新综合体——中国眼谷这个科创平台，集聚一批

---

① 《温州发布视力工作方案，到 2025 年——学生近视率控制在 50% 以下》，https://www.zj.gov.cn/art/2021/11/25/art_ 1554469_ 59161159. html。

眼健康领域的"高精尖"产业，通过有影响力和发展前景的科技成果助推近视防控取得新的突破。中国眼谷由温州市龙湾区政府和温州医科大学附属眼视光医院联合共建，是全国首个眼健康细分领域的科技、产业、人才创新综合体。自 2020 年 6 月 30 日开园以来，已投用中央孵化园、博览交易中心、眼视光装备智造加速园，2022 年 12 月底，已累计注册科技企业 175 家，与世界 500 强、上市企业、眼科领域头部企业共建研究院 25 家，其中半数以上企业研发的项目、产品与近视防控密切相关，有效推广了一批视力筛查设备、眼底照相机、OK 镜、视力测量卡、护眼灯、眼贴、眼药水等近视防控药物和器械。新技术汇聚、新产品频出、新成果推广……中国眼谷的科创之光正从浙江辐射全国乃至全球。

（五）高层次办学，助力全国培养专业人才

当前全国需要约 30 万眼科和眼视光学医师等专业人才，缺口巨大。为有效助力儿童青少年近视防控这一国家战略，温州医科大学独具特色的人才培养模式，为全国各地培养了大量优秀的眼视光人才，成为我国眼视光学医疗、教育、专业技术、行业企业的重要力量。推动北京大学等全国百余所高校开设眼视光专业，南开大学等 28 所高校设立眼视光医学专业；推进国家卫健委在国家卫生专业技术资格考试中增设眼视光技术，由温州医科大学、北京大学等单位主持制定考试大纲，2022 年 4 月举行首次眼视光技术国家专业技术资格考试，参考人员超万人，是新设医学专业技术资格人员类别中参考人数最多的专业之一。

（六）前瞻性研究，深入探索近视发病机制

以前瞻性的远见专注于眼视光学及视觉科学，温州医科大学数十年坚持探索创新，围绕眼视光疾病发病机制和诊疗、视觉功能和视光学、视觉遗传和发育、眼视光医用材料、药物和器械等展开全方位系统性研究，已经形成基础、临床和转化医学的全链条创新体系。近年来，特别针对近视发病机制进行深入研究，介绍了一系列近视临床干预方法及基础研究的最新进展，为

近视防控提供科技支撑和专业指导，其中率先提出的"巩膜缺氧"学说，被国际权威刊物列为近视研究的里程碑之一。

三　下一阶段工作重点

（一）"光明行动"深入推进，进一步确保各项举措落到实处

根据《综合防控儿童青少年近视实施方案》《儿童青少年近视防控光明行动工作方案（2021—2025年）》要求，推动各地各校进一步落实近视防控措施。进一步发挥省级联席会议机制作用，强化部门主体责任意识，多方联动，齐抓共管。对标国家、省防控要求，系统性梳理各项近视防控政策，在重点事项推进、重要方向引领方面查漏补缺，做好考核评估、督导巡查、财政支持、市场监管、标准制定等方面工作，保障防控工作顺利进行，落到实处。

（二）源头防控"抓早抓小"，进一步推动近视防控关口前移

继续加大幼儿园、小学近视防控推进力度，多部门联合开展幼教培训机构、幼儿园"小学化"整治和中小学生减负工作落实情况督查。系统开发健康教育课程，支持医学专家进校园、进社区，通过线上咨询平台、现场科普宣讲等多种形式，引导学校、教师、家长以及学生共同参与科普宣传，家校联动、齐抓共管，切实提升学生健康素养，实现健康自我管理。

（三）数字平台做大做优，进一步实现近视防控云端治理

进一步优化升级数字平台应用服务功能，在完善智慧筛查、在线咨询、风险预警、科普宣教、预约挂号和黑白名单等核心服务的同时，加强和卫健、市场监管等部门的深入协作，开通网上医院、线上商城等模块，为学生家长提供视力筛查、医生问诊、预约验配、购买眼镜等全链条服务。同时，建立"监测预警网络"，针对视力偏差预警、近视预警、风险预警、散光预警、视力下降预警提供多维度预警方案，做到防控于未然。

（四）人才培养加大力度，进一步探索近视防控综合方案

大力支持与近视防控相关的人才、专业和学科建设。充分发挥温州医科大学眼视光医学专业的全国领军作用，深入开展对儿童青少年近视机理的研究，探索近视的遗传因素和环境因素交互作用机制，针对易患病人群进行早期干预，用更多临床数据，支撑更有效的近视防治方案。引导全省各高校加大相关基础学科和应用学科的研究力度，大力培养高层次专业人才，加强基层眼科医务人员的继续教育和培训，为有效实施国家近视防控战略提供理论、技术和人才支撑。

（五）科技创新加快步伐，进一步助推工作取得新的突破

支持高校、科研机构、科技企业加强近视防控技术研究等工作。依托中国眼谷进一步引导企业加快近视防控相关药、械的研发、转化和生产，切实提升儿童青少年近视科学防控水平。在全省乃至全国范围内加大近视防控相关项目的引进、培育，着力为破解儿童青少年近视防治这一世界性难题，提供行之有效的新方案。

B.15
社会组织开展困境儿童救助与赋能的实践与反思

——以"协作者"为例

李 涛[*]

摘 要： 支持社会组织参与儿童服务，是响应党的二十大提出的引导社会组织积极参与公益慈善事业的要求。本报告以国内成立最早的民办社会工作服务机构"协作者"为样本，系统梳理了其创新的以儿童为中心、救助与赋能相结合的困境儿童服务模式，认为社会组织在困境儿童救助方面具有多元功能和价值，包括发挥研究倡导功能，识别并传递困境儿童的需求与意见；发挥社会救助功能，协助困境儿童及家庭走出困境；发挥社区教育功能，协助困境儿童及其家庭的社区融入；发挥赋权增能功能，促进困境儿童及其家庭的参与；发挥专业支持功能，培育困境儿童服务力量；发挥资源整合功能，建设多方参与的困境儿童服务体系。本报告呼吁从价值保障、理论保障和制度保障等角度建设支持性环境，促进社会组织专业功能的发挥。

关键词： 困境儿童 社会组织 社会工作 协作者

---

* 李涛，协作者（Facilitators）创始人，北京市协作者社会工作发展中心主任，高级社会工作师，民政部首批全国社会工作专业领军人才。主要研究方向为社会组织、社会工作、社区治理、儿童保护、城市化与流动人口。本文源于"协作者"困境儿童救助工作团队的实践成果，项目组成员包括李真、卢金艳、王瑞海、闫世琼、王立宏、刘倩、任文欣、杨凯丽、韩思稳、刘文静、潘愉、吴志葵、刘常鑫、范旭芳、李雪、袁晶、车晓琳等同事。

2023 年"两会"上政府工作报告明确提出了"发展社会工作，支持社会组织、人道救助、志愿服务、公益慈善等健康发展"。这是社会组织第 14 次被写入政府工作报告。社会组织是构建党中央、国务院部署的"政府主导、家庭尽责、社会参与、分类保障"的（困境）儿童保障工作格局的重要力量。然而，相对于体制内的服务力量，以社会组织为主体的社会力量发育较弱，且缺乏政社合作机制，成为儿童保护体系的薄弱环节。因此，促进社会组织尤其是专业社会工作服务机构参与儿童服务，发挥其专业价值，这是关键。

成立于 2003 年的"协作者"是国内第一家民办社会工作服务机构，也是最早的服务困境儿童的公益机构之一。20 年来，"协作者"为超过 141.8 万人（包括儿童及其家长在内的困弱群体）提供了社会工作专业服务，并培养了 17459 名志愿者，其中 60%是从服务对象成长起来的志愿者。另外，"协作者"在实践中总结提炼本土经验，20 年来，培育支持了上千家社会组织。"协作者"创新出"团结协作 助人自助"的服务模式，被复制推广到长三角、珠三角、山东和江西等地，并被民政部评为首批全国社会工作服务示范单位，被全国妇联授予"全国三八红旗集体"，两次荣获北京大学和香港理工大学联合授予的林护杰出社会工作服务项目奖。

本文对"协作者"的困境儿童救助服务实践加以总结和反思，以期为引导和推动更多的社会组织参与儿童保护工作提供可借鉴的本土经验。

一 实践：发挥多元功能

"协作者"每年都会开展困境儿童需求评估工作，基于此，发挥社会组织的服务性、灵活性、整合性和创新性，以及社会工作专业在社会救助、社区服务、赋权增能、研究倡导、专业支持和资源整合等方面的多元功能，开展救助与赋能相结合的系统性服务。

（一）发挥研究倡导功能，识别并传递困境儿童的需求与意见

1. 需求评估

"协作者"建立了一个动态的、精准的、多方参与的评估机制，每年春秋两季都会联动相关部门，以专业社会工作者带领志愿者的方式，通过社区走访、问卷调查、家庭访谈和小组座谈等，了解困境儿童及其家庭的需求情况，比较分析其动态变化，完善家庭档案，制作服务地图，精准识别困境儿童基本类型及处境。

2. 公众教育

"协作者"在发现问题的同时，多角度评估困境儿童的优势，并在评估中与困境儿童建立专业关系，鼓励其参与到评估中，培养其参与表达需求与意见的能力，增强自信。

3. 政策倡导

"协作者"一是将需求评估与实践研究结合，开展了民政部门、妇联组织等委托的多个课题研究工作，发布了40多个研究报告；二是通过研讨会、论证会等方式将评估成果与多部门共享，既避免了重复调研导致的资源浪费，又实现了政策倡导。参加国务院妇儿工委办公室和民政部儿童福利司等部门组织的政策改革座谈会，从社会组织角度提出政策建议；参与儿童保护工作规范制定等工作。

（二）发挥社会救助功能，协助困境儿童及家庭走出困境

在需求评估基础上，"协作者"从"预防—救助—治疗—发展"四个维度，围绕教育救助、健康救助、生计救助、支持网络建设等四个方面，系统性支持困境儿童及其家庭走出困境。主要服务如下。

1. 流动书桌助学计划

针对因为经济困难而面临辍学风险的困境儿童，链接社会资源提供助学金，并制定困境家庭的个案服务计划，持续跟进个案服务。

2. 助康计划

"协作者"将赋能与救助结合，为困境儿童尤其是困境流动儿童提供免费健康体检、健康知识讲座、大病救助等健康服务，并通过培养流动儿童、家长和老师担任社区健康辅导员，协助流动儿童及其家庭持续改善卫生保健状况。

3. 营养健康提升计划

针对困境儿童健康营养状况较差的问题，"协作者"通过开展调查研究，评估其健康营养现状，有针对性地为困境儿童提供"健康营养包+健康营养知识普及"服务。

4. 友好家庭空间建设

针对困境儿童尤其是困境流动儿童家庭居住学习空间环境差，影响儿童健康成长的问题，社会工作者协调空间设计志愿者对困境儿童家庭环境进行改善，并开展促进家庭亲子互动的服务。

5. 陪伴天使

"陪伴天使"是参与"协作者"针对困境儿童开展的一对一情感关怀、成长督导、精神慰藉、课业辅导、资源链接等志愿服务的志愿者，协助儿童更好地认识自我、澄清困惑，使其对未来有信心，降低风险的发生。

6. 困境儿童自助图书馆

针对困境儿童尤其是居住在服务资源匮乏社区的困境流动儿童，"协作者"在困境儿童家庭中建设微型图书馆或图书角，培育儿童和家长作为管理员，负责图书馆的日常运营，面向社区开展阅读服务，搭建社区互助平台。

7. 牵手行动

针对困境儿童尤其是困境流动儿童难以享受城市公共文化服务，导致其难以更好地实现城市融入的问题，"协作者"组建具备多元职业和生活体验的志愿者队伍，牵手困境儿童开展走进博物馆、科技馆、音乐美术戏剧院、企业、大学等系列活动，共同体验城市文化、开阔儿童的视野，并在深度陪伴中引导儿童学习人际关系建立技巧、建立自信心、树立个人理想、拓展社会支持网络。

8. 灾害管理

"协作者"开展了针对"非典"的紧急救援服务、针对金融危机的干预行动、针对新冠疫情的"农民工抗疫救援行动"等多个应急响应行动，其中重点针对困境儿童及其家庭形成了从紧急救援、减灾能力建设，到培育灾害管理志愿者等一系列灾害管理服务。

9. 打工妈妈健康关爱行动

通过对有子女的流动妇女开展健康体检、咨询与健康能力建设、大病救助等关爱服务，提升打工妈妈的健康水平和健康管理意识，同步开展打工妈妈健康状况行动研究，促进社会关注打工妈妈健康，降低困境儿童家庭的健康脆弱性。

（三）发挥社区教育功能，协助困境儿童及其家庭的社区融入

社区不仅是困境儿童日常生活的重要场所，更是困境儿童实现社会交往、学习社会规范的重要场域。基于该认识，2015 年，"协作者"在多年的儿童社区教育基础上，建立了综合性社区儿童之家"协作者童缘"，探索出以促进儿童参与为中心，深入家庭、带动社区、影响社会的"儿童—家庭—社区—社会"四位一体的儿童社区教育服务模式，整合社会工作不同手法，开展以儿童为中心的多项社会工作专业服务，协助困境儿童成长为"最好的自己、最好的家人、最好的邻居、最好的公民"。

（四）发挥赋权增能功能，促进困境儿童及其家庭的参与

"协作者"将每个孩子看作自我服务和社区的改变者，将每一次服务活动视为培育参与意识和能力的平台，使困境儿童不仅参与到每个服务环节，并辅助以系统的志愿者能力建设，引导、鼓励和支持他们参与社区治理。其中，典型服务如下。

1. 社区小记者

儿童在社会工作者的指导和陪伴下，以儿童视角观察和发现所生活的社区，与社区居委会对话，并提出行动建议。

2. 公益少年营

"协作者"为那些希望参与公益服务而又缺少学习资源和参与途径的困境儿童，提供公益知识学习和公益实践的机会，拓展困境儿童对自我、社区、社会公益等方面的认知和行动能力。此外，"协作者"还组织流动儿童参与对孤寡老人的照护服务，鼓励流动儿童家庭间、本地居民与外来人口间的互助，构建长幼共融、新老市民和谐的社区邻里关系网络。

3. 儿童委员会

"协作者"围绕"如何进一步激发儿童持续参与的积极性"和"儿童缺乏参与社区事务的路径与能力"两个关键问题，聚焦儿童权利与儿童保护，推动形成儿童自发成立、自主运营的社区自组织"儿童委员会"，以组织化的方式，参与到"协作者童缘"管理与运营当中。此外，"协作者"还赋能家长，以更好地保障和促进困境儿童的参与。

（五）发挥专业支持功能，培育困境儿童服务力量

"协作者"通过专业支持，推动服务困境儿童的专业人才队伍和社会组织的发展，主要包括三个面向。

1. 面向志愿者的专业支持

一是鼓励和培育困境儿童及其家长成为志愿者；二是动员和培育包括青年学生和社区居民在内的社会爱心人士成为志愿者；三是培育高校社团和企业建立志愿者组织，成建制地持续参与困境儿童志愿服务。"协作者"结合儿童的需要和志愿者的特点，对志愿者进行培训，明确志愿者的权利和义务，签订志愿服务协议，既避免了服务伤害，也带动了志愿者的参与和成长。

2. 面向专业人才的专业支持

一是"协作者"建立了包括专业督导制度、学习小组制度、服务评估制度、月度和年度团建制度在内的团队能力建设体系，形成了"社会工作者与志愿者、服务对象在共同参与中相互学习，共同成长"的机构文化；二是与数十所高校建立实习基地关系，持续培育实习生，为有意愿投身儿童

社会工作服务事业的青年人才搭建专业成长平台；三是针对想投身公益服务而又缺乏学习资源的边缘群体，提供社会工作专业学习与参与的机会。

3. 面向社会组织的专业支持

一是培育困境儿童及其家长成立社区自组织；二是开展"社会组织助力计划"，为儿童服务类社会组织提供包括咨询辅导、专题培训和培育孵化在内的支持；三是启动"公益1+1"资助行动，打造政府指导、基金会资助、支持性组织专业支持、社会服务机构专注于服务的良性公益生态环境；四是培育支持性和枢纽型组织平台。

（六）发挥资源整合功能，建设多方参与的困境儿童服务体系

社会组织及社会工作的特点之一就是善于整合资源，不仅注重发掘服务对象自身的资源，而且注重动员政府、企业和社会等各种资源向困弱群体倾斜。

在促进社会多方参与共建方面，针对困境儿童及其家庭生活封闭、社会交往面狭窄的问题，"协作者"运用社区社会工作方法，开展面向困境儿童及其家庭与利益相关方共同参与的开放式新老市民论坛、大众讲坛、社区联谊及社区宣传推广等活动，促进社会各方对困境儿童及其家庭的了解与接纳；通过组织困境儿童、企业员工、高校学生等群体共同参与的志愿服务活动，建设多方参与的困境儿童及其家庭的社会支持系统。

在促进政社合作共建方面，"协作者"在南京市建邺区建立未成年人保护服务联盟，联合各领域的社会组织共同为困境儿童提供多样化的专业服务。又如在北京市东城区妇联支持下，依托妇联系统开展的"春蕾计划——梦想未来"行动，支持多家社会组织联合建设多方协同的女童关爱与儿童友好服务体系。

二　反思：保障多方参与

"协作者"认为影响社会组织功能发挥的主要因素在于"环境"，既包

括组织内部的治理环境，也包括组织所处的外部环境。环境中的支持性因素将保障和促进社会组织专业功能的发挥，而限制性因素则消减和障碍社会组织功能的发挥。

（一）支持性因素

1. 价值保障

社会组织主要依靠价值驱动，价值信念是社会组织文化的核心因素，既决定着组织的发展方向，也关系到社会工作者如何看待困境儿童，选择何种策略服务困境儿童。"协作者"将"团结协作　助人自助"的服务理念贯彻于对每个服务活动和项目的管理中，具体在服务中要求落实如下。

（1）以儿童的需求为导向。"协作者"依据社会工作实务的通用过程制定了科学的服务流程，规定所有服务均应进行包括事前需求评估、过程性监测评估和事后成效评估在内的全流程评估，且要组织服务对象、志愿者和社会工作者等相关方参与到评估中来。

（2）全心全意为困境儿童服务。"协作者"结合社会工作专业伦理规定的"为服务对象而服务"，制定了"全心全意为儿童服务"的服务原则，即社会工作者切实站在儿童的立场上，真诚、平等、亲切地接纳儿童，保持"儿童优先"的专业敏感性。

2. 理论保障

理论为社会工作者采取经济有效的实践模式提供了科学依据，其中常用的理论包括强调在服务过程中将儿童置于所在系统中的系统理论，要求社会工作者看到和发掘儿童的优势与能力的优势视角理论，注重增强儿童权能、消除压迫的增强权能理论以及通过构建儿童社会支持网络回应问题的社会支持网络理论等。

3. 制度保障

（1）组织制度。"协作者"形成了"愿景使命—服务理念—战略体系—服务管理"的组织治理体系。其中，在理念上，确定了"团结协作　助人自助"，保障了困境儿童服务的救助与赋能相结合；在战略上，构建了"服务创新—研究倡导—专业支持"三位一体的战略服务体系，即在服务中探索有效（创新）解决方案，开展实践研究，将研究成果用于政策倡导和专业支持，保障了发挥多元功能开展综融性的系统服务；在管理上，确定了从需求评估到成效评估的服务流程，以及以儿童为中心的服务伦理原则，保障了儿童的全面参与。

（2）社会政策。"协作者"发展的 20 年，恰是我国内地社会组织和社会工作专业崛起的 20 年，也是我国儿童福利制度从有限福利向适度普惠福利迈进的阶段。《中共中央关于构建社会主义和谐社会若干重大问题的决定》《慈善法》《关于加强农村留守儿童关爱保护工作的意见》《关于加强困境儿童保障工作的意见》等系列政策的出台，对社会组织和社会工作专业人才参与困境儿童关爱保护工作，从制度建设层面做出了重大部署安排。

（二）限制性因素

发展空间不足是阻碍社会组织参与困境儿童服务工作的主要限制性因素，具体表现为以下四个方面。

1. 资金不足

这是当下社会组织的常态。究其原因，一方面是每个困境儿童都有其独特性，需要社会工作者持续的、精准的、个性化的服务，投入的人力成本和专业成本是非常之高的。另一方面，无论是政府购买服务，还是基金会、企业和个人捐赠，大多愿意购买成规模的服务活动，而不愿意支持或者是不能理解个案服务的必要性，更不愿意支持人力成本。此外，资源方往往不按市场规律购买社会组织服务，项目时间短，任务重，要求高，领导意志高于契约计划，而且金额不对等，导致越是做专业、深入的社会组织透支越大，甚至出现竭泽而渔、劣币驱逐良币的局面。

2. 人力不足

借鉴发达国家和地区社会工作专业人才占总人口 2‰以上的比例，我国社会工作人才占总人口的万分之六，缺口巨大。全国现有 400 多所院校设立了社会工作专业，每年培养社会工作专业毕业生近 4 万名，然而大学生选择

社会组织就业的热情不足到其他类型企业或部门就业的 1/3，高校应届毕业生认为社会组织吸引力强的比例仅为 2.26%。专业人才匮乏成为扼制儿童社会工作专业发展的关键瓶颈。

3. 支持不足

既包括正规部门对社会组织的政策支持不足，也包括来自社区的非正式的社会支持不足。政策支持方面，一是政策不均等，比如针对社会工作专业人才的岗位待遇、人才落户等政策，作为体制外机构的社会组织难以享受；二是社会组织定位模糊，地位较低，很多面向私营部门的扶持政策惠及民营企业而将社会组织排除在外，比如疫情时期的优惠政策、一站式登记政策、一元钱注册政策等；三是侧重管控而少有激励。在非正式的社会支持方面，社会组织寻找落地合作社区难度大，甚至是一些社会组织带着资金和技术，在与社区发生联系时也进不了社区，合作成本非常高。

4. 认识不足

无论是公众，还是管理部门，对社会组织的认识还有很大差距，包括没有看到社会组织多元化的专业功能；将社会工作者视为居委会社区工作者，而不是具备国家社会工作者职业资格证书的专业人才；将社会组织视为非正式的志愿者组织，而非法人组织；将儿童工作视为"教孩子""看孩子""哄孩子"，而非建基于信任、尊重和服务的专业工作。

（三）建议

1. 保障资金支持，将市场化资源配置机制引入儿童公益服务领域

一是要将政府购买社会组织服务儿童项目制度化，将社会组织可以承担的服务职能切实转移给社会组织，对于致力于解决儿童紧迫性、长期性问题且服务规范的社会组织，可以长期委托服务；二是按市场规律购买社会组织服务儿童项目，规范预算编制，保证购买服务项目的价格与价值相匹配，并在预算中纳入和提高管理费用及能力建设费用；三是改革购买服务项目的评估办法，鼓励儿童参与项目监测评估，加强对项目目标达成与服务效果的评估；四是拓宽社会组织募集资源渠道，包括引导和规范基金会落实资源配置功能，资助社会服务机构开展儿童服务；五是引导和激励企业和公众积极参与儿童公益项目的捐赠，给予免税优惠；六是普及儿童保护、社会组织和公益捐赠等知识。

2. 加强对儿童社会工作者的培育和激励

一是在落户、住房、优秀人才表彰等方面，向长期投身儿童服务类社会组织的一线社会工作者倾斜；二是保障社会组织均等享受扶持政策；三是在制定扶持政策时，设置一定比例的儿童代表和社会组织/社会工作者代表参与政策制定、论证。

3. 加强对儿童服务类社会组织的扶持

一是降低儿童服务类社会组织的登记准入门槛，加大年检和等级评估的力度，其中在年检和等级评估指标体系中加入儿童视角，对于年检和评估中发现的违规、违法的社会组织严格处罚，提高违规成本；二是完善儿童服务类社会组织的培育扶持体系，结合当地儿童服务需求和发展趋势，制定儿童服务类社会组织的中长期发展规划，针对儿童服务尤其是困境儿童救助的脆弱环节，引导和扶持成立相关的社会组织参与。

4. 建立公开、透明、规范的社会组织参与儿童服务机制

一是完善儿童服务类社会组织信息公开和报告制度；二是建立社会组织服务儿童项目的专项报告和信用制度，包括全过程的信息公开，并将项目情况和评估结果纳入信用体系，使公众和相关部门都能查阅社会组织开展儿童服务的历史及现状。

5. 领导干部加强关于儿童保护、社会组织和社会工作的专业学习

一是将掌握儿童保护、社会组织和社会工作专业知识作为领导干部提高现代社会治理能力的重要方面；二是有能力充分发挥社会组织的多元功能，构建系统性的儿童保护体系；三是发挥社会组织第三次分配的专业作用；四是发挥社会组织的社会参与价值，协助政府科学决策、合理统筹。

6. 构建"五社联动"的儿童保护体系

构建以社区为发现和服务困境儿童的平台，以社会组织为促进儿童服务参与的载体，以社会工作者为专业力量，引领社区志愿者，整合社会慈善资

源，多方广泛参与的困境儿童保护工作体系。

7. 鼓励开展救助与赋能相结合的儿童服务

除了鼓励困境儿童参与一般性的志愿服务外，社会组织及社会工作者应当在服务中融入赋能视角，培育困境儿童学习和掌握社会工作的理念与技术。他们自身的成长是对"助人自助"最好的注释，儿童参与本身，就是对这个世界最好的鼓励和回馈，也是社会各界落实"十四五"规划中提出的"发挥群团组织和社会组织在社会治理中的作用，畅通和规范市场主体、新社会阶层、社会工作者和志愿者等参与社会治理的途径"的最佳实践。

参考文献

李真主编《从微观到宏观——流动人口社会工作服务项目案例集》，中国社会出版社，2017。

李涛：《成长中的伙伴：一家社会组织十三年政社合作历程的实践与思考》，载黄晓勇、蔡礼强主编《中国社会组织报告（2016~2017）》，社会科学文献出版社，2017。

李涛：《共创公益新生态："公益1+1"资助行动的实践研究报告》，载黄晓勇、徐明主编《中国社会组织报告（2022）》，社会科学文献出版社，2022。

B.16
成都市儿童友好社区建设的特点、问题与对策

李宏伟 王小兰*

摘 要： 推动儿童友好社区建设是新时期我国儿童工作的重要举措，对提升儿童福祉和实现全龄友好具有重要意义。自 2021 年开始，成都市陆续出台一系列政策文件和建设指引，制定了 2021~2025 年儿童友好城市建设的行动计划和实施方案，确定了 2022 年底实现儿童友好社区覆盖率不低于 25% 的目标，明确了建设的总体要求、基本原则、具体内容和实施途径。本文基于 2022 年对 186 个示范社区的实地调查，总结了成都市儿童友好社区建设的基本特点：一是顶层设计自上而下推进；二是六大建设板块齐头并进；三是友好建设融合社区治理；四是儿童参与贯穿友好建设；五是社会组织发挥重要作用。此外，本文从顶层设计的科学性、社区责任主体意识、建设资金使用、儿童委员会功能、社会组织参与、服务专业性与精准性等方面分析了成都市儿童友好社区建设存在的主要问题并提出了相应的对策建议。

关键词： 儿童友好社区 儿童委员会 社区治理 社会组织

社区是城市管理和社会构成的基本单元，儿童友好社区是儿童友好城市

---

* 李宏伟，博士，西南交通大学公共管理学院副教授、硕士生导师，主要研究方向为儿童福利、社区治理；王小兰，博士，北京开放大学城市管理学院副教授，主要研究方向为儿童福利、社会政策、社会工作理论与实践。

和全龄友好包容社会的基础和重要构成，推动儿童友好社区建设是新时期我国儿童工作的重要举措，对提升儿童福祉和实现全龄友好具有重要意义。2021年2月，成都市委市政府出台了《关于实施幸福美好生活十大工程的意见》，在"全龄友好包容社会营建工程"中提出，要"聚焦'一老一小'和特殊群体，实施儿童友好型城市创建行动"；2022年，《成都儿童友好城市建设五年行动计划（2021-2025年）》《成都市儿童友好城市建设实施方案》《关于开展成都市儿童友好示范社区建设工作的通知》《成都市儿童友好社区建设指引（试行）》等一系列政策文件的颁布，确定了2022年底实现儿童友好社区覆盖率不低于25%的目标，明确了建设的总体要求、基本原则、具体内容和实施途径。据成都市妇联统计，2022年，成都市789个社区被纳入儿童友好社区建设工作目标。

本研究对成都市9个区（市、县）的186个示范社区进行了实地调查，包括成华区、金牛区、武侯区等3个主城区的66个社区，郫都区、新都区和双流区等3个近郊区的85个社区，以及简阳市和新津区2个远郊市（区）的35个社区。从社区类型上看，实地调查涵盖了城市社区、城乡接合部社区和农村社区，基本涵盖了当前成都市儿童友好社区建设的整体情况。

一 成都市儿童友好社区建设的基本特点

（一）顶层设计多元协同推进

一是建立工作推进机制。成都市各区（市、县）均成立了儿童友好城市建设工作领导小组，由党政主要领导担任组长，领导小组办公室做好统筹协调，成员单位配合联动；社区层面则成立了以社区书记为组长、社区两委为主要成员的儿童友好社区建设工作小组或领导小组。二是制定建设规划方案。各区（市、县）依据成都市相关政策文件，并结合本辖区的实际情况，制定了实施方案和任务清单，明确了儿童友好社区建设的要素、路径和标准。三是组织开展能力建设。通过集中授课和实地督导等方式对儿童友好城市创建工作责任单位负责人、各镇（街道）妇联主席、儿童之家负责人以及承接建设项目的社会组织负责人进行培训，内容涵盖儿童友好政策解读、专业理论知识、儿童服务实务等方面。四是提升专业性规范性。多数区（市、县）通过项目委托的方式，引入高校专家团队或智库为辖区儿童友好社区建设提供专业支持，包括开展摸底调研和专业培训，制订建设标准规范和评估指标体系，对示范社区进行督导评估，以及总结提炼建设的经验模式等工作。

（二）六大建设板块齐头并进

《成都市儿童友好城市建设实施方案》从社会政策、公共服务、权利保障、成长空间、发展环境、文化体验六个方面明确了儿童友好城市建设的重点任务，并据此制定了评估指标体系。各区（市、县）儿童友好社区建设工作也主要按照以上六个板块推进。

第一，社会政策方面。这方面的重点工作强调儿童参与社区公共事务决策。成都市妇联统计数据显示，截至2022年6月底，成都市789个示范社区中已有462个社区建立了儿童参与机制，儿童广泛参与到社区儿童活动空间改造、儿童安全步道设计、儿童活动策划等事项中。第二，公共服务方面。示范社区普遍通过引入专业社会组织提供服务，同时组织动员家长和儿童共同参与；服务内容以家庭教育、亲子活动、早期发展、文体娱乐、心理健康教育等普惠性服务为主。第三，权利保障方面。多数示范社区为孤儿、事实无人抚养儿童、残疾儿童等高关怀儿童建立了台账，按照相关政策纳入了福利保障；一些社区还为有特殊需要的儿童链接资源、提供个案服务。第四，成长空间方面。截至2022年6月底，成都市共有444个示范社区完成了儿童活动空间的适儿化改造。室内空间的改造以儿童之家为重点，有些社区还统筹整合利用新时代文明实践站、未成年人保护工作室、社会工作服务室、家庭教育指导中心等公共服务平台，以及社区博物馆、教育馆等自建服务平台。室外活动空间则以社区党群服务中心的外围公共区域以及住宅小区的公共空间作为建设重点。第五，发展环境方面。示范社区主要通过宣传教育、主题活动和日常服务等方式营造儿童友好的家庭环境与社区氛围，传播儿童保护

与发展的理念、知识，构建促进儿童发展的社区支持网络。第六，文化体验方面。提供音乐、绘画、舞蹈、体育等常态化文体服务，以及在节假日开展主题活动是社区普遍的做法。同时，很多示范社区还力图结合自身的历史文化特点推进儿童文化友好建设。如青羊区西北街社区以其多民族社区文化特色开展民族服装秀、唐卡赏析等儿童友好文化活动；金牛区花牌坊社区以"丝韵文化"为主题，组织辖区儿童开展"丝路寻踪"等文化主题活动。

（三）友好建设融合社区治理

一方面，社区通过建立儿童委员会、促进儿童参与社区事务决策以及开展儿童服务活动，带动儿童及家庭、社区居民参与社区发展治理，并联合社区两委、辖区相关部门与机构协商社区议题，促进社区公共问题的解决。例如，双流区的长沟社区因拆迁安置导致原有熟人社会解体，社区借助儿童友好社区建设契机，发挥"小手牵大手"的带动作用，促进社区居民融合；白鹤社区发挥儿童委员会的作用，推动社区自治学院的建设，以增强居民的社区共同体意识，加强自治组织发展管理。另一方面，在社区发展治理的各项工作中加入儿童友好元素，在公共空间和基础设施建设中体现儿童优先，在综合性服务项目中增加儿童服务的比重并鼓励儿童参与，以及将社区发展治理保障资金向儿童群体倾斜。例如，新都区桂东社区通过"区域化大党建"组织、带动辖区各类主体参与儿童友好社区建设，并将老旧院落"微更新""微改造"项目在空间规划建设、环境整治等方面与儿童友好社区建设相结合，开展适儿化空间和社区整体环境的改造升级。

（四）儿童参与贯穿友好建设

《关于开展成都市儿童友好示范社区建设工作的通知》《成都市儿童友好社区建设指引（试行）》等文件明确指出，儿童参与是儿童友好社区建设的基本原则之一，儿童参与机制建设是儿童友好社区建设的首要内容，社区应该成立并规范化建设儿童委员会，并明确其职责和参与社区决策的程序。不仅如此，儿童友好社区建设评估指标体系中儿童参与机制建设的考核权重高达 22%。因此，示范社区普遍将儿童委员会建设作为儿童参与机制的主要抓手，通过宣传、招募、选拔/竞选、搭建组织架构、制定章程及议事规则和流程建立儿童委员会的基本构架。部分社区还对"小委员"进行专门培训，旨在提高其参与意识和能力，增强其责任感和使命感，并指导、支持儿童委员会参与儿童服务活动及空间营造的方案设计及组织实施等。例如，郫都区凉水井社区开展各类培训活动以提升"小委员"参与社区公共事务的能力，并引导支持"小委员"参与儿童安全、社区环保、空间规划、文明倡导等公共事务的决策与行动。简阳市蜀阳社区儿童委员会在社区工作者的帮助下，发现辖区的交通安全隐患，推动了相关部门在儿童上下学必经的路口安装语音播报器。

（五）社会组织发挥重要作用

成都市妇联统计数据显示，截至 2022 年 6 月底，789 个儿童友好社区建设示范社区中，有 501 个社区引入了儿童服务类社会组织，占比达到 63.5%。其中，以社工机构为主，少数社区还引入了社会企业、社区基金会等其他类型的社会组织。整体而言，引入社会组织的社区，其儿童友好社区建设往往更为专业和系统；相对于引入社会组织时间较短的社区，有社会组织长期驻点的社区在儿童友好社区建设方面更具规划性、系统性和常态性，并且更容易抓住社区儿童的需求及社区的特色亮点。社会组织参与儿童友好社区建设在内容和路径上有一定的相似性，主要聚焦儿童委员会培育、服务活动开展和友好空间设计等方面，具体包括困境儿童关爱保护、科普文体活动、劳动实践、心理疏导、家庭教育、适儿化空间改造、儿童类社区自组织培育等内容。

二 成都市儿童友好社区建设的主要问题

（一）顶层设计的科学性有待提高

第一，整体布局重规范性而轻差异性。成都市及各区（市、县）通

过制定实施方案、建设指引、评估指标以及开展统一培训等措施，推进了儿童友好社区建设的标准化和规范化，但由于成都面积广阔，城乡之间、区域之间经济社会发展差异较大，社区类型多样，在儿童群体特征和需求、资源条件、自然环境以及儿童工作基础等方面也较为悬殊，所以整齐划一的建设要求和评估指标并不适用于所有社区，尤其是农村社区。第二，为了达到成都市委市政府设定的战略目标，并在短期内形成工作亮点，进而产生较好的社会影响，各区（市、县）倾向于将更多的资源（如开展示范活动、空间建设投入）注入少数具有较好发展基础的社区，而对基础较差的社区，尤其是农村社区的关注较少。第三，责任单位的协调联动不足。儿童安全步道改造、适儿化空间改造通常难以由社区单独完成，需要妇联、城管、交管以及城市规划等部门的协作。尽管成都市和各区（市、县）都制定了详细的任务清单，明确了各责任单位的职责，但实际推动主要靠妇联单兵突进，部门之间协调联动的实效性有待提高。

（二）社区主体责任意识有所欠缺

部分示范社区干部对儿童友好社区建设不够重视，缺乏将其纳入社区工作"一盘棋"的理念，对社区在儿童友好社区建设中的主体责任认识不足，或将儿童友好社区建设视为社区妇联主席的常规工作，或在缺乏整体统筹规划的情况下将儿童友好社区建设的工作全盘交给社会组织，甚至将建设工作简化为由社会组织开展的儿童服务类项目。

（三）缺乏儿童友好建设专项资金

大多数区（市、县）缺乏儿童友好社区建设的专项资金，多数社区依靠社区发展治理保障资金和社工站（室）资金设立微项目开展儿童服务，但这些项目往往服务于全龄段居民，在儿童友好建设方面的投入有限，尤其是农村社区可惠及儿童的服务资源、空间资源、商业资源相对城市社区更少，不利于儿童友好社区建设的开展。如何利用有限的资金更有效更广泛地服务社区儿童，打造适宜儿童成长和生活的友好社区，是目前诸多社区面临的难题。

（四）儿童委员会的作用发挥有限

社区儿童委员会的成员多数为 6~12 岁的小学生，能够参与社区公共事务的时间和频次较少，有些社区儿童委员会暂未开展任何活动或参与社区公共事务，需要进一步探寻促进儿童委员会有效运行和参与社区公共事务的途径与方式。"小委员"的招募和选拔范围受限，部分社区出于便利性考虑，只动员党群服务中心周边院落或小区的儿童参与其中，未能广泛覆盖至全体社区儿童。"小委员"主动参与相关活动的意识和能力还有待提升，社区和社会组织工作人员须加强对儿童委员会的培训与指导。

（五）社会组织参与面临诸多困难

其一，由于部分区（市、县）缺乏儿童友好社区建设的专项资金，社区引入的社会组织只能通过承接其他职能部门或群团组织的项目，在开展全民服务或社会治理项目中加入某些儿童服务的内容。其二，远离主城区的区（市、县）的本地社会组织及社工人才数量较少、专业能力有限，因而有相当比例的儿童友好项目由外地社会组织承接。由于项目周期较短，资金有限，交通、人员成本较大，不少外地社会组织在尚未与社区两委和居民建立紧密关系，并深入了解社区情况及儿童群体需求之时就匆忙开展服务活动，导致服务质量得不到保障。其三，对于缺乏资金、地处偏远的农村社区，引入社会组织助力儿童友好社区建设存在较大难度，通常只能由社区两委（主要是妇联主席）来推动，建设工作推进较为缓慢。

（六）专业性精准性需进一步提高

第一，一些社区缺乏不同年龄段儿童群体及风险儿童群体的分类统计数据，这不利于了解辖区不同儿童群体的多样化需求，进而提供更精准更专业

的服务。困境儿童除了被纳入福利保障以及节假日的走访慰问之外，在资源链接和个案服务上有所欠缺。第二，多数社区依托儿童之家为低龄儿童提供日常服务和开展主题活动，覆盖区域主要限于党群服务中心及周边小区，因而对于面积较大、居住分散的社区，服务区域和服务群体规模有限。第三，除了部分社区有儿童活动的公益性或半商业性室内活动场所外，多数社区的儿童专用室内空间仅限于儿童之家，甚至有部分社区儿童之家长期闲置不用或者被占为他用。室外空间的利用也主要局限在党群服务中心外围区域，整体上对社区公共空间、自然空间的适儿化改造和利用较为欠缺，尚不能满足安全性、舒适性、可达性、趣味性、多功能性等要求。

三　进一步推动成都市儿童友好社区建设的对策建议

（一）优化整体布局，注重差异推动

在以成都市相关政策文件作为标准化指引的基础上，应进一步对拥有不同资源条件的社区提出不同的要求。儿童友好社区建设的责任单位，应在经费支持、能力建设、项目发包、资源链接等方面重点支持条件较差的社区；探索不同类型儿童友好社区的建设模式、基本策略和具体路径，为后续全面推广提供示范和参考，实现以点带面、循序渐进、科学系统地推动全市儿童友好社区建设。

（二）提升责任意识，加强能力建设

应通过进一步加强培训提升责任单位的职责意识和社区两委的儿童友好理念和主体责任意识。为此，培训对象不能仅针对镇（街道）、社区的妇联主席和社会组织负责人，而应该涵盖镇（街道）党工委、责任单位领导干部、社区书记，扭转部分社区对儿童友好社区建设不重视、存在抵触心理的情况。培训的另一个重点是提升社区两委及社会组织推进儿童友好社区建设的实操能力。为此，应指导社区对已经开展及正在进行的儿童工作进行全面

梳理，分析本社区儿童友好社区建设的优势、短板和问题，进而找准建设的重难点，既做到整体推进又突出特色重点，既着眼愿景目标又切实解决当前问题。

（三）多方筹措资金，资源整合使用

除了积极争取专项经费外，还应发挥妇联协调、联动的功能，争取在社区发展治理保障资金购买服务项目清单中增加儿童服务类项目，并积极探索在其他涉儿职能部门、群团组织、基金会、社会企业等开展的项目中加入儿童友好元素、实现经费整合的有效途径。鼓励并协助社区多方筹措资金，或通过服务群体叠加、工作内容叠加、服务方式叠加等途径，引导资源流向儿童友好社区建设。

（四）链接外部资源，引入专业力量

社区工作者在面对某些较为棘手的儿童心理健康、家庭教育、未成年人保护问题时，深感专业能力不足，难以提供行之有效的保护性服务和补充性服务，对心理咨询师、社工和家庭教育指导师等专业人才的需求迫切。儿童友好社区建设牵头部门应统筹建立成都市、各区（市、县）两级儿童发展专家资源库，积极链接幼儿园、中小学、高校、医疗卫生机构、司法部门、法律服务机构、社工组织等涉儿机构，吸纳本地与儿童发展相关的教育、托育、心理、卫生、营养、保护、法律等各领域的专业人士，并畅通社区获得这些机构与人才资源支持的有效渠道。

（五）细分友好单元，提升精准程度

一是进一步发挥儿童委员会的功能，鼓励和组织更多儿童参与社区的发展治理工作。二是将儿童友好社区建设分解成更小的单元，以院落、商业小区、村（居）民小组、学校等为单位加大儿童友好宣传力度，创建儿童友好小区、街区、商家、企业、学校、医院等。三是将体现儿童友好的元素嵌入院落、小区内的空间。增加儿童友好的标识标牌，在院落、小区开拓

"小而美"的儿童空间，如自然工具角、儿童活动角落、地绘墙绘等。四是提升儿童服务的精准性。提升儿童信息台账的精细化程度，开展科学系统的梳理和调研，制定精准的儿童需求清单、服务资源清单、工作内容清单、项目清单，拟定并实施既适度普惠又具针对性的服务计划，满足不同类型儿童及家庭的需求。

附 录 中国儿童发展统计概览*

中国儿童中心课题组**

表1 儿童人口统计资料

指标	2010年	2011年	2012年	2013年	2014年	2015年	2016年	2017年	2018年	2019年	2020年	2021年	2022年
年末总人口(万人)	134091	134916	135922	136726	137646	138326	139232	140011	140541	141008	141212	141260	141175
出生人口(万人)	1596	1604	1635	1640	1687	1655	1786	1723	1523	1465	1203	1062	956
儿童人口①(万人)	28040	27638	27727	27547	27364	27276	27602	27919	27928	27959	29800	—	—
出生率(‰)	11.90	13.27	14.57	13.03	13.83	11.99	13.57	12.64	10.86	10.41	8.52	7.52	6.77
出生人口性别比(女=100)	117.96	114.64	118.87	117.65	114.00	112.55	116.22	113.33	113.89	110.1	111.3	108.3	—
平均家庭户规模(人/户)	3.09	3.02	3.02	2.98	2.97	3.10	3.11	3.03	3.00	2.92	2.62	2.77	—
少儿抚养比(%)	22.3	22.1	22.2	22.2	22.5	22.6	22.9	23.4	23.7	23.8	26.2	25.6	—

注：①省 0~17 岁儿童，2010 年为第六次全国人口普查有关人口的主要数据，2020 年为第七次全国人口普查有关人口的主要数据，2015 年为 1%人口抽样调查样本数据，其他年份为 1‰人口变动调查样本数据。

资料来源：中华人民共和国国家统计局编《中国统计年鉴》，中国统计出版社，2011～2022；中华人民共和国国家统计局：《国民经济和社会发展统计公报》，2010～2022；国家统计局人口和就业统计司编《中国人口和就业统计年鉴》，中国统计出版社，2011～2021；中华人民共和国国家统计局：《人民共和国国家人口普查公报》；中华人民共和国国家统计局：《人口规模持续扩大 就业形势保持稳定——党的十八大以来经济社会发展成就系列报告之十八》，2022。

* 统计指标数据来源未更新或未找到出处，以 "—" 表示。

** 主要执笔人：魏一，中国儿童中心科研部研究实习员，主要研究方向为儿童青少年心理健康评价与促进。

表2　儿童健康统计资料

一级指标	二级指标	2010年	2011年	2012年	2013年	2014年	2015年	2016年	2017年	2018年	2019年	2020年	2021年
5岁以下儿童死亡率①(‰)	新生儿死亡率	8.3	7.8	6.9	6.3	5.9	5.4	4.9	4.5	3.9	3.5	3.4	3.1
	城市	4.1	4.0	3.9	3.7	3.5	3.3	2.9	2.6	2.2	2.0	2.1	1.9
	农村	10.0	9.4	8.1	7.3	6.9	6.4	5.7	5.3	4.7	4.1	3.9	3.6
	婴儿死亡率	13.1	12.1	10.3	9.5	8.9	8.1	7.5	6.8	6.1	5.6	5.4	5.0
	城市	5.8	5.8	5.2	5.2	4.8	4.7	4.2	4.1	3.6	3.4	3.6	3.2
	农村	16.1	14.7	12.4	11.3	10.7	9.6	9.0	7.9	7.3	6.6	6.2	5.8
	5岁以下儿童死亡率	16.4	15.6	13.2	12.0	11.7	10.7	10.2	9.1	8.4	7.8	7.5	7.1
	城市	7.3	7.1	5.9	6.0	5.9	5.8	5.2	4.8	4.4	4.1	4.4	4.1
	农村	20.1	19.1	16.2	14.5	14.2	12.9	12.4	10.9	10.2	9.4	8.9	8.5
18岁以下儿童伤害死亡率(‰ooo)	—	22.4	21.1	19.7	19.0	17.7	15.8	15.1	13.2	11.7	11.4	11.1	—
出生体重<2500克婴儿比重(%)		2.34	—	2.38	2.44	2.61	2.64	2.73	2.88	3.13	3.24	3.25	3.70
围产儿死亡率(‰)		7.02	—	5.89	5.53	5.37	4.99	5.05	4.58	4.26	4.02	4.14	—
5岁以下儿童低体重患病率(‰)		1.55	1.51	1.44	1.37	1.48	1.49	1.44	1.40	1.43	1.37	1.19	1.21
儿童保健情况	新生儿访视率(%)	89.6	90.6	91.8	93.2	93.6	94.3	94.6	93.9	93.7	94.1	95.5	96.2
	3岁以下儿童系统管理率(%)	81.5	84.6	87.0	89.0	89.8	90.7	91.1	91.1	91.2	91.9	92.9	92.8
	7岁以下儿童保健管理率(%)	83.4	85.8	88.9	90.7	91.3	92.1	92.4	92.6	92.7	93.6	94.3	94.6

续表

一级指标	二级指标	2010年	2011年	2012年	2013年	2014年	2015年	2016年	2017年	2018年	2019年	2020年	2021年
儿童医院情况	医院数（个）	72	79	89	96	99	114	117	117	129	141	151	151
	人员数（人）	37412	40808	45329	51651	55105	60573	61643	65171	69144	73533	78221	79390
	卫生技术人员	30757	33847	37786	43333	46330	51116	52225	55151	58516	62519	66563	67678
	执业（助理）医师	10037	10631	11525	12905	14044	15660	15766	17015	18488	20042	21470	22194
	执业医师	9895	10490	11340	12731	13858	15120	15522	16737	18155	19715	21081	21844
	注册护士	15095	16657	19059	22018	23362	25798	26938	28254	29828	31490	33217	33463
医疗卫生机构儿科床位数（张）	—	314013	341527	381824	414231	441632	464598	483288	516923	541303	559696	551600	563334

①调查儿童为全国及31个省、自治区、直辖市的监测地区。

资料来源：国家卫生健康委员会编《中国卫生健康统计年鉴》，中国协和医科大学出版社，2011~2022；国家统计局社会科技和文化产业统计司编《2020中国妇女儿童状况统计资料》，中国统计出版社，2020；国家卫生健康委员会：《我国卫生健康事业发展统计公报》，2020~2021。

表3　儿童教育统计资料

一级指标	二级指标	2010年	2011年	2012年	2013年	2014年	2015年	2016年	2017年	2018年	2019年	2020年	2021年
各级各类学校数（所）	学前教育	150420	166750	181251	198553	209881	223683	239812	254950	266677	281174	291715	294832
	普通小学	257410	241249	228585	213529	201377	190525	177633	167009	161811	160148	157979	154279
	初中①	54890	54117	53216	52804	52623	52405	52118	51894	51982	52415	52805	52871
	普通高中	14058	13688	13509	13352	13253	13240	13383	13555	13737	13964	14235	14585
	中等职业教育	13941	13093	12663	12262	11878	11202	10893	10671	10229	10078	9896	7294
	特殊教育	1706	1767	1853	1933	2000	2053	2080	2107	2152	2192	2244	2288

续表

一级指标	二级指标	2010年	2011年	2012年	2013年	2014年	2015年	2016年	2017年	2018年	2019年	2020年	2021年
在校学生数（万人）	学前教育	2976.67	3424.45	3685.76	3894.69	4050.71	4264.83	4413.86	4600.14	4656.42	4713.88	4818.26	4805.21
	普通小学①	9940.70	9926.37	9695.90	9360.55	9451.07	9692.18	9913.01	10093.70	10339.25	10561.24	10725.35	10779.93
	初中①	5279.33	5066.80	4763.06	4440.12	4384.63	4311.95	4329.37	4442.06	4652.59	4827.14	4914.09	5007.15
	普通高中	2427.34	2454.82	2467.17	2435.88	2400.47	2374.40	2366.65	2374.55	2375.37	2414.31	2494.45	2605.03
	中等职业教育	2238.50	2205.33	2133.69	1922.97	1755.28	1656.70	1599.01	1592.50	1555.26	1576.47	1663.37	1311.81
	特殊教育	42.56	39.87	37.88	36.81	39.49	44.22	49.17	57.88	66.59	79.46	88.08	91.98
各级学校生师比（教师=1）	学前教育	—	21.0	20.2	19.4	18.7	18.1	17.6	17.2	16.6	15.9	—	—
	普通小学	17.7	17.71	17.36	16.76	16.78	17.05	17.12	16.98	16.97	16.85	16.67	16.33
	初中	14.98	14.38	13.59	12.76	12.57	12.41	12.41	12.52	12.79	12.88	12.73	12.64
	普通高中	15.99	15.77	15.47	14.95	14.44	14.01	13.65	13.39	13.1	12.99	12.90	12.84
	中等职业教育	—	—	24.19	22.97	21.34	20.47	19.84	19.59	19.10	18.94	19.54	18.54
义务教育阶段在校生中进城务工人员随迁子女（万人）	合计	1167.17	1260.97	1393.87	1277.17	1294.73	1367.10	1394.77	1406.63	1424.04	1426.96	1429.73	1372.41
	小学就读	864.30	932.74	1035.54	930.85	955.59	1013.56	1036.71	1042.18	1048.39	1042.03	1034.86	984.11
	初中就读	302.88	328.23	358.33	346.31	339.14	353.54	358.06	364.45	375.65	384.93	394.88	388.30
各级教育入学率及升学率（%）	学前教育毛入园率	56.6	62.3	64.5	67.5	70.5	75.0	77.4	79.6	81.7	83.4	85.2	88.1
	九年义务教育巩固率	89.7	91.5	91.8	92.3	92.6	93.0	93.4	93.8	94.2	94.8	95.2	95.4
	高中阶段毛入学率	82.5	84.0	85.0	86.0	86.5	87.0	87.5	88.3	88.8	89.5	91.2	91.4
	高等教育毛入学率	26.5	26.9	30.0	34.5	37.5	40.0	42.7	45.7	48.1	51.6	54.4	57.8
	初中升高中升学率	87.5	88.9	88.4	91.2	95.1	94.1	93.7	94.9	95.2	94.5	95.7	—
国家财政性教育经费（亿元）	—	14670.07	18586.70	22236.23	24488.22	26420.58	29221.45	31396.25	34207.75	36995.77	400466.55	42908.15	45835.31

注：①包含职业初中。

资料来源：中华人民共和国国家统计局编《中国统计年鉴》，2010～2021；中国残疾人联合会编《中国残疾人事业统计公报》，2010～2022；教育部：《全国教育事业发展统计公报》，2010～2021；

教育部：《全国教育经费执行情况统计公告》，2010～2019；中国残疾人联合会编《中国残疾人事业统计年鉴》，2011～2019；教育部：《中国教育统计年鉴》，2011～2019；

国家统计局社会科技和文化产业统计司编《2020中国妇女儿童状况统计资料》，中国统计出版社，2020。

《全国教育事业发展统计公报》，2012～2019；

表4　儿童福利统计资料

一级指标	二级指标	2010 年	2011 年	2012 年	2013 年	2014 年	2015 年	2016 年	2017 年	2018 年	2019 年	2020 年	2021 年
社会服务机构	儿童福利和救助机构单位（个）	480	638	724	803	890	753	705	663	651	686	760	815
	儿童福利机构单位数（个）	335	397	463	529	545	478	465	469	475	484	508	539
	儿童福利和救助床位数（万张）	5.5	6.8	8.7	9.8	10.8	10	10	10.3	9.7	9.9	9.1	9.8
	未成年人救助保护中心（个）	145	241	261	274	345	275	240	194	176	202	252	276
	未成年人救助保护中心救助儿童（万人次）	14.6	17.9	15.2	18.4	17	4.7	5.2	3.5	2.2	1.8	0.9	0.7
	生活无着落人员救助管理站数（个）	1448	1547	1770	1891	1949	1766	1736	1623	1534	1545	1555	1562
	生活无着落人员救助管理站救助儿童人次（万人次）	12.1	13.9	11.1	14.4	11.6	10.2	11.2	5.9	5.4	4.4	—	—
孤儿情况（万人）	孤儿数	25.2	50.9	57.0	54.9	52.5	50.2	46.0	41.0	30.5	23.3	19.3	17.3
	集中养育	10.0	10.8	9.5	9.4	9.4	9.2	8.8	8.6	7.0	6.4	5.9	5.3
	社会散居	15.2	40.1	47.5	45.5	43.2	41.0	37.3	32.4	23.5	16.9	13.4	11.9

续表

一级指标	二级指标	2010年	2011年	2012年	2013年	2014年	2015年	2016年	2017年	2018年	2019年	2020年	2021年
家庭儿童收养登记情况	家庭儿童收养登记总数（件）	34529	31424	27278	24460	22772	22348	18736	18820	16267	13044	11103	12447
	中国公民收养登记数（件）	29618	27579	23157	21230	19885	19406	15965	16592	14582	12074	11040	—
	外国公民收养登记数（件）	4911	3845	4121	3230	2887	2942	2771	2228	1685	970	63	—
残疾儿童接受康复训练情况	残疾人康复机构（个）	—	3140	5948	6618	6914	7111	7858	8334	9036	9775	10440	11260
儿童福利支出（亿元）		6.5	40	50.5	51.3	52.4	54.8	56.3	54.6	49.6	53.9	68.2	83.6

资料来源：中华人民共和国民政部：《民政事业发展统计公报》，2010~2021；中华人民共和国民政部编《中国民政统计年鉴》，2011~2020；中华人民共和国国家统计局编《中国统计年鉴》，2011~2022；中国残疾人联合会编《中国残疾人事业统计年鉴》，2011~2020。

表5 儿童社会环境统计资料

一级指标	二级指标	2010年	2011年	2012年	2013年	2014年	2015年	2016年	2017年	2018年	2019年	2020年	2021年
图书馆	公共图书馆少儿文献（万册）	—	3099.33	4574.13	5626.28	6377.03	7370.55	8597.04	9999.64	11465.75	13123.8	15110.07	—
	公共图书馆少儿阅览室坐席数（个）	156524	168647	181264	196192	210662	223948	242156	256151	270865	291531	310373	—

续表

一级指标	二级指标	2010年	2011年	2012年	2013年	2014年	2015年	2016年	2017年	2018年	2019年	2020年	2021年
图书馆	少儿图书馆机构数（个）	97	94	99	105	108	113	122	122	123	128	147	143
	少儿图书馆阅览室座席数（万个）	2.43	2.21	2.65	2.66	3.04	3.37	3.61	3.76	3.90	4.50	5.74	5.59
	少儿图书馆图书流通人次（万人次）	1839	1881	1938	2132	2137	2373	2816	3168	3697	3789	3115	3476
	少儿图书馆图书总藏量（万册）	2159	2321	3217	3165	3392	3698	4231	4369	4635	5000	9856	5491
	少儿图书馆书刊文献外借册次（万册次）	1704	1739	2087	2285	2324	2853	3347	3655	3823	4059	3023	3683
博物馆	博物馆数（个）	2435	2650	3069	3473	3658	3852	4109	4721	4918	5132	5452	5772
	未成年人参观人次（万人次）	11441.3	12494.0	15543.2	18206.2	20211.9	21927.3	23557.8	26192.3	26965.6	28652.9	—	—
科技教育	未成年人参观科技馆人次（万人次）	—	—	2000	1774	1891	2371	2883.3	3523.5	3446.0	—	—	—
	举办青少年科技竞赛（次）	—	—	11097	11382	11415	12577	11906	5834	4883	5680	5785	6136
	青少年科技竞赛参加人数（万人）	—	—	4048	4400	4363	4956	4484	6196	9905	3065	2626	2915.7
	举办青少年科学营（次）	—	—	1882	2710	2945	3010	2178	1164	1094	1288	957	781
	青少年科学营参加人数（百万人次）	—	—	3353	3825	3864	4936	3007	2078	1908	1600	1082	960

续表

一级指标	二级指标	2010年	2011年	2012年	2013年	2014年	2015年	2016年	2017年	2018年	2019年	2020年	2021年
儿童剧团体	机构数（个）	—	—	—	26	27	40	57	70	72	115	—	—
	演出场次（万场次）	—	—	—	0.46	1.53	0.92	0.61	0.88	0.63	1.19	—	1.32
	国内演出观众人次（万人次）	—	—	—	299.46	308.85	237.00	358.94	413.46	285.75	546.15	—	—
少儿出版物	儿童期刊种类（种）	98	118	142	144	209	209	212	211	207	206	—	—
	儿童期刊数量（万册）	23683	36454	39432	40907	51983	54164	50692	44612	39719	37945	42517	46322
	儿童读物图书出版种数（种）	19794	22059	30965	32400	32712	36633	43639	42441	44196	43712	—	—
	儿童读物图书出版总印数（万册）	35781	37800	47702	45686	49693	55564	77789	82007	88858	94555	90432	96994
	出口数量（万册、份）	140.47	205.23	538.23	724.39	807.08	556.11	729.87	539.7	481.36	480.95	108.99	151.37
	进口数量（万册、份）	39.47	78.66	76.14	106.88	172.45	487.48	510.4	690.59	981.84	1156.84	1000.68	967.09
	儿童音像制品数量（万盒/张）	3780	6047	4034	3149	1681	2010	2488	2600	2480	1698	—	—
动画片	生产动画片数（部）	16	24	33	29	40	51	49	32	51	51	45	47
	动画电视播出数（小时）	—	280255	304877	293140	304839	309100	328900	362800	374485	398700	446113	452408
少儿节目播出时间（万小时）	少儿广播节目	—	13.6	14.9	16.8	21.6	21.8	22.5	25.0	26.6	26.6	28.75	28.76
	少儿电视节目	—	37.6	39.7	41.7	48.6	46.4	48.4	57.1	57.3	57.4	63.12	62.61
	电视动画节目	—	28.0	30.5	29.3	30.5	30.9	32.9	36.3	37.4	39.9	44.61	45.24

资料来源：中华人民共和国国家统计局编《中国统计年鉴》，中国统计出版社，2011~2022；中华人民共和国文化和旅游部编《中国文化和旅游统计年鉴》，国家图书馆出版社，2011~2021；中国科学技术协会：《中国科协事业发展统计公报》，2012~2021；中华人民共和国国家统计局：《2018年〈中国儿童发展纲要（2011—2020年）〉统计监测报告》，2019；中国演出行业协会：《2021全国演出市场年度报告》，2021；国家广播电视总局：《全国广播电视行业统计公报》，2020~2021。

表6　儿童法律统计资料

一级指标	二级指标	2010年	2011年	2012年	2013年	2014年	2015年	2016年	2017年	2018年	2019年	2020年	2021年
不满18岁青少年刑事犯罪数（人）	—	68193	67280	63782	55817	50415	43839	35743	32778	34365	43038	33768	34616
各级人民法院判决生效的刑事案件中罪犯不满18岁所占比重（%）	—	6.8	6.4	5.4	4.8	4.3	3.6	2.9	2.6	2.4	2.6	—	—
审查批捕、起诉未成年人犯罪案件情况比例（%）	不捕未成年犯罪嫌疑人	9.1	9.1	9.0	8.5	7.0	6.2	5.6	5.3	5.1	5.3	1.5	2.8
	批捕未成年犯罪嫌疑人	7.5	7.0	6.4	5.6	4.7	4.0	3.5	2.6	2.8	2.9	2.3	2.7
	不起诉未成年犯罪嫌疑人	—	8.6	8.9	8.8	9.9	9.2	6.4	11.9	8.9	4.4	1.6	2.3
	起诉未成年犯罪嫌疑人	7.0	6.6	5.7	5.6	4.8	3.9	3.3	2.6	2.4	2.4	3.3	3.5
在押未成年服刑人员（万人）	—	1.8	1.7	1.5	—	1.1	1.1	0.9	0.6	0.5	—	—	—
建立少年法庭数（个）	—	2219	2219	2331	2331	2253	2253	2253	2253	1691	368	—	—

续表

一级指标	二级指标	2010年	2011年	2012年	2013年	2014年	2015年	2016年	2017年	2018年	2019年	2020年	2021年
获得法律援助人数（万名）	未成年人	8.8	8.9	9.8	15.4	15.5	14.6	13.6	14.5	13.6	13.8	12	—
	女	19.6	22.3	27.3	31.8	35.2	35.9	36.7	36.1	36.1	35.2	—	—
公安机关立案的拐卖妇女儿童刑事案件（起）	—	10082	13964	18532	20735	16483	9150	7121	6668	5397	4571	3035	2860

资料来源：中华人民共和国国家统计局编《中国统计年鉴》，中国统计出版社，2011~2022；中国法律年鉴编辑部编《中国法律年鉴》，中国统计出版社，2011~2020；国家统计局社会科技和文化产业统计司编《2020中国妇女儿童状况统计资料》，中国统计出版社，2020；中华人民共和国最高人民检察院：《全国检察机关主要办案数据》，2020~2021；中华人民共和国国家统计局：《〈中国儿童发展纲要（2011—2020年）〉终期统计监测报告》，2021。

Abstract

In 2022, a grand blueprint for comprehensively promoting the great rejuvenation of the Chinese nation with the Chinese path to modernization was mapped out at the 20th National Congress of the Communist Party of China (CPC) , which provides a fundamental guideline and action plan for the work on children and child well-being in the new era.

To fully represent child development in China in 2022 and provide intellectual support for the work on children, the China National Children's Center (CNCC) has organized experts and scholars from universities and research institutes to compile and publish this report.

It is believed that in 2022, departments relevant to the child development has strengthened top-level design, introduced laws, regulations and policies, and promoted high-quality development of the work on children in all aspects. The policy system for child health has been constantly improved, and the overall health of Chinese children has seen steady growth; a new pattern for the development of quality education has been established, and new progress has been made in the high-quality development of basic education; protection policies for disadvantaged children via classification have been push forward with much improved child welfare work; Family Promotion Law has been gradually implemented to offer support to family development; cultural products and services for children have been constantly enriched, and guideline for the construction of child-friendly spaces have been worked out; the child protection system has been strengthened which made the legalization of child protection widely known to the whole society.

Meanwhile, there are still some urgent issues in child development that need

to be addressed. In the future, more efforts should be made from the following aspects: First, we should provide more services to child health and strengthen the collaboration in relevant works; Second, we should build a new pattern for the development of basic education and ensure that education meets the needs of the people; Third, we should build a professional team for child welfare work; Fourth, we should build a policy system to support family planning and gradually improve the working mechanism for family development; Fifth, we should build a child-friendly environment for child growth to improve the quality of children's cultural products; Sixth, we should establish a sound legal system and guarantee its implementation, so as to advance the modernization of child protection under the rule of law.

This report is divided into five parts, showcasing the Chinese children's development in 2022 from five perspectives including health, safety, education, welfare, family, environment, and legal protection. The first part is the overall report, which summarizes the current situation and achievements of child development in 2022, analyzes existing problems, and outlines the prospect for its future development. The second part is a survey, which is about the specific aspects of child development. It mainly includes the survey reports on children's myopia, school sex education, parents' educational competency, students' mental health at primary and secondary schools, scientific literacy and other aspects. The third part includes some special reports on hot issues such as the monitoring system for injuries caused by child products, the protection for children's rights and their safety in consumption, the industry of domestic infant formula milk powder, quality education against the backdrop of "double reduction" policy, the construction of a Chinese characteristic child welfare service system, and research on the legal system for child protection. The fourth part consists of some cases, which share the advanced experience and typical cases in various aspects of the work on children, including the myopia prevention and control progress in Zhejiang Province, rescue work for disadvantaged children provided by social organizations, the construction of child-friendly cities and communities. The fifth part is an appendix, mainly analyzing important data and insights shared on the Internet. Based on statistics from relevant government departments and survey data from authoritative institutions, these reports have provided some in-depth description and analysis, as well as targeted suggestions.

Keywords: Child Health; Basic Education; Child Welfare; Family Education; Legal Protection

Contents

I General Report

Abstract: The 20th National Congress of the Communist Party of China
(CPC) in 2022 has painted a bright future for child development in the new era,
and also pointed out the direction for further work. Under the strong leadership of
the CPC Central Committee, new achievements have been made in 2022. The
overall level of child health has steadily improved, new progress has been made in
the high-quality development of children's education, the child welfare work has
been steadily promoted, the family policy system has been gradually improved,
children's cultural products and services have been continuously enriched, and the
rule of law for child protection has been increasingly deepened. Meanwhile, there
are still some urgent issues in child development that need to be addressed. 2023 is
the first year to comprehensively implement the spirit of the 20th CPC National
Congress. We should firmly grasp the essential requirements of the Chinese path to
modernization, make out the overall plan, and promote the high-quality

development of children's cause in a coordinated manner.

Keywords: Child Health; Child Education; Child Welfare; Family Education; Legal Protection

Ⅱ Surveys

B. 2   Analysis of Myopia and Its Influential Factors in

Children and Adolescents Nationwide

Ma Jun, Song Yi, Dong Yanhui and Liu Jieyu / 020

Abstract: In recent years, the high prevalence of myopia among children and adolescents in China has become a serious public health problem, with an increasing trend of myopia occurring at a younger age and becoming more severe. The prevention and control of myopia among children and adolescents has also become a national strategy. This report summarizes the characteristics of myopia level of children and adolescents nationwide in 2021. The myopia rate of girls in different school stages is generally higher than that of boys, and the gender difference is the largest in junior high school; The myopia rate increases with age, which is higher in the east and lower in the west, higher in the north and lower in the south; Low degree of myopia accounted for the highest proportion among people with myopia in different regions. Compared with 2020, in 2021, the proportion of low to moderate myopia among children and adolescents in China basically increases, while the proportion of high degree of myopia decreases. In addition, outdoor activity time, close work and study time are all related to the incidence of myopia. However, the cause of myopia is not yet clear, and the impact of genetic and environmental factors on myopia needs to be further explored. The departments of health, education and network information at all levels should strengthen cooperation and actively cooperate with each other. Various departments, including health, education, and internet-related departments, at all levels, need to actively collaborate and carry out extensive

publicity and educational activities together, comprehensively consider and apply the existing measures for prevention and control of myopia, formulate scientific and effective intervention strategies, and strengthen the scientific prevention and control of myopia among Chinese children and adolescents.

Keywords: Myopia; Children and Adolescents; Childhood Health; Myopia Prevention

B.3　Analysis Report on the Status of Sexual Education
in Chinese Schools　　*Liu Wenli*, *Li Jiayang and Li Yiyang* / 036

Abstract: Sexuality education is of great significance to the overall physical and mental development of children and adolescents. In recent years, the state has issued relevant policies and called for school sexuality education, but there are still certain difficulties in the implementation of school sexuality education, including unclear curriculum of school sexuality education, lack of sexuality education teaching materials, and insufficient professional competence of teachers in sexuality education. Students' satisfaction with the existing school sexuality education is not satisfactory, and its content and format fail to meet students' needs. In order to promote the development of school sexuality education in China, attention should be paid to further developing relevant policies, improving the coverage of policies as well as refining the details of relevant policies to facilitate the construction and implementation of school sexuality education policies on the ground. It is recommended to clarify the curriculum of sexuality education covering kindergarten and the whole school age, accelerate the development of sexuality education guidelines and teaching materials, strengthen sexuality education teacher training, and promote sexuality education home-school collaboration.

Keywords: School Sexuality Education; Sexuality Education Needs; Teachers' Training; Family-School Cooperation

Abstract: With the increasingly intensifying diversification and complexity of
family education issues induced by social change, parents find it difficult to fulfill
their responsibility to educate their children solely based on their experience, and
parents' educational literacy needs to be systematically structured, examined and
improved. In this thesis, based on a nationwide sampling survey, the current status
of parental education literacy in China is examined from four dimensions: parental
literacy, role literacy, family building literacy, and resource collaboration
literacy. It's found through that parents generally have a strong awareness upon
children's rights and all-round development in their parenting beliefs. However, in
practice, they still regard their children's learning situation as important, problems
such as insufficient mastery of scientific and effective guidance methods, generally
poor competence of parents, and reliance on non institutionalized channels for self-
resolution of conflicts still exist; Although the overall family vibe is fair, the ability
to build a family, especially the ability to create a family vibe, is still lacking; The
support methods of family education in schools and society are relatively traditional,
and the family education services and child-friendly services provided by the
neighborhood have become the most desired resources for parents. Based on this,
it's advocated that parents should strengthen their learning of parenting concepts at
modern times, master and apply the scientific parenting methods recommended in
the Family Education Promotion Law; Continuously strengthen role awareness,
enhance family education practice and family building capabilities; The resource
integration mechanism of school, family and social education should be further
optimized, and the unique advantages of community education should be exerted,
so as to comprehensively improve parents' educational literacy.

Keywords: The Law on Family Education Promotion; Family Education;
Parents' Educational Literacy

B.5　A Survey Report on the Impact of Family Education on the
Mental Health of Primary and Secondary School Students
in China

Research Group on the Mental Health Status of Primary
and Secondary School Students / 087

Abstract: The report of the 20th National Congress of the Communist Party of China on strengthening family education and family culture highlights the importance of good family education in the new era. Family Education Promotion Law also clarifies the important role of family education in the form of regulations. Family is the first classroom for children. As such, family education is the key to ensuring the mental health of primary and secondary school students. To implement the spirit of the 20th Party Congress, this research report examined the effects of single-family risks, such as family climate, as well as cumulative family risk on primary and secondary school students' psychological resilience and emotional problems. It was conducted in 2021 on a sample of Grade 4 and 8 students across China. The results found that problematic family education (e. g. , parental conflict, parent-child conflict, poor parenting behaviors, excessive parental expectations or excessive parental pressure) led to the lower levels of psychological resilience and a relatively higher incidence of emotional problems. In contrast, positive family factors (e. g. , high levels of parent-child intimacy and parental support) had higher levels of psychological resilience and relatively lower incidences of emotional problems. In addition, as cumulative family risk increased, the proportion of students with high psychological resilience showed a decreasing trend, while the proportion of emotional problems showed an increasing trend. These findings revealed the important role of family education in maintaining the psychologically healthy development of primary and secondary school students. These findings suggested that parents should pay great attention to building a positive family environment, constructing harmonious and amicable family relationships, and mastering the correct family education methods. More national surveys on the state of family education should be conducted continuously to improve the school-family-society collaborative educative mechanism and form a strong educational synergy to promote the healthy growth and all-around development of primary and secondary school students.

Keywords: Mental Health; Family Education; Primary and Secondary School Students

B . 6   Sampling Survey and Educational Evaluation of Scientific Literacy of Primary and Secondary School Students

Xiao Yan / 114

Abstract: Improving youth science and technology literacy is an important initiative of China's strategy to develop the country through science and education.

The scientific education program of "Youth Science and Technology Literacy Enhancement Program" has achieved remarkable results. The survey shows that participating in school science courses is helpful for young people to master the basic knowledge of "scientific principles". Students are more likely to develop a correct understanding of science and technology, and superstition (non-science). Students who participate in the " Youth Science and Technology Literacy Enhancement Program" are more likely to enjoy science activities. There are still many difficulties and problems in carrying out science education for teenagers, mainly manifested in the most serious shortage of science education teachers and the conflict between science education and school curriculum.

In order to further improve science education, this paper proposes the following suggestions: only by adhering to the idea that the essence of science education is to cultivate innovative ability can science education play its due role. Science education should take account of the individual and the whole, which means not only to cultivate top-notch talents but also innovative talents, and balanced development of regions should be well considered. It is necessary to

establish a perfect coordination mechanism for the cultivation of scientific and technological innovation talents, mobilize various social forces in science education, provide necessary resource support for science education by integrating various resources, strengthen the construction of science education teachers and improve the construction of science curriculum and clarify its position in the curriculum system of primary and secondary schools.

Keywords: Primary and Secondary School Students; Scientific Literacy; Scientific Education

Ⅲ   Special Topics

B.7   Injury Monitoring System and Safety Analysis Report
for Children's Products in China

Wang Yan, Liang Rui, and Yuan Beizhe, et al. / 132

Abstract: Children's products are an important class of products for injury monitoring in our country, which is related to the healthy development of children. Children's products injury surveillance system is to reduce children's physical harm, not only the most important ways of growing children a sense of security, and improve children's products production enterprise product safety awareness and safety level of the important measures. The report makes an in-depth analysis of the children's products injury monitoring system from the aspects of overview of the children's products injury monitoring system and the current situation of the monitoring of children's products at home, and expounds the current situation of the recall of children's products from the aspects of public opinion information of children's products, defect clue report, recall situation. At the same time, it puts forward the main safety risks of children's products and the safety publicity and education of children's products, and puts forward the main problems and suggestions of the safety supervision of children's products. Actively build a child-friendly product safety environment, promote the safety quality of children's products, and better protect the healthy growth of Chinese children.

Keywords: Children's Products; Injury Monitoring; Quality Safety

B.8 Current Situation, Challenges and Prospects of Consumer's Safety and Rights Protection for Children

—*Based on the Analysis of National Consumers Association's Complaint Data*

Tang Zhe, Li Zhi, Yao Xuan and Gao Shen / 154

Abstract: The report of the 20th National Congress of the Communist Party of China (CPC) emphasized the importance of improving people's well-being, enhancing their quality of life, adhering to the basic national principle of gender equality, and safeguarding the legitimate rights and interests of women and children. In recent years, children's consumption of goods and services has been a hot topic of concern for parents, with a relatively high incidence of consumer complaints related to children's rights and interests, which has drawn close attention from the whole society. Based on the complaints data from the National Consumers Association from 2015 to 2022, we found that the total number of complaints related to children's products consumption has been on the rise. Quality issues, after-sales services, and false advertising were the top three types of complaints. Complaints related to children's toys and clothing continued to increase and shared a large proportion. Incidents of suspected illegal sales, inducement or misdirection of consumption, and consumer safety issues still occurred. From the current situation of children's consumption safety and rights protection, the legal protection of children's consumption has been gradually improving, but it still faces practical challenges: The double-edged sword nature of development of information technology reflected by consumption issues; the deviation between children's needs and policy effects; the lack of solid after-sales support and

participation channels and mechanisms; and the gap between active and passive management in children's consumption. From the perspectives of advocating for prioritizing children, promoting consumer equity, emphasizing family guidance, strengthening supervision and education in consumer safety, and promoting collaborations in education and governance, we made four recommendations for further policy practice.

Keywords: Children and Adolescents; Consumer Safety; Consumer Complaints; Protection of Rights and Interests

B.9　Report on the Development of Domestic Infant Formula
　　　Milk Powder Industry from 2017 to 2022

Chen Juan, Zhu Jiaxin, Wang Haozhe and Cao Minglu / 173

Abstract: As strongly related to the well-being of innumerable families and the future of the nation, infant formula milk powder has always been one of the major livelihood concerns for the public. In recent five years, the continuous progress of the quality supervision result and the market share convincingly demonstrated the significant improvements of the quality, competitiveness and reputation of domestic infant formula milk powder. Policy implementations in multiple administrative fields have effectively regulated and supported the development of infant formula milk powder industry. Efforts of domestic dairy enterprises in product quality improvement, quality management and control and R&D have greatly contributed to better satisfaction of consumer needs. The further work is suggested to focus on improving product reputation, enhancing industrial chain resilience, and improving international competitiveness.

Keywords: Infant Formula Milk Powder; Consumer Confidence; International Competitiveness

B. 10　The Development of Quality Education in the Context of "Double Reduction" Policy

Wang Jian / 189

Abstract: Quality education as the core of education, "Double Reduction" policy focuses on and promotes its development. Speaking specifically, schooling education must reduce students' overloaded homework and improve teaching quality, comprehensively implementing quality education. After-school training is regulated, and transformed to development of quality education. Family education should work by law and fulfill the responsibility of quality education. Over the past year, "Double Reduction" has been steadily promoted and achieved initial results, but the development of quality education is long-term, complex and arduous. Restricted by various internal and external factors of the education system, especially due to the lack of theoretical research, the persistent disease of exam-oriented education, and the deviation of education evaluation and the inertia of traditional examination methods, the development of quality education has not been out of the dilemma. In the new era and new journey, the development of quality education has become a strategic theme to promote the high-quality development of education. We must speed up the filling of the weaknesses and explore the integration of "Five Education", focus on developing students' core competencies and reform education mode; promote education equity and provide appropriate education; pay attention to technology empowerment and promote the digitalization of education.

Keywords: "Double Reduction" Policy; Quality Education; Development Direction

B.11 Social Innovation in Building a Children's Welfare

Service System with Chinese Characteristics

—*Mechanism of the Operation of the Children's*

Director System and Its Experience Enlightenment

Zhang Liu, Zheng Hong / 206

Abstract: Modernisation has been a long-standing dream of the Chinese people since modern times. The 20th Party Congress proposed "to promote the great rejuvenation of the Chinese nation with Chinese modernisation", which has placed new and higher demands on the work of children in China. China's child welfare service delivery system has long suffered from unclear division of responsibilities, difficulties in implementation and lack of communication and collaboration between departments. The Children's Director, which has been transformed from a project practice into a national system, focuses on the construction of operational mechanisms such as coordination mechanisms, information mechanisms, incentive mechanisms and mobilisation mechanisms, and its practical experience can provide useful reference for the high-quality development of China's child welfare service system. The success of the children's director system lies in its adherence to the goal that the socialist system should benefit all people, the construction of a welfare service delivery system that benefits all children, the formation of an operational mechanism for collaborative governance and resource allocation by multiple actors, the development of innovative dynamics between the government and society, and the provision of a basic way and institutional guarantee for every child to share the fruits of national development.

Keywords: Children's Director; Child Welfare; Service Delivery; Collaborative Governance; Social Innovation

Abstract: In 2022, China's legal system for child protection has been further improved. The Legal Aid Law and The Family Education Promotion Law were officially put into practice. Meanwhile, Chinese government has regulated minors' behaviors such as tattoos and rewards for online live broadcast, algorithm recommendation services, and script murder; further refined the regulation on sealing juvenile records of delinquent conduct, appointing vice principals of law at primary and secondary schools, personal safety protection orders, and management of electronic cigarettes, which have all provided institutional guarantees for child protection. However, it should be noted that more research on making operable systems are needed for child protection work, and sustained efforts should be made to better leverage the role of relevant government departments, improve professional services, and enhance public awareness.

Keywords: Child Protection; Legal System; Professional Services Force

Abstract: China's child development in 2022 has shown a tendency of continued development. Seen from the Internet information, the contents relevant to child and safety, child and family have taken a high proportion, with the right direction publicity leading the mainstream topics. Seen from the major discussed topics, children's safety issues have been given great concerns, and also the challenges brought about by technology development; educational reform has been effective, as the "mechanism of coordinated education between schools, families and society" has been constantly improved; the law for child protection has been greatly improved, and relevant works have been push forward with the times.

Generally speaking, the child-related issues on the Internet have attracted great attention, and the public hopes to enhance the guarantee for fertility, child raising and education. "Post-pandemic," "prolonged COVID-19" have been frequently discussed, which shows that the social mentality has changed together with children's psychology. The technology development promotes the intelligent reform, which boosts the continuous growth of indigenous netizen.

Keywords: Child Development; Internet Ecology; Social Hot Issues

Ⅳ   Case Chapters

B.14 "Zhejiang Experience" in Myopia Prevention and
Control among Children and Adolescents

Fan Zemin, Zhou Guochao, Xu Meiping and Li Tao / 247

Abstract: The prevalence of myopia among children and adolescents remains obstinately high, which has become a major public health problem in China. This article analyzes the experience and practice of Zhejiang Province in the comprehensive prevention and control of myopia in children and adolescents since 2018. This comprehensive campaign includes work from policy-making and top-level design for an efficient and scientific system, creating a myopia screening model and a digital platform, to carrying out popular science education and other specific measures. This article also summarized the "Zhejiang Experience", which is guided by the professional ophthalmology and optometry experts, empowered by big data, promoted by the science educational base, supported by the industry, and benefited from professional talents training. It is expected that "Zhejiang Experience" can provide reference for promoting the "Healthy China Action".

Keywords: Children; Adolescents; Prevention and Control of Myopia; Healthy China; Zhejiang

B. 15 Practice and Reflection on Social Organizations' Assistance
and Empowerment for Disadvantaged Children
—*Taking "Collaborators" as An Example*

Li Tao / 259

Abstract: Social organizations form a crucial force in promoting children's participation. In response to the request of the 20th National Congress of the Communist Party of China (CPC), we should support social organizations to participate in children's services as an effective way of guiding them to actively participate in public welfare and charitable causes. This article takes the earliest private social work service agency "Collaborator" in China as a sample, sorts out its multiple functions as a social organization, puts social work concepts and methods into services for disadvantaged children with case assistance, accompanying growth, and social support. Thus, a service mechanism has been established to promote children's widespread participation, explore a child-centered approach that combines assistance and empowerment to help those in need while encourage them to help themselves. The article also analyzes the institutional, theoretical and cultural factors that influence the social work services, and proposes policy and technical suggestions to promote the participation of social organizations with professional services, in order to guide more social organizations and workers to participate in child protection work, and provide more valuable experiences.

Keywords: Disadvantaged Children; Social Organization; Social Work; Collaborator

B. 16 Building Child-Friendly Communities in Chengdu: Characteristics, Problems and Countermeasures

Li Hongwei, Wang Xiaolan / 271

Abstract: Building child-friendly communities is a major task for China's

儿童蓝皮书

child work in the new era, which is of great significance to improving child well-being and achieving age-friendly relationships. Since 2021, Chengdu City in Sichuan Province has successively issued a series of policy documents and construction guidelines, formulated an action plan for building a child-friendly city from 2021 to 2025, set the goal of achieving a coverage rate of no less than 25% for child-friendly communities by the end of 2022, and clarified the overall requirements, basic principles, specific contents, and implementation methods of the whole project. Based on a field survey of 186 pilot communities in 2022, this article summarizes the basic characteristics of the relevant work in Chengdu: First, the top-level design has been promoted from top to bottom; Second, the six major sectors have been advanced side by side; Third, the concept of friendly construction has been integrated into community governance; Fourth, child participation has been promoted through child deliberation; Fifth, social organizations has played an important role. Moreover, the article analyzes major problems in the construction of child-friendly communities in Chengdu from the perspectives of the scientific nature of top-level design, community's responsibility consciousness, use of construction funds, functions of children's councils, difficulties in social organization participation, professionalism and accuracy of services, and thus it proposes corresponding countermeasures and suggestions.

Keywords: Child-friendly Community; Children's Committee; Community Governance; Social Organization

Appendix: Overview of China's Child Development Statistics

Research Team of China National Children's Center / 281

308

权威报告·连续出版·独家资源

皮书数据库
ANNUAL REPORT(YEARBOOK)
DATABASE

分析解读当下中国发展变迁的高端智库平台

所获荣誉

- 2020年，入选全国新闻出版深度融合发展创新案例
- 2019年，入选国家新闻出版署数字出版精品遴选推荐计划
- 2016年，入选"十三五"国家重点电子出版物出版规划骨干工程
- 2013年，荣获"中国出版政府奖·网络出版物奖"提名奖
- 连续多年荣获中国数字出版博览会"数字出版·优秀品牌"奖

皮书数据库

"社科数托邦"
微信公众号

成为用户

登录网址www.pishu.com.cn访问皮书数据库网站或下载皮书数据库APP，通过手机号码验证或邮箱验证即可成为皮书数据库用户。

用户福利

- 已注册用户购书后可免费获赠100元皮书数据库充值卡。刮开充值卡涂层获取充值密码，登录并进入"会员中心"—"在线充值"—"充值卡充值"，充值成功即可购买和查看数据库内容。
- 用户福利最终解释权归社会科学文献出版社所有。

数据库服务热线：400-008-6695
数据库服务QQ：2475522410
数据库服务邮箱：database@ssap.cn
图书销售热线：010-59367070/7028
图书服务QQ：1265056568
图书服务邮箱：duzhe@ssap.cn

社会科学文献出版社 皮书系列
SOCIAL SCIENCES ACADEMIC PRESS (CHINA)

卡号：345286227513
密码：

S 基本子库
UB DATABASE

中国社会发展数据库（下设 12 个专题子库）

紧扣人口、政治、外交、法律、教育、医疗卫生、资源环境等 12 个社会发展领域的前沿和热点，全面整合专业著作、智库报告、学术资讯、调研数据等类型资源，帮助用户追踪中国社会发展动态、研究社会发展战略与政策、了解社会热点问题、分析社会发展趋势。

中国经济发展数据库（下设 12 专题子库）

内容涵盖宏观经济、产业经济、工业经济、农业经济、财政金融、房地产经济、城市经济、商业贸易等 12 个重点经济领域，为把握经济运行态势、洞察经济发展规律、研判经济发展趋势、进行经济调控决策提供参考和依据。

中国行业发展数据库（下设 17 个专题子库）

以中国国民经济行业分类为依据，覆盖金融业、旅游业、交通运输业、能源矿产业、制造业等 100 多个行业，跟踪分析国民经济相关行业市场运行状况和政策导向，汇集行业发展前沿资讯，为投资、从业及各种经济决策提供理论支撑和实践指导。

中国区域发展数据库（下设 4 个专题子库）

对中国特定区域内的经济、社会、文化等领域现状与发展情况进行深度分析和预测，涉及省级行政区、城市群、城市、农村等不同维度，研究层级至县及县以下行政区，为学者研究地方经济社会宏观态势、经验模式、发展案例提供支撑，为地方政府决策提供参考。

中国文化传媒数据库（下设 18 个专题子库）

内容覆盖文化产业、新闻传播、电影娱乐、文学艺术、群众文化、图书情报等 18 个重点研究领域，聚焦文化传媒领域发展前沿、热点话题、行业实践，服务用户的教学科研、文化投资、企业规划等需要。

世界经济与国际关系数据库（下设 6 个专题子库）

整合世界经济、国际政治、世界文化与科技、全球性问题、国际组织与国际法、区域研究 6 大领域研究成果，对世界经济形势、国际形势进行连续性深度分析，对年度热点问题进行专题解读，为研判全球发展趋势提供事实和数据支持。

法律声明

"皮书系列"（含蓝皮书、绿皮书、黄皮书）之品牌由社会科学文献出版社最早使用并持续至今，现已被中国图书行业所熟知。"皮书系列"的相关商标已在国家商标管理部门商标局注册，包括但不限于LOGO（ ）、皮书、Pishu、经济蓝皮书、社会蓝皮书等。"皮书系列"图书的注册商标专用权及封面设计、版式设计的著作权均为社会科学文献出版社所有。未经社会科学文献出版社书面授权许可，任何使用与"皮书系列"图书注册商标、封面设计、版式设计相同或者近似的文字、图形或其组合的行为均系侵权行为。

经作者授权，本书的专有出版权及信息网络传播权等为社会科学文献出版社享有。未经社会科学文献出版社书面授权许可，任何就本书内容的复制、发行或以数字形式进行网络传播的行为均系侵权行为。

社会科学文献出版社将通过法律途径追究上述侵权行为的法律责任，维护自身合法权益。

欢迎社会各界人士对侵犯社会科学文献出版社上述权利的侵权行为进行举报。电话：010-59367121，电子邮箱：fawubu@ssap.cn。

社会科学文献出版社